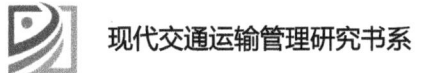
现代交通运输管理研究书系

航空网络特征分析与航班延误扩散机理

Characteristics Analysis and Mechanism of Flight Delay Diffusion in Aviation Network

姚红光 ⊙ 著

北京·旅游教育出版社

前言 Foreword

随着我国航空运输业的迅猛发展,乘机旅行已成为人民群众的一种基本出行方式。然而,大范围的航班延误频频出现,由此引发的旅客与航空公司的冲突事件更是屡见不鲜。航班延误已成为持续困扰我国民航运输业发展的"顽疾",治理航班延误刻不容缓。

"扩散性"是航班延误的一种独特属性。由于一架飞机每天要执行多个航班,班期安排比较紧凑,时间上回旋的余地不大。因此,一个航班出现延误后,很可能影响到后续航班的飞行资源供求情况,诱发后续航班的连锁反应,导致延误扩散的出现,而且往往越到后面延误时间越长。我国民航业在治理航班延误问题上采取了多种措施,但收效甚微,群众不满情绪未得到有效缓解,其根本原因是未能有效地解决和消除航班延误扩散问题。

本书以复杂网络理论为指导,采集当前我国航空运输系统中机场、航线的相关数据,并以机场容量、空中流程为权重,构建航空网络的复杂网络模型;通过测算航空网络的"度、介数、簇系数"等统计特征参数值,揭示其网络特征;重点分析航空网络中航班延误的"产生、扩散、消亡"全过程,以"平均场理论"为基础建立航班延误扩散的SIS方程,并通过求解该方程得到航空网络中航班延误扩散的临界条件;设计开发航空网络中航班延误扩散仿真模拟系统,并结合建立的航空网络模型,对航班延误扩散的波形及其影响因素进行仿真研究;揭示网络结构、初始延误、关键飞行资源之间复杂的相互关系。本研究成果对于治理日益严重的航班延误问题具有一定的理论指导意义。

本书的出版得到了 2014 年度教育部人文社会科学研究青年基金项目（项目批准号：14YJCZH183）的支持与资助，在此深表感谢。此外，本书还得到了 2017 年度上海工程技术大学著作出版专项基金的资助，在此一并表示感谢！

限于作者的学识水平和研究过程中客观条件的限制，本书的研究在仿真模拟的数量方面尚存不足。此外，限于计算机处理能力，本书在进行仿真研究时，对航空网络的节点规模及其航班数量进行了控制。书中其他部分的认识不足或疏漏之处，恳请专家、学者批评指正。

姚红光

2018 年 1 月

于上海工程技术大学

目录 Contents

第一章 绪 论 / 1

第一节 研究背景及依据 / 1

一、研究背景 / 1

二、选题依据 / 2

第二节 研究意义 / 3

第三节 相关研究成果综述 / 5

一、"航班延误扩散领域"的相关研究成果综述 / 5

二、"复杂网络结构特征"的相关研究成果综述 / 11

三、"复杂网络的传播动力学"研究综述 / 13

第四节 研究目标、方法和技术路线 / 16

一、研究目标 / 16

二、研究方法 / 17

三、研究技术路线 / 18

第五节 本书的特色与创新之处 / 20

一、将航班延误扩散问题置于航空网络中进行研究,突破了仅在链状结构中进行研究的局限 / 20

二、探索了航空网络环境下基于介质传播的航班延误SIS模型 / 20

三、通过多邻接矩阵进行组合分析,避免了应用单一邻接矩阵进行航空网络统计特征分析的局限 / 21

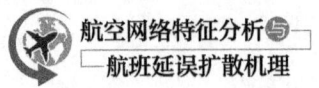

第二章 复杂网络理论及复杂网络的传播动力学 / 22

第一节 复杂网络的统计性质 / 23
一、复杂网络的图论描述 / 23
二、度 / 23
三、点强度 / 24
四、平均路径长度 / 24
五、簇系数 / 25
六、介数 / 25

第二节 复杂网络的网络模型 / 26
一、均匀网络 / 26
二、随机网络 / 27
三、小世界网络 / 28
四、无标度网络 / 30

第三节 复杂网络分析软件简介 / 31
一、Ucinet软件简介 / 31
二、Pajek软件简介 / 31

第三章 航空网络特性分析 / 33

第一节 航空网络的内涵分析 / 33
一、航空网络的界定 / 33
二、航空网络结构与功能的关系分析 / 34
三、复杂网络理论与航空网络分析 / 35

第二节 航空网络的复杂网络特征的实证研究 / 36
一、航空网络的数据采集 / 36
二、航空网络特征参数的测算 / 38
三、航空网络特征参数的关联性质 / 47
四、航空网络特征参数的中心性研究 / 50

第三节 航空网络的鲁棒性分析 / 54
一、航空网络鲁棒性的内涵与意义分析 / 55
二、航空网络鲁棒性的评判指标的确定 / 56

三、航空网络鲁棒性的仿真分析 / 57

第四章　航空网络中的航班延误扩散分析 / 73
第一节　我国航空网络中航班延误现状及成因分析 / 73
　　一、我国航空网络中航班延误现状 / 73
　　二、我国航空网络中航班延误成因 / 75
第二节　航空网络中航班延误扩散特征分析 / 75
　　一、航班延误的横向与纵向波及 / 75
　　二、航空网络与航班延误扩散的关系 / 76
　　三、航空网络中航班延误扩散的成因分析 / 77
第三节　航班延误在航空网络中扩散的原理分析 / 79
　　一、航空网络中航班延误扩散评判指标 / 79
　　二、航空网络中航班延误扩散的介质分析 / 80
　　三、航空网络中航班延误的产生、扩散与消亡分析 / 81
　　四、航班延误扩散类型分析 / 83
第四节　航空网络结构对航班延误扩散的影响分析 / 84

第五章　"单架飞机执行多个航班"的延误扩散研究 / 87
第一节　"单架飞机执行多个航班"的延误扩散模型的构建 / 87
　　一、问题描述及解决思路 / 87
　　二、"单架飞机执行多个航班"的不同网络类型分析 / 88
　　三、航班延误扩散模型分析 / 90
　　四、航班延误扩散时间算法 / 91
第二节　"单架飞机执行多个航班"的延误扩散规律的仿真分析 / 95
　　一、"单架飞机执行多个航班"的延误扩散系统说明 / 95
　　二、初始延误时间对航班延误扩散的影响分析 / 96
　　三、初始延误时长对延误的机场个数的影响 / 100
　　四、起始延误时长对机场延误总时间的影响 / 101
　　五、起始延误时长对延误机场的平均延误时间的影响 / 101
　　六、停站时间对航班延误扩散的影响分析 / 102

七、停站时间对延误的机场个数的影响 / 104

八、停站时间对机场延误总时间的影响 / 105

九、停站时间对延误机场的平均延误时间的影响 / 106

十、航空网络中航班数量对航班延误扩散的影响分析 / 106

十一、航空网络中航班数量对延误的机场个数的影响 / 109

十二、航空网络中航班数量对机场延误总时间的影响 / 109

十三、航空网络中航班数量对延误机场的平均延误时间的影响 / 110

第六章 航空网络中航班延误扩散的临界条件研究 / 112

第一节 复杂网络中传播动力学原理 / 112

一、典型的SIS模型 / 112

二、SIS模型的平均场理论 / 112

第二节 航空网络中航班延误扩散的SIS模型分析 / 114

一、航班延误扩散的"平均场"解析 / 115

二、基于平均场假设的航班延误扩散的SIS模型的建立 / 115

三、航空网络中影响航班延误扩散的主要因素 / 116

第三节 航班延误扩散临界条件的求解 / 118

一、航空网络中航班延误扩散临界点的确定 / 118

二、航空网络中航班延误扩散临界值的确定 / 119

第四节 各因素与临界值的关系及区间波动分析 / 120

一、机场服务能力 / 120

二、平均每天初始延误的航班数量 / 121

三、航空网络中的平均航班总数 / 122

四、服务时间 / 123

五、每条航线中待服务的航班数量 / 123

六、机场的航线数量 / 124

七、t时间内经过的节点数量 / 124

第五节 各因素对航班延误扩散的敏感性分析 / 125

一、各因素对航班延误扩散的影响分析 / 125

二、各因素对航班延误扩散的影响大小排序 / 128

第七章　航空网络中关键飞行资源对航班延误扩散的影响 / 130

第一节　关键飞行资源分析 / 130
一、飞行资源的界定与分析 / 130
二、关键飞行资源的选择 / 131

第二节　航班链中的关键飞行资源对航班延误扩散的影响分析 / 132
一、飞行要素对航班延误扩散的影响分析 / 132
二、初始延误时间对航班延误扩散的影响分析 / 132
三、松弛时间对航班延误扩散的影响分析 / 136

第三节　航空网络中的关键飞行资源对航班延误扩散的影响分析 / 140
一、机场 λ 值的大小对航班延误扩散的影响分析 / 140
二、航空网络结构对航班延误扩散的影响分析 / 143

第四节　各种关键飞行资源对航班延误扩散的影响的总结 / 150
一、关键飞行资源对链式航班延误扩散的影响 / 150
二、关键飞行资源对网状航班延误扩散的影响 / 151

第八章　航线网络结构对航班延误扩散影响的仿真研究 / 153

第一节　航空网络中航班延误扩散仿真系统的建立 / 153
一、模拟航空网络的生成 / 153
二、模拟航空网络与中国航空网络特征一致性分析 / 155
三、仿真系统中航班延误扩散系统初始信息的确定 / 158
四、仿真系统中航班延误扩散仿真算法的确定 / 159

第二节　航空网络中初始延误机场对航班延误扩散的影响分析 / 162
一、仿真系统的初始信息设定 / 162
二、初始延误机场的变化情况 / 163
三、不同初始延误机场造成的航班延误扩散结果 / 163
四、仿真结果分析 / 164

第三节　航空网络中机场服务能力对航班延误扩散的影响分析 / 166
一、仿真系统的初始信息设定 / 166
二、机场服务能力的变化情况 / 166
三、不同的机场服务能力造成的航班延误扩散的仿真结果 / 167

四、仿真结果分析 / 168

第四节　航空网络规模对航班延误扩散影响的仿真分析 / 170

　　一、不同规模网络模型的建立 / 170

　　二、不同规模的网络模型的初始航班信息的确定 / 173

　　三、不同的网络规模造成的航班延误扩散的仿真结果 / 174

　　四、仿真结果分析 / 174

第五节　网络标度对航班延误扩散的影响分析 / 176

　　一、相同节点数的不同标度航空网络模型的建立 / 176

　　二、不同标度的网络模型的初始航班信息的确定 / 178

　　三、不同的网络标度造成的航班延误扩散的仿真结果 / 179

　　四、仿真结果分析 / 179

参考文献 / 182

附录一　航空网络仿真数据 / 186

附录二　航班延误扩散算法程序源代码 / 203

第一章

绪 论

第一节 研究背景及依据

一、研究背景

近年来,中国航空运输业发展迅猛,民航客货运总量持续增长,中国已然成为世界航空大市场。但与这种迅速发展不相协调的是,无法避免、解决的航班延误问题愈加凸显。各种原因所导致的不正常航班频频发生,由此引发的旅客冲突、拒绝登机、非法占据飞机等极端行为也屡屡见诸报端。航班延误给乘客带来不便的同时,也给相关航空公司、机场等带来巨额损失。航班延误已经严重制约着我国民用航空业的良好发展。因此,提高航班准点率不仅仅是民航运行的核心问题,更是广大消费者的关注焦点。与发达国家相比,中国民航航班延误频率高,时间长,激烈的矛盾、纠纷比较多。因此,如何治理航班延误,提高航班正常率,化解因航班延误而导致的旅客与航空公司之间的矛盾,已不仅是民航政府主管部门、航空运输企业、机场等迫切需要考虑和解决的问题,也是全社会需要认真对待的问题。

空中交通管制、天气和其他原因引起的初始航班延误,在相邻的航班时刻相关性和依赖性的作用下,造成后续航班发生延误,形成航班延误扩散现象。航空枢纽具有强大的中转、组织功能,也因此成为整个网络结构中的脆弱点。不同的航空网络结构会导致不同的延误扩散形式,严重时会导致航班之间出现恶性的延误循环，甚至使整个航空网络崩溃。

航班延误具有一个特殊属性——扩散性。我国民航业在治理航班延误问题上采取了多种措施，但收效甚微，群众不满情绪未得到有效缓解，其根本原因是未能有效地解决和消除航班延误扩散问题。

我国航空公司一架飞机一天要执行6~10个国内航班，一般每天运行16小时左右，时间上机动回旋的余地不大。因此，一个航班的延误很可能影响到下游航班的准时性，引发后续航班的连锁反应，导致航班计划表中更多的延误；往往越到后面延误时间越长，这是航空公司内部的纵向航班延误扩散现象。一个延误的航班在进出港时又会打乱"机场、空管"的既定安排，造成"机场容量、空中流量"等多种航空运输资源的供需矛盾，进而可能影响到该机场其他航班，并造成延误，这是机场间的横向航班延误扩散现象。

目前，航空运输已经进入网络化运营阶段。机场、航线、运力、空域资源等各类航空运输资源相互作用、相互关联构成了复杂的航空网络。其中，机场和连结机场的航线构成了航空网络的基本框架，而运力、空域容量等则决定了航空网络的服务能力。在航空网络中，少数航班的延误会通过网络节点之间的耦合作用，引起航空运输资源在时间和空间上的供需失衡，并将延误扩散到与其相关的下游航班，甚至下游机场的其他航班，产生连锁反应，导致航班延误的数量和延误时间的倍增效应，形成航空网络中的延误扩散现象。据统计，天气因素等不可抗力造成的航班延误仅占20%左右，而大约70%的航班延误与上述延误扩散现象有关。特别是，在当前航班计划日益密集，机场空域流量趋近饱和的现状下，航班延误扩散问题将较以往更为突出。因此，防止与治理延误扩散是解决航班延误问题的关键。

二、选题依据

首先，随着我国航空运输业的快速发展，航空运输业在国民经济中的地位不断上升，对经济发展的拉动作用不断增强，航空运输业已成为国民经济发展的重要拉动力量和促进社会人员、物资交流与往来的重要载体。一旦发生航班延误，就会增加流通时间，并产生巨大的流通时间价值成本。因此，进行航班延误方面的研究，避免航班延误产生、扩散，缩短延误时间，加速延误消亡将会节约巨大的社会财富。

其次，航空网络可以看成是由众多机场和航线构成的复杂网络。由于航空网络自身的复杂性以及与外界环境接触的广泛性，导致延误的因素众多，延误的产生、扩散、消亡机理复杂，需要进行深入的分析与研究。而国内对航班延误扩散研究尚处于起步阶段。当前该领域的研究主要集中在"航空公司在航班延误扩散后的应急航班恢复"的领域，较少涉及"网络视角"下的航班延误扩散研究，对于航空网络中航班延误扩散机理更少有涉及。由于对航空网络中航班延误的"产生、扩散、消亡机理"缺乏足够深刻的认识，往往导致提出的"治理航班延误策略"难以从根本上解决问题。因此，开展航空网络视角下的航班延误扩散机理研究，找到影响航班延误扩散的关键要素，有针对性地开展预防与管理，对于更有效地"防范航班延误扩散、降低航班延误损失"将产生重要的理论指导作用。

再次，在航空网络中，一个或少数几个节点发生的航班延误会通过网络节点之间的耦合关系引起其他节点发生航班延误，这样有时会产生连锁反应，形成航班延误损失的倍增效应，最终导致航空网络中部分功能的丧失，甚至整个网络的崩溃。延误在航空网络中扩散时，不仅其扩散的机理更加复杂，而且可能会由于网络结构的不同导致倍增效应，放大航班延误损失。因此，从复杂网络的视角进行延误分析，是研究航班延误在航空网络中扩散的基础。

总之，随着航空运输业在社会经济发展中作用的不断提升，民众对航空网络的安全性和可靠性提出了更高的要求。对于航班延误在航空网络中的扩散机理的研究，可以从总体上把握网络中航班延误的扩散与传播的规律，并有针对性地提出补救措施，对避免延误发生、减少延误损失都具有重要的意义。

第二节　研究意义

本研究的理论意义主要包括：

（1）将航班延误扩散问题置于具有复杂性质的航空网络中进行研究，突破了仅在"航班链"中进行研究的局限。

对于航班延误扩散问题的研究，目前多以航空公司的角度从"航班链"内部开展，研究的重点主要聚焦于"航班延误对下游航班的影响、航班计划编

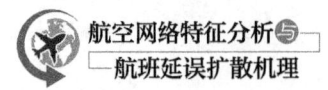

制的延误鲁棒性问题",较少考虑"航空网络结构对航班延误的影响以及由于网络的耦合作用导致航班延误在不同航空公司之间的扩散问题",与现实情况存在一定的差距,研究结果的实际指导意义不强。本书将航班延误扩散问题置于航空网络中,将研究重心定位于"网络耦合作用对航班延误的影响,揭示航班延误在整个航空网络中的扩散机理",综合运用复杂网络理论、热力学平均场理论和仿真模拟技术开展研究,问题设定、研究重点都突破了以往研究的局限。

(2)将测算出最新的中国航空网络的复杂网络统计特征参数,为其他学者进行相关研究提供基础数据支撑。

收集中国航空网络的航线、航班数据,建立邻接矩阵,并据此测算航空网络的"度、平均最短路径长度、簇系数、介数"等统计特征参数,是进行"基于航空网络"的各类研究必备的基础性工作。

刘宏鲲、周涛等几位学者在2001—2007年间分别对中国航空网络的复杂网络统计特征参数进行了测算,其中南京航空航天大学的刘宏鲲在2007年采集了121个通航城市、1378条直飞航线的数据信息,测算了航空网络的"度、簇系数、介数"等统计特征参数。自2007年至今,在"中国知网"上未检索到其他学者进行过类似研究。截至2013年5月,中国航空网络中已拥有通航城市183座,国内航线2457条,较2001年通航城市数增长了51.2%,航线数增长了78.3%。原有的研究成果显然已不适应当前中国航空网络分析的需要。

本书拟采用不早于2014年12月31日的中国航空网络数据信息重新测算网络统计特征参数,其研究结果可以为其他学者进行"基于航空网络"的各类研究提供基础数据支撑。

本研究的实际意义主要包括:

(1)有利于揭示各种影响因素与航班延误扩散的关系,为航班延误治理的具体措施提供理论依据。

本研究有助于揭示航空网络中航班延误在整个网络中的扩散机理,掌握航班延误扩散的临界条件及影响航班延误扩散敏感性的各类要素;通过分析各种因素变化对航空网络中航班延误扩散的影响程度,有利于找到防范航班延误扩散、减小航班延误损失的有效方法,为政府主管部门开展航班延误治理提供理论指导。

（2）有利于对因极端天气原因造成的大范围航班延误进行预警，减少不可抗因素对航空运输业的影响。

利用本书的研究手段、研究结论，可以对中国某区域因极端天气原因造成的大范围航班延误后可能出现的航班延误扩散进行较为准确的预测，对可能波及的机场、航空公司、航班进行预警，将影响降到最低，减少天气等不可抗因素对航空运输业的影响。

第三节　相关研究成果综述

一、"航班延误扩散领域"的相关研究成果综述

鉴于当前航班延误对航空运输业的重要影响，该问题一直以来都是国内外学者关注的热点。目前，国内外对航班延误问题的研究主要集中在"延误赔偿""延误责任""延误补救""延误扩散"等领域。其中，"航班延误扩散"因其在航班延误管理中的重要地位，近年来逐渐成为研究的热点之一。

（一）国外学者有关"航班延误扩散"的代表性研究成果综述

在"航班延误扩散"领域，国外学者起步较早。1992年，麻省理工学院的三位学者Peter B Vranas、Dimitris J Bertsimas、Amedeo R Odoni在 *The multi-airport ground-holding problem in air traffic control* 一文中，提出了"多机场间避免航班延误扩散的交通流量控制"理论，较为深刻地分析了多个机场间出现的航班延误扩散问题，拉开了航班延误扩散问题研究的序幕。经过20多年的积累，国外学者在"航班延误扩散"问题上研究的多集中在理论研究领域，在航班延误扩散的"诱因、动力源、链式扩散途径"等方面都取得了诸多成果，对理论体系的建立、技术手段的积累作出了积极贡献。

国外学者在航班延误扩散方面代表性研究成果如表1-1所示。

表 1-1 国外学者在"航班延误扩散"领域的代表性成果汇总表

作者	成果名称	发表时间	主要贡献
Peter B Vranas, Dimitris J Bertsimas, Amedeo R Odoni	The multi-airport ground-holding problem in air traffic control	1992年	分析了多个机场间的航班延误扩散的动力源、扩散途径,并提出了"多机场间避免航班延误扩散的交通流量控制"理论
Rhonda A Slattery, V H L Cheng	Sensitive of en-route scheduling to variable separation in the terminal area	1997年	研究了根据不同的天气条件,动态改变跑道的飞行尾流间隔标准,提高机场终端的运行效率,避免航班延误扩散,在一定程度上解决了预定航路对于终端区可变飞行间隔的敏感性问题
Beatty R, Hsu R, Berry L	Preliminary evaluation of flight delay propagation through an airline schedule	1998年	提出了延误加法器的概念,用于评估由于机组或飞机原因造成的初始延误航班的下游航班的延误累积,并指出减少初始延误对于减少积累延误有着重要意义
Paul T R Wang, Lisa A Schaefer, Leonard A Wojcik	Flight connections and their impacts on delay propagation	2003年	分析了航班延误在连续航班中的传播,并给出了递归模型用于减少航班延误时间,通过大量数据的仿真实验得出延误时间在连续航班中传播的规律
Khaled F Abdelghany, Sharmila S Shah, Sidhartha Raina	A model for projecting flight delays during irregular operation conditions	2004年	提出了航班延误会产生波及效应的原因,给出了航班延误链式反应示意模型,还给出了拓扑排序算法并将之用于在航班延误发生时对资源的优化配置
Xu Ning, Kathryn B Laskey, Chen Chunhung, Shannon C Williams, Lance Sherry	Bayesian network analysis of flight delays	2007年	提出了基于贝叶斯网络的航班延误传播模型,并利用大量实时数据对模型进行仿真实验,证明了模型的有效性
Hau Chauging, Hsu Chechang, Li Huichieh	Flight-delay propagation, allowing for behavioural response	2007年	基于三种情形给出了模型,用于分析允许行为反应的航班延误扩散,并为探究航班延误扩散条件和整合行为反应的影响提供了工具,将之纳入减少总延误的策略中去

纵观近年来国外学者在航班延误扩散领域的研究成果,可以看到主要将采用"贝叶斯网络""Petri 网"进行计算机仿真作为主要的技术手段,研究重点主要聚焦于航空公司内的航班链延误扩散问题,对于多机场间的航班延误问题也有所涉及。虽然随着复杂网络技术的不断成熟与发展,航空网络统计特征研究在国外已取得诸多成果,但将"航空网络复杂性研究"与"航班延误扩散"相结合,即从航空网络的角度去研究和分析航班延误通过航线、飞机等航空运

输资源在整个航空运输网络中的扩散问题,尚不多见。

(二)国内学者有关"航班延误扩散"的研究现状综述

近年来,由于我国航班延误问题突出,国内对于航班延误的研究力度不断加强,并主要呈现出下列趋势。

1."航班延误扩散"问题持续受到关注

以关键词"航班""延误"在中国知网(www.cnki.net)中进行二次检索,研究成果近年来呈现出不断增加的趋势,如图1-1所示。近3年来,国内关于航班延误的研究重点主要分布于"延误赔偿""延误处置""延误冲突""延误扩散"等领域,如图1-2所示。

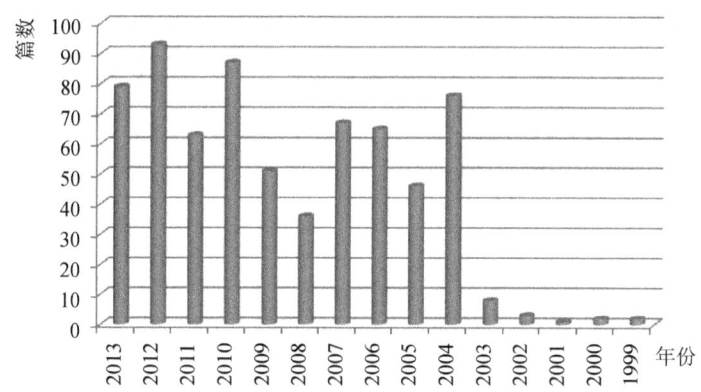

图1-1 "航班延误"各年度研究成果分布图

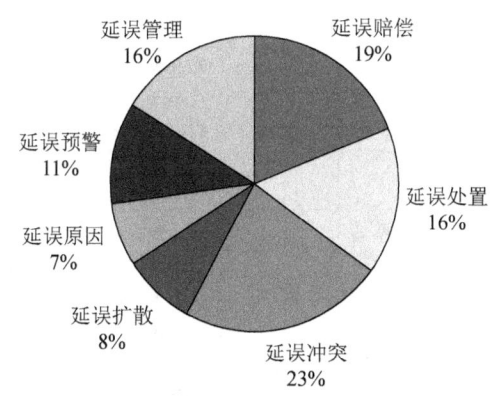

图1-2 "航班延误"研究领域分布图

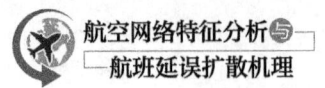

从图1-2可知,近年来"航班延误扩散"研究成果约占总成果的8%,并保持了良好的持续性。2008—2013年,每年均有"航班延误扩散"方面的研究成果公开发表。上述现象一方面反映出国内对"航班延误扩散问题"的持续关注,另一方面也说明现有的研究成果尚不足以很好地解决航班延误的实际问题。

2. 国内"航班延误扩散"问题主要聚焦于航空公司视角下的航班链内部的延误扩散

与国外研究现状相似,国内"航班延误扩散"问题主要聚焦于航空公司视角下的航班链内部的延误扩散。

国内"航班延误扩散"代表性研究成果如表1-2所示。

表1-2 国内学者在"航班延误扩散"领域的代表性成果汇总表

作 者	成果名称	发表时间	主要贡献
刘玉洁,何丕廉,刘春波,曹卫东	基于贝叶斯网络的航班延误扩散研究	2008年	通过建立延误扩散模型和贝叶斯网络模型,探讨了相关航班中,进港延误和航班取消对离港延误的影响
李俊生,丁建立	基于贝叶斯网络的航班延误传播分析	2008年	从某个枢纽机场航班延误出发,对其关联机场的衔接航班的延误影响进行分析,提出了基于BN的航班延误传播模型;结合某航空公司实际数据,通过最大期望值算法对模型进行训练,给出了测试结果
王珊珊,王建东,丁建立	航班延误扩散链的有色出现网模型	2009年	将有色Petri网和这种有色出现网应用于航班延误扩散链的建模中,反映了航班执行时所需的多种资源的分布及流动情况,描述了航班在执行过程中与机场之间的相互影响及延误的链式波及反应
荣耀,王建东	基于关键飞行资源的航班延误扩散DAG模型的研究	2009年	本书重点研究了飞机、驾驶员机组和乘务员机组等关键飞行资源对航班延误扩散的影响,并根据航班计划和机组计划构建了以一个初始延误航班为根顶点的全体下游航班DAG
马宇	航班延误原因及其对策分析	2010年	通过数据统计,分析了航班延误的原因及影响,并提出了避免航班延误扩散的策略
郑晓洋	航班延误扩散问题中的航班取消策略探讨	2011年	对众多缓解航班延误扩散的策略进行了优缺点的比较,并重点针对航班取消策略进行了讨论;文章在提出延误扩散指数和航班延误成本指标的基础上,给出一个简单的遍历型算法

续表

作　者	成果名称	发表时间	主要贡献
邵荃，罗雄，吴抗抗，韩松臣	基于贝叶斯网络的机场航班延误因素分析	2012年	在航班延误扩散分析的基础上，建立了机场航班延误的贝叶斯网络分析模型；通过机场航班数据网络学习和测试，得到了不同因素对机场航班延误的影响程度、不同时间段的延误情况
王巡，段云飞	航班延误扩散效应研究	2013年	在理论模型的基础上，通过回归分析和单因子方差分析方法，重点研究了航班延误扩散效应，总结出了影响航班延误扩散的若干因素

（三）国内外学者有关"航班延误扩散"研究成果的成效与不足

国内外众多学者针对"航班延误扩散问题"进行了持续多年的深入研究，取得了诸多成果。通过应用"贝叶斯网络""Petri 网"等技术构建航空公司内部航班延误扩散链，并通过仿真模拟技术，模拟了航班执行时所需的多种飞行资源的分布及流动情况，能够描述出航班在执行过程中与机场之间的相互影响及延误的链式波及过程，对于航空公司优化航班计划具有一定的指导作用。

然而，国内外学者在"航班延误扩散"领域的研究成果也存在明显的不足。

（1）未能从整个航空网络的角度研究航班延误问题，缺乏延误的航班与外部航空运输资源之间相关影响的研究和分析，研究设定与航班延误实际存在较大差异。

现有的研究成果多站在航空公司的角度，研究航班延误在本公司航班链中的延误扩散。然而，在现实情况中，航班延误不仅包括航空公司内部的纵向航班延误扩散现象，更多的则是机场间的横向航班延误扩散现象，尤其是在航空运输已经进入网络化运营阶段。机场、航线、运力、空域资源等各类航空运输资源相互作用、相互关联构成了复杂的航空网络。少数航班的延误会通过网络节点之间的耦合作用，引起航空运输资源在时间和空间上的供需失衡，并将延误扩散到下游机场的其他航班。航班延误扩散现象不是一个航空公司造成的，显然从某个航空公司的角度出发难以真正地解决问题；避免航班延误扩散，需要在整体航空网络的基础上，综合分析延误的航班与各种运输资源的复杂关系，才能得到与实际情况相符的科学结论。目前的研究成果、研究设定与航班延误扩散实际存在较大差异，研究结论对实际工作的指导作用有限。

（2）技术手段较为单一，不足以支撑航空网络的角度开展航班延误扩散研究，未能将近年来兴起的复杂网络技术与航班延误扩散实际相结合。

目前的研究多采用"贝叶斯网络""Petri 网"一类的技术手段开展，该类技术能够胜任简单的链状网络结构分析；然而，航空网络中机场、航线数量庞大且连接状况复杂，此外"航班数量、航班时刻、机场容量、空中流量、飞机及机组人员"等飞行资源都是航空网络中的重要参数，并与机场和航线构成的网络结构实体相互影响，航空网络具备典型的复杂网络特征。"贝叶斯网络""Petri 网"等技术手段难以胜任具有复杂性质的航空网络整体分析和研究工作。

复杂网络理论是专门研究自然和社会中复杂系统的定性和定量规律的一门交叉科学，近年来在自然科学和社会科学各学科中广泛应用。应用复杂网络理论指导、研究交通运输网络中的延误扩散问题，在城市交通、物流网络等诸多领域取得显著成效。

例如，Moreno 等人分别研究了 BA 无标度网络中由"点延误"和"边延误"所引发的网络延误的扩散，发现延误都存在一个关于负荷的临界值（与网络的拓扑结构有关），即当点（边）的负荷超过这一临界值时，网络便发生大面积的延误扩散现象；进一步研究发现，网络中节点延误扩散时间也存在着临界值。张毅媚等从经济学的角度从三个方面对城市交通网络中延误的产生机理进行了分析。吴建军、高自友等人利用 SIR 模型研究了复杂网络上的运输延误传播问题，发现"运输系统的行为与平均感染率、平均康复率及网络的拓扑结构"有着直接关系；随后，他们又利用 SEIR 模型研究了小世界网络上的运输延误传播问题，并且通过模拟给出了延误条件下的平均感染率及平均康复率的数值。最近，吴建军、高自友等人又研究了不同拓扑结构对延误的影响，主要研究了三种不同类型的加权网络（随机网络、小世界网络和无标度网络），研究的焦点集中在网络性质参数（度分布指数、重连概率及聚集系数）对延误程度及效率的影响。Zhen 等人重点研究了城市交通平衡网络中由于延误扩散所造成的级联故障问题。Colizza 等研究了航空网络中延误扩散的影响因素。Wu 等利用 SIR 模型研究了交通运输网络中延误扩散的行为。在物流网络动力学方面，Chowell 等利用大型仿真软件 TRANSIM 模拟了交通个体在虚拟的有向网络上的交通行为，发现了一些网络上的幂律特性，并进一步分析了度和交通量之间的线性相关性以及最大连通网络大小随时间变化的特性。本书作者较为深入地论述了物流网络中延误的产生、扩散及消亡的全过程；在随后的时间内，本书作者指出了物流网络中延误扩散具有较为鲜明的介质传播特性，并依据平均场理论建立了基于介质传播的延误扩散的 SIS 模型，还求解出了延误扩散临界值。

上述研究成果清楚表明，复杂网络技术能够满足航空网络角度进行航班延误扩散研究的要求；目前，应用复杂网络技术在城市交通网络、物流网络领域取得的延误扩散成果可以为航空网络中的航班延误扩散问题提供有益的参考。

二、"复杂网络结构特征"的相关研究成果综述

复杂网络理论将大多数的复杂系统抽象为网络，将复杂系统中的个体视为网络中的"节点"，将个体之间的联系或是相互作用关系视为网络中连接节点的"边"，由此建立起一个可抽象表征复杂系统的网络模型。在此基础上，从复杂系统的网络结构出发，运用图论和统计物理学的理论、方法和工具对复杂系统进行研究。随着 1998 年小世界网络的提出，复杂网络的结构特征、演化机制及其动态特性的研究成为复杂网络研究的热点之一，并已在交通运输、社会关系、供应链管理、军事安全、生物工程等众多领域取得丰硕成果。

（一）国外学者有关"复杂网络结构特征"的代表性研究成果综述

复杂网络结构特征分析主要是运用图论、统计物理学的技术手段，通过测算网络的"度""介数""平均最短路径长度"等参数来分析网络的结构性质及其功能性质。复杂网络具有很多与规则网络和随机网络不同的统计特征，其中最重要的是小世界效应和无标度特性。

国外学者对于"复杂网络结构特征"的研究具有开创之功。1998 年，Watts 和 Strogatz 提出了 WS 网络模型，通过以概率 p 切断规则网络中原始的边并选择新的端点重新连接构造出一种介于规则网络和随机网络之间的网络——小世界网络（small-world networks）。显然，当 $p=0$ 时，相当于各边未动，还是规则网络；当 $p=1$ 时，就成了随机网络。小世界网络模型的理论分析表明，其节点的度分布服从指数分布，而实证结果表明，大多数大规模真实网络的节

点度用幂律分布来描述更加精确。

1999年，Barabasi和Albert提出了BA网络模型，在网络的构造中引入了增长性和择优连接性：增长性指"网络中不断有新的节点加入进来"，择优连接性则指"新的节点进来后优先选择网络中度数大的节点进行连接"。BA网络是无标度网络（scale-free networks）模型，其节点度服从幂律分布。

除经典的小世界网络模型和无标度网络模型之外，也有学者提出了一些其他的网络模型来描述真实的网络系统。如A.Barabasi建立的确定性无标度网络模型，Francesc Comellas和Michael Sampels建立的确定性小世界网络模型以及Fan等鉴于某些现实网络具有局域特性而建立的多局域世界演化网络模型等。

（二）国内学者有关"复杂网络结构特征"的代表性成果综述

相比国外学者，国内学者对于"复杂网络结构特征"的研究主要集中在应用领域，为复杂网络理论与实践结合作出了积极的贡献。

截至2012年7月25日，以"复杂网络""结构"作为关键词在《中国期刊全文数据库》《中国博士学位论文全文数据库》《中国优秀硕士学位论文全文数据库》中，共检索到相关文献171篇，涉及交通运输、社会关系、商业管理、军事、算法设计及理论研究等多个领域，研究成果在各领域分布情况如图1-3所示。

从图1-3可知，交通运输领域已经成为国内"复杂网络结构特征研究"的最大应用领域。目前，多位学者分别就"城市公交网络""世界集装箱海运网络""航空网络"进行了统计特征研究。

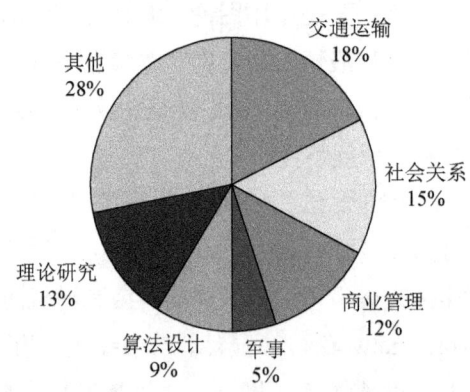

图1-3　国内"复杂网络结构特征"研究领域分布图

与本书具有较强关联的研究成果如下：

栾学晨、杨必胜、张云菲在《城市道路复杂网络结构化等级分析》一文中，根据复杂网络理论提出了一种城市道路网结构化分析与结构等级建模方法：根据城市道路链生成对偶图，分析路网几何结构，对由城市道路链生成的对偶图进行中心性测度分析；集成各项结构指标进行道路等级建模，以保持各个指标的结构信息；根据集成指标分析城市道路的结构重要性、划分道路等级并保持道路网的连通性。

田炜、邓贵仕、武佩剑等在《世界航运网络复杂性分析》一文中提出：航运网络的结构与几何性质对港口与航线的规划和管理具有重要的影响，并对马士基航运集团下属的航运网络进行了实证分析，研究了国际航运网络表现出的小世界与无标度特性，还对其具有的一些不符合典型复杂网络统计特性的现象进行了分析。

邓亚娟、杨云峰、马荣国在《基于复杂网络理论的公路网结构特征》一文中，采用对偶拓扑方法，将公路路段按照路名抽象为节点、将交叉口抽象为网络边，对实际公路网进行拓扑结构转换；通过构建网络可靠性指标，应用复杂网络节点度、接近中心性、中介中心性以及连通可靠性指标评价区域公路网结构特征，并给出基于模糊聚类的公路网等级划分方法。分析结果表明：基于对偶拓扑方法，应用复杂网络理论进行公路网结构特征研究，可从连通性、中心性、中间性和可靠性等多个角度反映线路在公路网中的重要程度。

刘宏鲲在其博士论文《中国航空网络的结构及其影响因素分析》中，对中国航空网络的特征进行了研究，分析了中国航空网络的基本统计性质以及网络的关联性。结果表明，中国航空网络是一个小世界网络，度分布服从双段幂律分布，网络中存在度小但是介数大的节点。尽管边权分布、点权分布、节点的介数分布和边的介数分布都不是典型的幂律分布，但都是具有非常广的分布，拥有和幂律分布类似的性质。

三、"复杂网络的传播动力学"研究综述

复杂网络的传播动力学理论是解决延误在物流网络上扩散机理的重要理论基础。自从20世纪末复杂网络研究广泛开展以来，网络上传播动力学的研究也随之兴起，目前已取得了诸多成果，对本书的研究具有较强的指导价值。

（一）国外学者有关"复杂网络传播动力学"的代表性研究成果综述

国外学者较早地以病毒在计算机网络上的蔓延、传染病在人群中的流行、谣言在社会中的扩散等为研究对象，对网络传播行为及其动力进行了研究。目前研究最为彻底，应用最为广泛的传染病模型是 SIR 模型和 SIS 模型。

对于 SIS 模型，Pastor-Satorras 和 Vespignani 利用平均场理论首先给出了一般网络上传播临界值的近似解。随后，他们讨论了无标度网络上的 SIS 传播动力学，发现了无标度网络上的传播阈值为 0。Joo 和 Lebowitz 研究了不同度的节点传播能力不同的情况，他们发现如果节点的传播能力与"度"值负相关，即使在无标度网络中也会出现正的传播阈值。

Boguna 和 Pastor-Satorras 给出了 SIS 模型传播的临界值为：

$$\lambda_c = \frac{1}{\Lambda_m} \qquad (1.1)$$

其中：Λ_m 为邻接矩阵的最大特征值。

Boguna 等进一步证明了在无限无标度网络中，$<k^2> \to \infty$，则 $\Lambda_m \to \infty$，即在无标度网络中，不管是关联网络还是非关联网络，都不存在正的临界值。Moreno 等分析了关联网络上的 SIR 模型，也得到了类似的结论。

May 和 Lloyd 首先研究了无标度网络上传播行为的有限尺度效应，指出有限大的无标度网络存在正的传播强度临界值。Pastor-Satorras 和 Vespignani 给出了有限尺度效应下临界值的量化结果：

$$\lambda_c(k_c) = k_c^{-1} \frac{\Gamma(-\gamma, m/k_c)}{\Gamma(1-\gamma, m/k_c)} \qquad (1.2)$$

其中：k_c 代表网络中结点的最大度，γ 和 m 是 BA 网络的参数。

物流网络上的动力学过程涵盖了物理学、生物学、数学、计算机科学乃至交通科学等各个领域，主要包括"传播""信息交换""随机行走""同步"及"交通动力"学等方面。对于物流网络中的传播动力问题，国外学者亦进行过深入研究。Colizza 等研究了航空网络对传播动力学的影响，Wu 等利用 SIR 模型研究了交通运输网络中拥堵传播的行为。

在物流网络动力学方面，Chowell 等利用大型仿真软件 TRANSIM 模拟了交通个体在虚拟的有向网络上的交通行为,发现了一些网络上的幂律特性,并进一步分析了度和交通量之间的线性相关性以及最大连通网络大小随时间变化的特性。虽然这些研究是通过数据仿真实验得出结果,还不能通过实际数据进行验证,但是仍然具有重要的理论价值,它们是关于交通运输系统中交通行为与拓扑结构的相互关系中的最早研究,奠定了深入研究复杂网络上交通动力学行为的基础。

(二)国内学者有关"复杂网络传播动力学"的代表性研究成果综述

在中国知网检索到的国内学者对于"复杂网络的传播动力学"的研究始于2004年。截至2012年7月25日,以"复杂网络""传播"作为关键词在《中国期刊全文数据库》《中国博士学位论文全文数据库》《中国优秀硕士学位论文全文数据库》中,共检索到相关文献113篇,涉及计算机技术、疾病控制、社会问题、商业管理、交通运输及理论研究等多个领域,研究成果在各领域分布情况如图1-4所示。

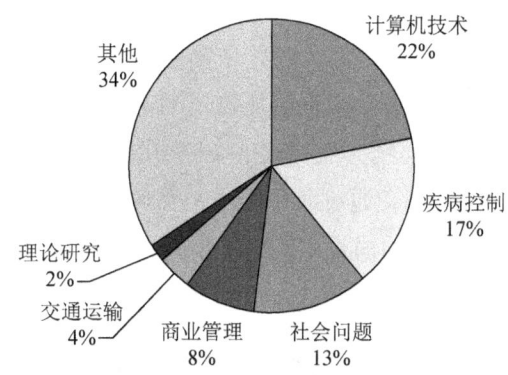

图1-4 国内"复杂网络传播动力学"研究领域分布图

国内学者的代表性成果如下:

陈端兵、黄晟、尚明生在《复杂网络模型及其在疫情传播和控制中的应用研究》一文中,分析和研究了小世界网络模型和BA无标度网络模型两种经典的复杂网络模型,并模拟了传染病按照SIR传播模型在两种网络中的传播情况,讨论了其上的传播阈值以及随机免疫和目标免疫策略对传播阈值的影响。

文中最后对 H1N1 病毒的传播情况进行了仿真模拟，包括 H1N1 病毒在自由传播和采取随机及目标免疫两种免疫策略时的传播情况；仿真结果表明，目标免疫策略可以有效抑制疾病的传播。

王亚奇、蒋国平在《基于元胞自动机考虑传播延迟的复杂网络病毒传播研究》一文中，提出了一种新的易染状态—感染状态—易染状态（SIS）传播模型。研究表明，传播延迟的存在显著降低了网络的传播临界值，增强了网络中病毒爆发的危险性。研究还发现，随着传播延迟的增大，病毒的感染程度以及传播速率都明显增大。此外，SIS 传播模型不仅能够反映病毒的平均传播趋势，而且可以描述病毒随时间的动态演化过程以及病毒的爆发和消亡等概率事件，从而有效地克服了利用平均场理论构建的微分方程模型只能反映病毒平均传播趋势的局限。

许丹、李翔、汪小帆在《复杂网络病毒传播的局域控制研究》一文中，从复杂网络的节点路径长度范围的角度来研究病毒传播的局域控制，分析了在不同拓扑结构的复杂网络中进行局域控制的有效性。研究表明，局域控制对 WS 小世界网络、BA 无标度网络和 ER 随机网络三类复杂网络均有效，但只有 WS 小世界网络存在零感染的控制范围，其最优值 d=3；对于"长程连边"分布存在距离偏好的 leinberg 小世界网络，随着依赖度的增大，病毒传播临界值也会增加，同时局域范围控制的效果会得到加强。

关于物流网络中传播问题，仅 Gao 和 Li 利用元胞自动机模拟道路交通流的特性，另辟蹊径地构造了交通流演化网络，发现该网络在大多数密度下可得到无标度性质。其余成果目前尚很少能够检索到，有待深入研究。

第四节 研究目标、方法和技术路线

一、研究目标

航空网络中航空延误扩散现象具有相当的普遍性，是造成大面积航班延误的主要原因之一。本项目以航空网络中的"航班延误扩散"问题为研究对象，通过对航班延误扩散机理的深入研究，建立治理机制。本项目研究的主要目标包括：

① 通过运用复杂网络理论对现实航空网络的拓扑结构进行实证研究，揭示其统计特征性质，分析在上述拓扑结构下"航班数量、航班时刻、机场容量、空中流量、飞机及机组人员"等航空资源对网络服务能力的影响。

② 通过建立基于介质传播的延误航班密度的常微分方程，较为精确地确定航空网络中航班延误扩散的临界条件。

③ 开发设计仿真模拟系统，通过仿真实验，揭示各类航空运输资源、各种影响因素对航班延误扩散的影响程度和趋势。

④ 依据航班延误扩散的临界条件，提出航班延误扩散的预防措施；依据各类航空运输资源对航班延误扩散的影响程度，提出航班延误扩散的治理机制。

二、研究方法

本书综合应用航空运输管理、复杂网络等的前沿理论知识，从航空网络中延误扩散这一问题着手，遵循"提出问题—分析问题—解决问题—提出对策"的基本研究思路，综合运用多种研究方法和手段，初步揭示航空网络中航班延误的产生、扩散、消亡及各因素对延误扩散规模、扩散速度产生的影响。主要研究方法和手段包括：

① 系统研究的方法——航空网络中延误扩散问题从研究方法的角度涉及"交通运输学""复杂网络技术""系统仿真技术""热力学平均场理论"等理论知识；从研究对象的角度涉及"航空网络""机场节点""航线""延误""影响航班延误的基本参数"等，各种因素交织在一起，互相影响、互相作用，形成一个高度复杂的统一体，需要运用系统分析的方法展开研究。本书在研究中以系统理论为指导，将延误问题置于整个航空网络系统中进行研究与分析；在进行延误扩散机制研究时，分别论证了"网络类型""有效扩散率""航班数量""网络机场节点数""航班单位时间流经节点数"等各因素对整个延误扩散系统的影响。上述研究思路凸显了系统性的研究方法。

② 理论研究与实证分析相结合——本书在对中国航空网络进行研究时，根据复杂网络理论、交通运输学等理论体系，界定了航空网络。为准确掌握航空网络的统计特征，本书采集了大量的数据，实证了中国航空网络的"网络类型""节点度值分布""平均最短路径长度""介数"等一手数据，为建立航空

网络模型提供了依据，较好地做到理论研究与实证研究相结合。

③ 定性分析与定量分析相结合——由于航空网络中延误扩散的复杂性，导致许多方面的问题无法用纯数学的手段解决或无法用量化的数据来衡量，在此情形下定性与定量相结合的方法是解决这类问题的有效手段。本书在研究航空网络中航班延误扩散临界值时，首先对航班延误问题的产生、扩散的机理进行了定量分析，然后建立了基于平均场理论的延误扩散 SIS 模型，通过对该方程进行求解，推导出了延误扩散临界值，体现了定性分析与定量研究的结合。

④ 仿真模拟的方法——航班网络延误扩散研究的性质决定了仿真模拟研究方法具有重要作用。本书设计了航空网络延误扩散系统的逻辑流程，并开发出相应的计算机程序，通过仿真手段揭示了航空网络中航班延误扩散的基本波形，得出了"网络类型""有效扩散率""航班数量""网络节点数"等多种因素对航班延误扩散趋势的影响程度。

⑤ 对比分析的方法——本书研究中大量采用了比较分析方法，在进行国内外研究综述时，对比了国内、国外研究在研究方向、研究方法中的不同；在进行航空网络研究时，对比了"航空网络"和"其他交通运输网络"的差异。

三、研究技术路线

本书以复杂网络理论为指导，采集当前我国航空运输系统相关数据构建航空网络的复杂网络模型，通过测算航空网络的"度、介数、簇系数"等统计特征参数值，揭示其网络特征。全书重点分析航空网络中航班延误的"产生、扩散、消亡"全过程，以"平均场理论"为基础建立航班延误扩散的 SIS 方程，并通过求解该方程得到航空网络中航班延误扩散的临界条件；设计开发航空网络中航班延误扩散仿真模拟系统，对航班延误扩散的波形及其影响因素进行了仿真研究；最终结合仿真分析结果，从全局的角度提出航班延误扩散的预防和补救措施。

技术路线如图 1-5 所示。

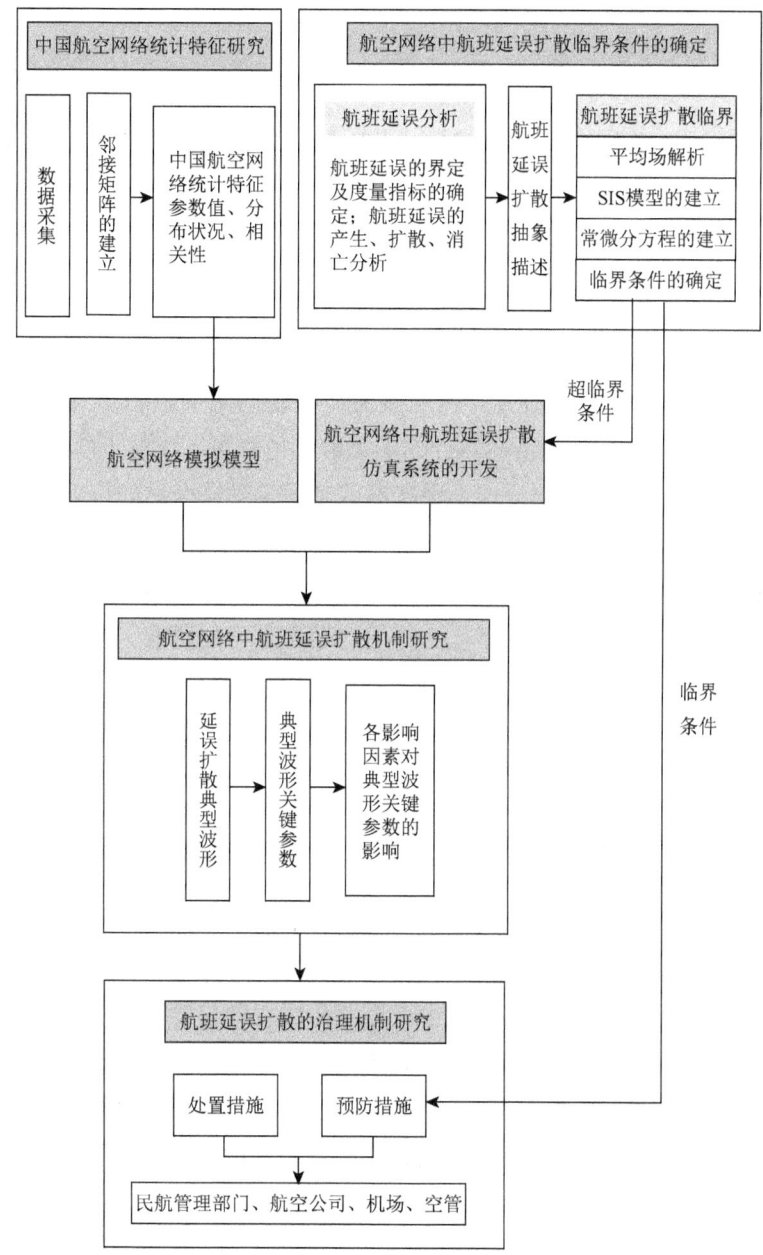

图1-5 技术路线图

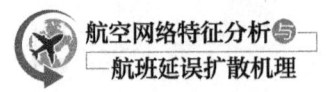

第五节 本书的特色与创新之处

一、将航班延误扩散问题置于航空网络中进行研究,突破了仅在链状结构中进行研究的局限

对于航班延误问题的研究,目前多从航班链的角度进行研究,较少考虑"航空网络结构以及由于网络的耦合作用影响其他机场、航线上航班的情况"。其研究视角也多为某家航空公司。由于航班延误治理需全民航协力进行,而非航空公司内部能够解决,因此以往的研究的问题设定与现实情况存在一定的差距,不能很好地指导实际工作的开展。本项目将航班延误扩散问题置于航空网络中,将研究重心定位于"网络耦合作用对航班延误的影响,揭示不同网络结构特征下航班延误扩散的机理",综合运用复杂网络理论、热力学平均场理论和仿真模拟技术开展研究,其问题设定、研究重点、技术方法都较以往更加深入。

二、探索了航空网络环境下基于介质传播的航班延误 SIS 模型

传统的复杂网络延误扩散的 SIS 模型主要以传染病感染为原型,通过建立人群交往的复杂网络模型来研究疾病在人群中的传播问题,该问题的基本假设就是认为疾病在人群之间传播过程中不需要介质,即只要接触病人就会以一定概率感染,并假设两个人之间疾病传染是在瞬间完成,在其模型中不设定关于病毒的任何参数。而在航空网络中,航班的延误扩散由于显然是飞行在网络中流通导致航空运输资源时空分布上出现供需矛盾造成的,传统的 SIS 模型显然无法解决这一问题。本书吸收了传统 SIS 模型的可取之处,以平均场理论为出发点,将航班作为网络中延误扩散的介质,并以航班运行所需各类资源为重要参数,建立了具有显著介质传播特征的延误扩散 SIS 模型,丰富了复杂网络传播动力学理论体系。

三、通过多邻接矩阵进行组合分析，突破了应用单一邻接矩阵进行航空网络统计特征分析的局限

由于航空网络的结构和航班服务性的差异性，按不同标准建立的邻接矩阵在进行不同统计特征参数分析时会导致不同的结果，甚至会引起误导。例如应用按"结构特征"建立的邻接矩阵分析"平均最短路径长度"时，且结果严重偏大，该值实际反映的是"平均经过的节点数"，而非"中转次数"。因此，只有合理采用不同的邻接矩阵进行不同统计特征参数分析，才能解决航空网络结构与航班服务之间存在差异的问题。本书在进行中国航空网络特征分析时，分别选用航班数、座位数等不同参数作为权重，建立"结构邻接矩阵""频次邻接矩阵""服务邻接矩阵"，针对不同的目的，应用不同的邻接矩阵进行分析，有效地突破了使用单一矩阵进行航空网络统计特征分析的局限。

第二章 复杂网络理论及复杂网络的传播动力学

在自然界中,许多复杂系统都可以用复杂网络的模型进行描述。由于大型数据库的出现和计算机处理能力的提高,这种实证研究已经遍布各个科学领域。

国内外学者已就电影演员合作网、科学家著作合作网络、因特网、食物链网络、新陈代谢网、蛋白质相互作用网络、电力网等现实网络进行了深入的研究。

在复杂网络中,"节点"是系统的基本元素,"边"代表节点间的相互作用。例如,在巨型基因网络中,"节点"是蛋白质,"边"为蛋白质之间的化学相互作用;在神经系统所构成的复杂网络中,"节点"是神经细胞,"边"则是连接神经细胞的轴突。复杂网络同样出现在社会科学中,"节点"是单个的人、组织或国家,"边"就是他们之间的社会相互作用。在商业社会里,"节点"是公司,"边"代表各种商业关系。

一般认为复杂网络的复杂性主要体现在以下几个方面:

(1) 结构复杂

复杂网络连接结构看上去错综复杂、极其混乱,而且网络连接结构可能是随时间变化的。此外,节点之间的连接可能具有不同的权重或方向。

(2) 节点复杂性

复杂网络中的节点可能是具有分岔和混沌等复杂非线性行为的动力系统。例如,基因网络和Josephson结构中每个节点都具有复杂的时间演化行为。而且,一个网络中可能存在多种不同类型的节点。例如,控制哺乳动物中细胞分裂的生化网络就包含各种各样的基质和酶。

（3）各种复杂性因素的相互影响

实际的复杂网络受到各种因素的影响和作用。例如，耦合神经元重复地被同时激活，那么它们之间的连接就会加强，这被认为是记忆和学习的基础。此外，各种网络之间也存在密切的联系，这使得对复杂网络的分析变得更为困难。

目前，复杂网络技术已经成为描述从技术到生物直至社会各类系统的主要方法，而且是研究系统拓扑结构的有力工具。

第一节　复杂网络的统计性质

复杂网络的统计性质被称为网络静态几何量，指的是"一个网络的微观量的统计分布或者宏观统计平均值"。

一、复杂网络的图论描述

在统计物理学里，网络是一个包含了大量个体及其个体之间相互作用的系统；在图论里，网络可抽象为一个由"点集 V"和"边集 E"组成的图 $G(V, E)$，其节点数记为 $N=|V|$，边数记为 $M=|E|$；E 中每条边都有 V 中一对点与之相对应。如果任意点对 (i, j) 与 (j, i) 对应于同一条边，则该网络称为"无向网络"；否则称为"有向网络"。如果给每条边都赋予相应的权值，那么该网络就称为"加权网络"；否则称为"无权网络"。此外，一个网络中还可能包含多种不同类型的节点。

二、度

在网络中，节点 i 的度 k_i 定义为：与节点 i 相接的边的总数。在网络中，一个节点的度越大就意味着与其相连的其他节点越多，其拥有的边数也就越多，也就意味着该节点在网络中从某种意义上讲具有更重要的作用。

有向网络中一个节点的度包括"出度"和"入度"两种。指向其他节点的边的数目称为节点的"出度"，从其他节点指向该节点的边的数目称为节点的"入度"。

网络中所有节点 i 的度 k_i 的平均值成为网络的平均度 $\langle k \rangle$。对于无向网络，各节点度的平均值为网络的平均度，其值为：

$$\langle k \rangle = \sum_{i \in V} k_i \Big/ N \qquad (2.1)$$

度是描述网络局部特性的基本参数，度分布函数则反映了网络系统的宏观统计特征。可用分布函数 $p(k)$ 来描述具有相同度 k 的节点的出现概率。规则网络的所有的节点具有相同的度，因此其度分布服从只有单个尖峰的 Delta 分布。网络中的任何随机化都会导致这个尖峰的形状变宽。完全随机网络的度分布近似服从 Poisson 分布，即：

$$P(k) \approx e^{-k} \frac{\langle k \rangle^k}{k!} \qquad (2.2)$$

它的形状在偏离峰值 $\langle k \rangle$ 处呈指数下降。该现象表明，当 $k \gg \langle k \rangle$ 时，度为 k 的节点是并不存在。因此，这类网络也被称为均匀网络。

近几年很多的实证研究显示：大多数实际网络的度分布情况与泊松（Poisson）分布有很大误差，但很接近幂律形式 $P(k) \propto k^{-\gamma}$。

幂律分布曲线的下降速度要远远缓慢于泊松指数分布曲线的下降速度。具有幂律度分布的网络称为无标度网络。

三、点强度

在交通运输网络等加权网络中，不同的边具有不同的重要性，此时仅通过"度"值不足以全面反映网络中各节点的重要性。因此，将节点 i 的度 k_i 相应的演变成另一参数——点强度 s_i，用以更准确地反映节点在网络中的作用，其定义为：

$$s_i = \sum_{j \in N_i} w_{ij} \qquad (2.3)$$

其中：N_i 表示与节点 i 有边相连的节点的集合，w_{ij} 表示节点 i 与 j 间弧的权重。

四、平均路径长度

网络中任意两点 i 和 j 间的距离 d_{ij} 被定义为：连接两点的最短路所包含的边的数目，它描述了网络中节点的分离程度。网络中任意两个节点之间的距离的最大值称为网络的直径，记为 D。

网络的平均路径长度 L 定义为：任意两个节点之间的距离的平均值，即：

$$L = \frac{1}{\frac{1}{2}N(N-1)}\sum_{i \geq j}d_{ij} \quad (2.4)$$

五、簇系数

节点的簇系数被定义为：节点 i 与所有相邻节点之间的实际连接数占可能的最大连接边数目的比例。簇系数是用来衡量网络节点局部聚类情况的参数。

若假设网络中的一个节点 i 有 k_i 条边将其和其他节点相连，显然，在这 k_i 个节点之间最多可能有 $k_i(k_i-1)/2$ 条边。而这 k_i 个节点之间实际存在的边数 E_i 和总的可能的边数 $k_i(k_i-1)/2$ 之比就定义为节点 i 的簇系数。

$$C_i = 2E_i / k_i(k_i - 1) \quad (2.5)$$

它实际上是描述与第三个节点连接的一对节点被连接的概率。在全连通网络中，所有节点的簇系数都等于1。而网络的簇系数 C 则是所有节点簇系数 C_i 的平均值。

六、介数

节点的介数定义为：节点 u 的介数是指网络中经过 u 的所有最短路径的数量。它反映了节点 u 对其他节点之间联络的控制作用。

$$B_u = \sum_{i,j}\sum_{l \in S_{ij}}\delta_l^u \quad (2.6)$$

其中：S_{ij} 为 (i, j) 之间最短路径的集合。

介数具有很强的现实意义。例如，在社会关系网络或技术网络中，介数的分布特征反映了不同人员、资源和技术在相应生产关系中的地位，这对于在网络中发现和保护关键资源和技术具有重要意义。节点的介数和节点的度有很强的相关性，在无标度网络中，介数分布往往也是近似幂律的。

上述统计性质都是研究网络结构的基本工具，通过分析网络的拓扑结构，可以预期网络可能的行为，同时这些性质也是更深入理解刻画网络的基础。

第二节 复杂网络的网络模型

很多复杂系统都可以进行网络抽象,这些形形色色的网络既具有各不相同的特异性,又表现出很多相似之处。基本的网络模型包括均匀网络、随机网络和复杂网络。其中,小世界网络和无标度网络是两种常见的复杂网络。

就目前而言,科学家们还没有给复杂网络下一个精确、严格的定义。一般学者认为复杂网络应包含以下几层含义:首先,它是大量真实复杂系统的拓扑抽象;其次,它至少在感觉上比规则网络和随机网络复杂,因为可以很容易地生成规则网络和随机网络,但就目前而言,还没有一种简单方法能够生成完全符合真实统计特征的复杂网络;最后,复杂网络是大量复杂系统得以存在的拓扑基础。

一、均匀网络

均匀网络是指具有均匀性质的复杂网络。在该网络中。节点的度分布在网络平均度 $\langle k \rangle$ 处有个尖峰,而当 $k \ll \langle k \rangle$ 和 $k \gg \langle k \rangle$ 时,度分布呈指数下降。因此,该网络中每个节点的度 k_i 都近似等于平均度 $\langle k \rangle$,如图 2-1 所示。ER 随机网络和 WS 小世界网络都是典型的均匀网络。

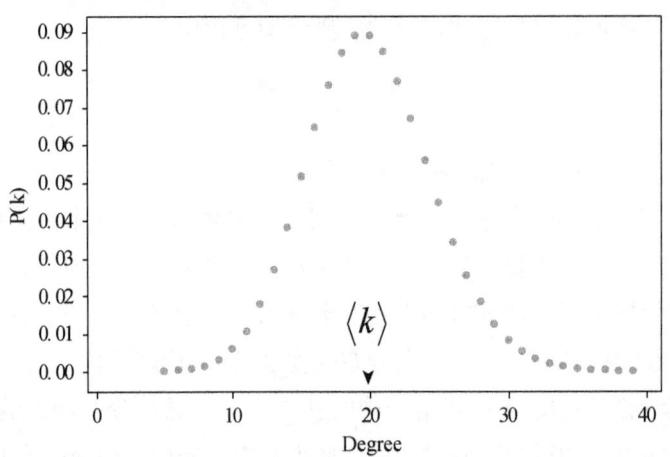

图 2-1 均匀网络度分布情况图

通常将规则网络视为一种特殊的均匀网络。规则网络指每个节点度都相同的规则图形。在图论中,规则网络是指平移对称性网格,任何一个格点的近邻数目都相同,如一维链、二维正方晶格。因此,规则网络各节点的度相同,度分布为 $\delta(k-k_0)$。

图 2-2a 是有 25 个节点的一维最近邻规则网络,其度值的概率分布仅有三个值,如图 2-2b 所示。

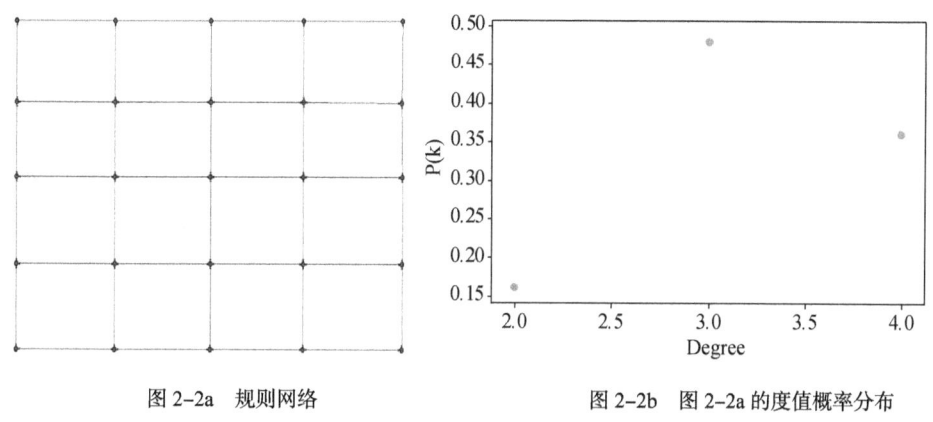

图 2-2a 规则网络　　　　　图 2-2b 图 2-2a 的度值概率分布

图 2-2 规则网络及其度值概率分布

二、随机网络

随机网络中两个节点之间边的连接与否不是确定的事情,而是根据一个概率决定。从 1959 年匈牙利数学家 Erdos 和 Alfred Renyi 提出了 ER 随机网络模型开始,它在接下来的 40 多年里一直被很多科学家认为是描述真实系统最适宜的网络。但这种方法是静态的,对于普遍存在的动态的演化系统显然不能进行分析研究。在传统的随机网络(如 ER 模型)中,由于各个节点之间的连接是随机的,因此整个网络是均匀的,大部分节点的连接数目大致相同,也就是大多数节点的度大致相等,接近于网络的平均度 $\langle k \rangle$。度分布服从泊松(Poisson)分布,这个泊松分布在 $P(\langle k \rangle)$ 达到峰值,网络中大多数节点的度都集中在其附近,说明节点有同质性,如图 2-3 所示。

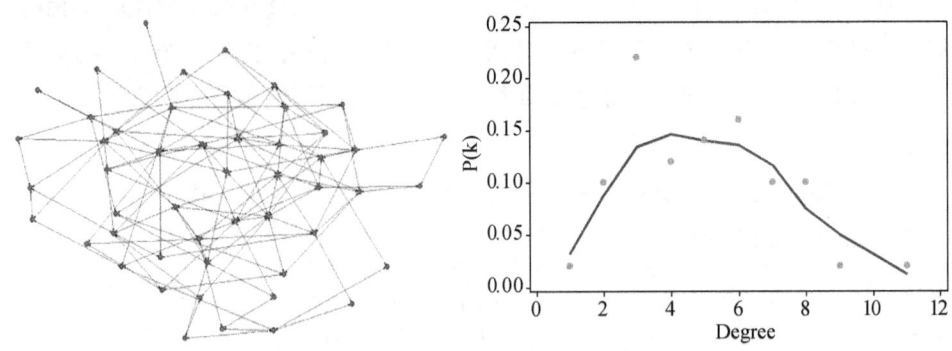

图 2-3a　Erdos Renyi 随机网络　　　图 2-3b　图 2-3a 度值的概率分布

图 2-3　Erdos Renyi 随机网络及度值的概率分布（50 个节点，平均度 =4.92）

在随机网络中连接数目比平均数高许多或低许多的节点都极少，随着连接数的增大，其概率呈指数形式迅速递减。故随机网络亦称指数网络。

随机网络的特点包括：

① 度分布：在平均度达到峰值，但是以指数形式衰减。

② 同质性：每一个节点都有大致相同的连接数。

③ 随机网络具有小的簇系数和小的平均距离。

大量社会科学、生物和计算机科学的实证研究表明，通常的随机网络范式往往不能很好地描述现实的网络。虽然随机网络的平均路径长度短，和许多实证研究的结果一致，但是在真实网络中，平均簇系数很大，而如上所说，随机网络的平均簇系数却小。因此，随机网络不能很好地刻画现实网络。

从网络的拓扑结构及度分布情况看，均匀网络与随机网络均较为接近。但二者之间存在本质的区别：随机网络中节点与边是通过相关算法随机生成的，其只能作为复杂网络的基本模型之一，在现实世界中不存在随机网络；而均匀网络是现实世界中存在的复杂网络，现实世界中只存在均匀网络而不存在随机网络。

三、小世界网络

小世界网络的最突出特点是：尽管网络本身很大，但是在大多数网络中任意两个节点之间存在相对短的路径。物理学家把大的簇系数和小的平均距离两个统计特征合在一起称为小世界效应,具有这种效应的网络就是小世界网络。

在小世界网络中,构成网络中各节点之间的边的连接既不是绝对规则的,也不是完全随机的,而是介于这两者之间;其主要规律是,任意一个节点通常是与其相邻的最近的两个节点相连接。它同时具有大的簇系数和小的平均距离。图 2-4 所示的网络由 100 个节点、606 条边构成,但平均最短路径长度为 2.081,簇系数为 0.631,具有较典型的小世界网络性质。

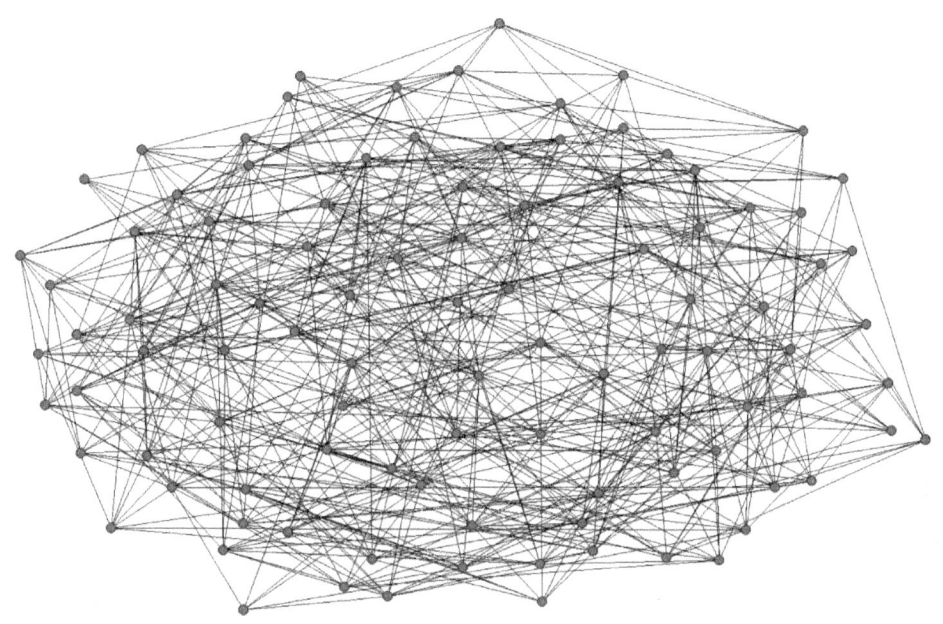

图 2-4 具有小世界网络性质的复杂网络(本图由 Pajek 生成)

大量的实验研究表明,真实网络几乎都具有小世界效应,如线性蠕虫的神经网络、美国西部的电力网、电影演员的合作网都是小世界网络。

最早研究小世界网络的是 Watts 和 Strogatz,他们利用新的方法构造出了一种介于规则网络和随机网络之间的小世界网络(WS 网络),这种网络有大的簇系数,但平均路径长度却很小。

Newman 和 Watts 稍后提出了 NW 小世界模型,其被许多学者广泛采用。该模型是通过用"随机加边"的方法得到的。

对于 NW 小世界模型,当 $p=1$ 时,与全局耦合网络相对应;当 $p=0$ 时,与原来的最近邻耦合网络相对应。相对于 WS 小世界模型来说，在理论分析上 NW 小世界模型更简单一些。当 N 足够大和 P 足够小时，这两个模型本质上是相同的。它们一般都被认为是小世界的基本模型。

四、无标度网络

1999 年，Barabsi 等人在对万维网拓扑结构进行研究时发现了这个网络的节点度分布具有幂律函数形式，即任何节点恰好与其他 k 个节点相连的概率与它名次的常数次幂存在反比关系，即 $p(k) \sim k^{-r}$。更多的实证研究发现，这种性质并非万维网独有，大量的真实网络都具有这种重要的统计特征。

幂函数曲线是一条下降相对缓慢的曲线，这使得我们不仅能在网络中发现大量度很小的节点，还能找到一些度很大的节点。规则网络、随机网络和小世界网络的节点度分布都不是幂律的，它们的分布区间非常狭窄，几乎找不到偏离节点度均值较大的点。

对于这样的网络，上述均值就可以被看作衡量其节点度的一个特征标度。在这个意义上，节点度服从幂律分布的网络却找不到这样的特征标度，因此被称为无标度网络（scale-free networks），并称这种节点度的幂律分布为无标度特性，如图 2-5 所示。这种系统的特性是，若将节点度值分布取对数画在双对数坐标上，结果将呈现出线性下降趋势。

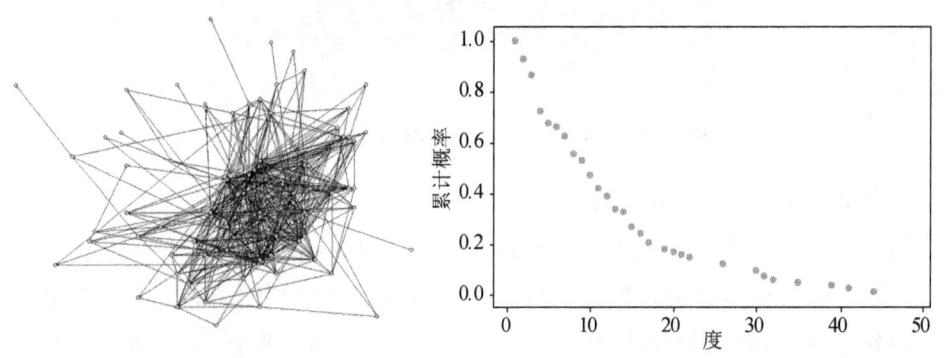

图 2-5a　无标度网络　　　　　　图 2-5b　图 2-5a 度值的累计概率分布

图 2-5　无标度网络及其度值的累计概率（节点数 83，平均度 15，由 Pajek 生成）

第三节 复杂网络分析软件简介

一、Ucinet 软件简介

Ucinet 软件是由美国加州大学欧文（Irvine）分校的一群网络分析者编写的。现在对该软件进行扩展的团队是由斯蒂芬·博加提（Stephen Borgatti）、马丁·埃弗里特（Martin Everett）和林顿·弗里曼（Linton Freeman）组成的。

Ucinet 网络分析集成软件包括一维与二维数据分析的 NetDraw，还有正在发展应用的三维展示分析软件 Mage 等，同时集成了 Pajek 用于大型网络分析的 Free 应用软件程序。利用 Ucinet 软件可以读取文本文件、KrackPlot、Pajek、Negopy、VNA 等格式的文件。它能处理 32 767 个网络节点。当然，从实际操作来看，当节点数在 5000~10 000 个时，一些程序的运行就会很慢。

社会网络分析法包括中心性分析、子群分析、角色分析和基于置换的统计分析等。另外，该软件包有很强的矩阵分析功能，如矩阵代数和多元统计分析。它是目前最流行的，也是最容易上手、最适合新手的社会网络分析软件。

二、Pajek 软件简介

Pajek 软件是由弗拉迪米尔·巴特格力（Vladimir Batagelj）和安卓·玛威尔（Andrej Mrvar）共同编写的，可以免费提供给非商业用途的用户。Pajek 在斯洛文尼亚语中是蜘蛛的意思，该软件的 Logo 就是一只蜘蛛，暗示其具有网络绘制的功能，如图 2-6 所示。

Pajek 是一种基于 Windows 的用于将大型网络可视化的社会网络分析软件，是基于图论、网络分析以及可视化软件等发展而来的。它的特点是将信息可视化。它允许人们对大量抽象的数据进行分析。事实上，人的创造性不仅取决于人的逻辑思维，

图 2-6 Pajek 软件 Logo

同时取决于人的形象思维。海量的数据只有通过可视化变成形象，才能激发人的形象思维，才能在表面上看来是杂乱无章的海量数据中找出隐藏的规律，为科学发现、工程开发和业务决策等提供依据。

Pajek可以对大型网络进行有效的分析。最显著的功能就是该软件可以在屏幕上绘出二维、三维甚至动态的社群图，并具有强大的图形生成和导出功能。与MDS类似，Pajek也使用弹性嵌入程序对结果图进行着色处理，确定标签，以便直观地突出网络关系的核心特征，还可以利用选项功能对社群图进行平面旋转或空间旋转，以便从不同的角度观察图形，同时也提供鼠标自由移动所生成的网络节点。所有的操作都可以精确细致的控制。

第三章

航空网络特性分析

第一节 航空网络的内涵分析

一、航空网络的界定

网络是由节点和边构成，表示诸多对象及其相互联系，即是由代表真实系统中个体的节点与表示个体间关系的边组成的。航空网络可以看成机场所属城市和连接城市的航线所构成的复杂网络，通航城市和航线构成了航空网络的基本框架。在航空网络中，一条航线连接两个通航城市，通过该航线可实现两城市间双向航空运输，因此航空网络可视为无向网络。在航空网络中，不同航线所在单位时间内拥有的航班数不同，具有不同的影响力，因此航空网络应视为加权网络，可选取单位时间内的航班数作为确定权重的主要指标。

与其他类型的网络比较，航空网络有如下几个独特的性质：

（1）增长性

航空交通网络规模随着城市规模和社会经济的发展，不断扩大，随之就会有新的航线和机场节点加入，且航空网络以新增航线的形式增长，增加一条线路的同时会增加若干个节点，或者增加某航线的航班频次。

（2）偏好依附性

在航空网络中，航线连接数较大的机场，一般情况下是区域枢纽节点，枢纽节点在航空网络中起着关键作用，其吸引力较大，所以新增节点更倾向于与此类节点相连；客流量较大时，也会增加这些枢纽节点的航班频率。这种偏好依附性导致：少数大的枢纽节点有大量连接，而大量机场连接数较少。

然而，一条航线上不能存在过多节点且机场建设成本较高，这些特质使得航空网络成长速度比其他交通运输网要慢得多，因此航空网络在一定程度上仍处于简单的复杂网络之列。

二、航空网络结构与功能的关系分析

航空网络结构与功能之间存在密切关系，二者相互影响、相互制约，不可分割。

1. 网络结构是功能的载体与基础

航空网络的结构不仅是物流活动的载体，也是各种航空运输服务活动的基础。航空网络的航线、节点机场状况直接决定了其是否能够实现某种特定的航空服务功能。

2. 航空运输服务功能必须借助网络才能实现

无论是航空网络的基本功能还是拓展功能，都必须借助航空网络才能实现。离开了航空网络及其各种要素，航空运输活动失去了载体无法开展，其航空运输的服务功能自然无法实现。

3. 功能对网络结构将产生巨大的反作用

航空运输活动是以满足社会、个人需求为主的服务活动。因此，在航空运输中，时刻面临着多种多样的航空服务功能需求，对网络结构产生了巨大的影响作用。为满足某些特点的航空服务功能，航空网络的结构往往需要进行必要的调整与变更。

4. 在研究中可以通过对网络赋予不同参数和权重实现对其功能的分析

功能必须要借助网络结构才能实现，而网络结构又直接决定物流功能。单纯研究航空运输功能缺乏必要的基础与前提，因此，不仅不能抛开网络结构去研究航空运输功能，反而应该通过网络结构的特征去分析航空运输功能的状况。通过将航空运输功能中的关键性指标经过转化为航空网络中不同参数和权重，然后通过对加权的航空网络结构进行分析，可以从航空网络结构的角度更本质地去揭示航空运输功能。

三、复杂网络理论与航空网络分析

1. 航空网络复杂性分析

航空网络作为在社会生活中发挥着巨大作用的现实网络结构，无论是网络结构、网络功能还是与外界环境的相互作用都极其复杂，是现实社会中典型的复杂网络。其复杂性，主要表现在下列几个方面：

（1）网络结构复杂

航空网络是由机场作为节点和航线组成的空间网络结构。节点数量庞大，连接节点之间的航线数量众多，其长度、容量、流速都存在巨大差异。由于航空网络的客观存在性，因此决定了在研究中国航空网络时，仅进行理论论证难以对社会物流生产实践起到足够的指导作用，所以进行中国航空网络的实证研究势在必行，也就意味着需要尽可能全面地在全国范围内收集物流集散点和运输线路。

（2）网络功能复杂

构成航空网络的节点、航线均存在众多类型，不同类型的节点和线路其性质、功能、运作形式等方面都存在诸多不同。在不同的方向、地域、时间上，航空运输的"流速、流量、流程、成本、效率"等方面又表现出不同的性质。在同一个航空网络中，必须根据用户的不同需要，完成不同航空运输服务，呈现出复杂的网络功能。

（3）网络的影响因素复杂

中国航空网络是一个覆盖我国整个国土的开放性的系统，每时每刻与社会生产、经济发展都密不可分，社会中的各行各业都离不开这一网络系统。航空网络易受众多因素的影响。天气状况、突发事件、航班延误、管理事故、网络结构、节点性质等因素都会对航空网络的功能造成影响。而这些影响因素之间也存在着密切的内在联系，这使得分析和研究航空网络变得更加复杂。

中国航空网络的复杂性决定了需要从宏观角度系统地对网络整体进行深入研究，只有这样才能较好地揭示航空网络的复杂属性。因此，应用复杂网络技术对中国航空网络进行整体性分析显得尤为必要。

2. 复杂网络理论在航空网络分析中的适用性

复杂网络是专门研究自然和社会中复杂系统的定性和定量规律的一门应用广泛的交叉科学，它以丰富多彩的真实复杂网络为研究对象，分析复杂网络的各

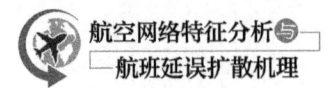

种拓扑结构及其性质，探索复杂网络系统的各种现象（涌现、突变、同步等）产生的机制，研究复杂网络上的各种动力学行为与控制方法，并应用于科学研究和工程实践。网络科学不仅涵盖了数学、物理科学、信息科学、生命科学等众多自然科学，而且横跨工程技术、社会经济和艺术人文科学，成为整个新兴交叉科学的研究前沿和应用领域，具有非常广阔的发展前景。复杂网络已在交通运输、社会关系、供应链管理、军事安全、生物工程等众多领域取得丰硕成果。

以生命科学为例，20世纪的生物学家对构成生命的分子基础进行了深入的研究，以为通过对氨基酸和蛋白质等生命分子基础的研究就能揭示细胞或个体的活动规律。然而，随着认识的不断深入，生物学家发现绝大多数生物特征都来自于细胞的大量不同组分，如蛋白质、DNA、RNA和小分子之间的交互作用，而对这一问题传统的技术手段难以有效地开展研究。正是复杂网络技术的出现，使生命科学进入了全新的研究阶段。

在航空运输领域情况也是如此，随着全社会对航空运输业的重视，对航空运输的各种功能要素的理论与方法都得到了较为深入的探索与研究。然而，随着航空网络化的趋势日趋明显，人们逐渐发现对航空运输领域的各子系统孤立地开展研究，往往难以指导生产实践的开展。只有将各子系统连接在一起，构造出整个航空网络，弄清各子系统在航空网络中的结构与功能，才能更好地揭示航空网络的运行机理。结构、功能、影响因素的复杂性使航空网络整体性研究具有较大难度，传统的技术方法往往不能很好地解决这一问题。而复杂网络技术正好是为解决上述问题应运而生的技术手段。因此，复杂网络技术在航空网络分析中具有较强的适用性。

第二节　航空网络的复杂网络特征的实证研究

一、航空网络的数据采集

1. 数据来源

本书使用数据来源于"携程旅游网"（http://flights.ctrip.com/schedule/ScheduleIndex.aspx）中一天内的航空时刻表，共采集通航城市204座，国内航线4666条。本文着重分析城市机场网络,而非单独的机场网络。因此,对于拥有两个及以上机场的城市,将该城市的所有机场合并为一个节点。例如,统计中将上海虹桥机场和浦东国际机场进行合并,作为上海的机场进行计算。本文所研究的中国航空网络由204个城市机场作为网络节点,以城市对之间的直达航班来表示网络连接,城市对之间的连接取决于两者间是否存在直达航班,若必须经过中转才能到达,则两个城市之间没有连接。

2. 邻接矩阵的建立

在实现了数据采集之后,需要通过某种形式将采集到的节点和通道的信息集成起来,以便能够用来反映现实的中国航空网络。有两种方法可以描述航空网络:图法和矩阵代数方法。对于节点众多、线路复杂的网络用图形表示相当复杂,可读性差,因此通过建立节点的邻接矩阵的方法,来表示网络关系是目前常用的方法。

邻接矩阵是进行复杂网络分析的基础,只有建立了邻接矩阵才能应用复杂网络技术和相关软件分析出网络整体的或局部的特征,揭示网络整体性的发展演变趋势与规律。

邻接矩阵是网络分析中最常使用的矩阵形式,其特征是正方阵。在此方阵中,行和列都代表完全相同的网络节点,并且行和列排列的顺序相同,矩阵中的要素代表节点之间的关系,以这种形式来表示网络关系的数据集合被称为邻接矩阵,记作X。在此类矩阵中,矩阵各个要素可以是"1"或者"0",分别代表邻接关系的存在与否。根据节点间的相关邻接关系(如图3-1a所示)可以构建出邻接矩阵(如图3-1b所示)。

站点	相连的站点
北京	天津
天津	上海、广州
广州	天津、厦门、武汉
厦门	广州、武汉
武汉	广州、厦门

图3-1a 站点的邻接关系

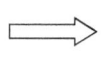

站点	邻接矩阵				
	北京	天津	广州	厦门	武汉
北京	0	1	0	0	0
天津	1	0	1	0	0
广州	0	1	0	1	1
厦门	0	0	1	0	1
武汉	0	0	1	1	0

图3-1b 邻接矩阵

图3-1 邻接矩阵的构建示意图

此外,对于加权网络,邻接矩阵中元素的值也可以是其他数值,以便更好地反映节点之间的关系。将204座通航城市分别作为行和列,由此形成一个204×204的航空网络邻接矩阵X;以网络中两城市间航班数量作为权重,形成一个204×204的加权航空网络邻接矩阵A。

运用Ucinet软件,作出中国航空网络的社会关系图,如图3-2所示。

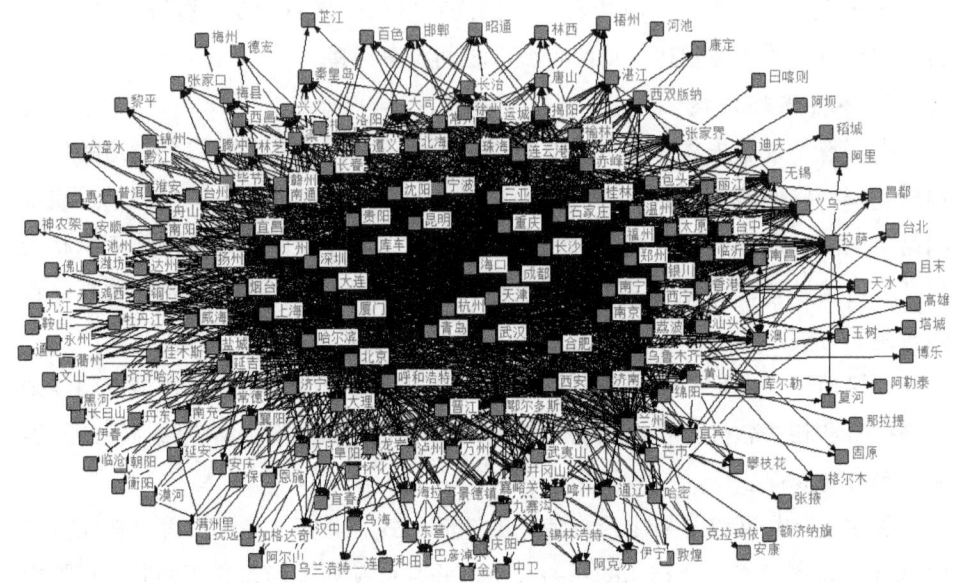

图3-2 中国航空网络的社会关系图

二、航空网络特征参数的测算

1. 度与度分布

在航空网络中,某一通航城市节点的度k表示与该城市之间有直达航班的城市总数。应用Ucinet软件及建立的中国航空网络邻接矩阵A,可以计算出目前我国航空网络中各节点(通航)城市的度值,如表3-1所示。

表3-1 中国航空网络中各节点的度排名

城市名称	度	排序	城市名称	度	排序	城市名称	度	排序	城市名称	度	排序
北京	163	1	广州	135	3	西安	114	5	昆明	103	7
上海	148	2	成都	116	4	深圳	112	6	重庆	102	8

续表

城市名称	度	排序	城市名称	度	排序	城市名称	度	排序	城市名称	度	排序
库车	93	9	南昌	45	38	澳门	17	67	佳木斯	11	96
贵阳	86	10	长春	44	39	济宁	17	68	芒市	11	97
厦门	83	11	桂林	44	40	赣州	16	69	台州	11	98
天津	82	12	珠海	43	41	梁平	16	70	常德	10	99
杭州	81	13	西宁	42	42	宜昌	16	71	阜阳	10	100
大连	77	14	赤峰	40	43	湛江	16	72	哈密	10	101
海口	77	15	连云港	38	44	大理	15	73	嘉峪关	10	102
沈阳	72	16	包头	34	45	大同	15	74	井冈山	10	103
长沙	70	17	晋江	34	46	黄山	15	75	库尔勒	10	104
哈尔滨	62	18	拉萨	34	47	柳州	15	76	南阳	10	105
郑州	60	19	揭阳	33	48	洛阳	15	77	腾冲	10	106
呼和浩特	59	20	丽江	32	49	威海	15	78	铜仁	10	107
青岛	59	21	鄂尔多斯	31	50	盐城	15	79	襄阳	10	108
三亚	59	22	香港	31	51	延吉	15	80	怀化	9	109
福州	58	23	烟台	31	52	宜宾	15	81	淮安	9	110
南宁	58	24	绵阳	28	53	泸州	14	82	喀什	9	111
武汉	58	25	运城	28	54	通辽	14	83	牡丹江	9	112
兰州	57	26	徐州	27	55	武夷山	14	84	秦皇岛	9	113
南京	57	27	常州	26	56	海拉尔	13	85	达州	8	114
乌鲁木齐	56	28	无锡	25	57	林芝	13	86	敦煌	8	115
济南	53	29	榆林	25	58	毕节	12	87	邯郸	8	116
银川	51	30	义乌	24	59	长治	12	88	锦州	8	117
合肥	49	31	临沂	23	60	迪庆	12	89	景德镇	8	118
石家庄	49	32	张家界	23	61	龙岩	12	90	南充	8	119
太原	49	33	北海	22	62	万州	12	91	唐山	8	120
温州	49	34	西双版纳	22	63	兴义	12	92	潍坊	8	121
荔波	47	35	遵义	22	64	扬州	12	93	西昌	8	122
台中	47	36	南通	20	65	舟山	12	94	昭通	8	123
宁波	46	37	汕头	20	66	大庆	11	95	百色	7	124

续表

城市名称	度	排序	城市名称	度	排序	城市名称	度	排序	城市名称	度	排序
恩施	7	125	广元	5	145	天水	4	165	河池	2	185
鸡西	7	126	黑河	5	146	文山	4	166	衡阳	2	186
九寨沟	7	127	加格达奇	5	147	伊春	4	167	且末	2	187
梅县	7	128	克拉玛依	5	148	玉树	4	168	神农架	2	188
普洱	7	129	林西	5	149	张家口	4	169	台北	2	189
齐齐哈尔	7	130	漠河	5	150	鞍山	3	170	乌兰浩特	2	190
锡林浩特	7	131	黔江	5	151	朝阳	3	171	夏河	2	191
宜春	7	132	庆阳	5	152	德宏	3	172	张掖	2	192
安庆	6	133	衢州	5	153	抚远	3	173	芷江	2	193
安顺	6	134	延安	5	154	康定	3	174	阿坝	1	194
保山	6	135	伊宁	5	155	黎平	3	175	阿勒泰	1	195
池州	6	136	永州	5	156	临沧	3	176	阿里	1	196
佛山	6	137	昌都	4	157	六盘水	3	177	安康	1	197
乌海	6	138	二连浩特	4	158	满洲里	3	178	博乐	1	198
梧州	6	139	汉中	4	159	通化	3	179	稻城	1	199
阿克苏	5	140	和田	4	160	中卫	3	180	额济纳旗	1	200
巴彦淖尔	5	141	惠州	4	161	阿尔山	2	181	梅州	1	201
长白山	5	142	金昌	4	162	高雄	2	182	那拉提	1	202
丹东	5	143	九江	4	163	格尔木	2	183	日喀则	1	203
东营	5	144	攀枝花	4	164	固原	2	184	塔城	1	204

利用 Ucinet 软件对我国航空网络的分析中得出节点的平均度为 22.87，表示每个通航城市平均与其他 22 个城市机场之间有直达航班。将度大于等于 22 的节点定义为高度节点，将度小于 22 的节点定义为低度节点。分析中，出现了一些度很高的节点，比如，北京是全国度最高的节点，度高达 163，其次是上海（148）、广州（135）、成都（116）、西安（114）等，这些城市的节点度都远远高于平均节点的度。

出现这种情况，其中一个原因是某些通航城市的政治地位、经济水平以及在旅游方面的吸引力较强，客运量充足，从而吸引了各个航空公司开通其他城市与该城市间的直达航班,导致该城市的节点度增加。另外一个原因则是航空公司为了控制成本并形成规模经济效益,采用轴辐射网络设计,将重要城市的机场作为枢纽,导致其节点度远远高于其他一些机场。

从各个通航城市的地理位置与其客运量来看,节点度值 k 与其旅客吞吐量大致呈正比关系。大多数度值高于 22 的节点年旅客吞吐量在 100 万人以下,而吞吐量略超过 100 万人的节点在地理条件上存在优势,如具备丰富的旅游资源。

此外,对中国航空网络城市节点的度分布进行分析后发现,对外连接的航线在 22 条以上的节点所占的比例在 50% 以下,大部分的城市机场对外连接的航线偏少。

节点的度分布是指网络中节点度为 k 的节点的概率 $P(k)$ 随节点的度 k 的变化规律,是网络的重要几何特征。度分布通常采用累计分布形式以便消除在系统规模较小情况下的统计误差。累计分布函数 $P(K>k)$ 表示给定城市节点 i 的点度大于 k 的概率。图 3-3 为中国航空网络城市节点的度累计概率分布图。

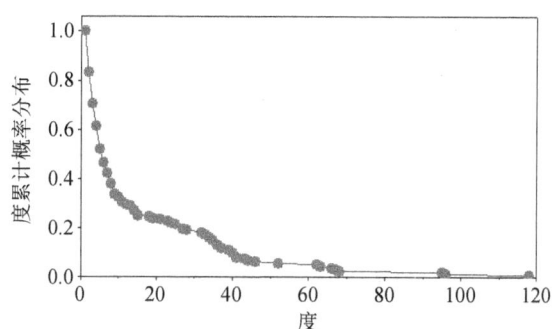

图 3-3　中国航空网络城市节点的度累计概率分布图

如图 3-3 所示,所有城市节点中,度值小于 46 的城市节点占网络总节点数的 86%,且度值介于 1~46,分布范围较狭窄;与此相对,度值大于 46 的城市节点占网络总节点数的 14%,度值大的城市节点所占比例较小,但这些节点之间的度值相差较大,由此可见中国航空网络节点既服从双段幂律分布,又具有"无标度特性"。

2. 平均最短路径长度

平均最短路径长度则是指网络中所有节点对的平均最短路线数量，路径长度越短，节点间的可达性就越好，也就意味着两节点城市之间的旅行更加便利。

利用 Ucinet 软件、矩阵 X，计算出我国航空网络的平均最短路径长度为 2.11，即任一节点到其他节点平均需要经过 2.11 条边，与之前所统计的数据相比较，两个节点之间的分离程度明显减小，即从任意一个通航城市出发，平均只需中转一次即可到达其他节点城市。

表 3-2　航空网络平均最短路径相关数据

最短路径长度	路径数量	所占总路径比例	累计所占比例
1	3858	0.102	0.102
2	26663	0.702	0.804
3	6785	0.179	0.983
4	64	0.017	1

表 3-2 反映了通航城市之间所需的最少中转次数及其占全部路径的比例。由表可知，节点对之间的最短路径长度在 1~3 的约占 98.3%，80.4% 的节点对之间最多只需中转 1 次，而 10.2% 的城市对之间可以直达，无须中转。

3. 聚类系数

在航空网络中，聚类系数所表示的是相连接的两城市各自的相邻节点中共同的近邻有多少。可以采取计算在航空网络中某一节点相连的三角形的数目与节点相连的三元组的数目的之比来计算航聚类系数。

通过计算得出中国航空网络的聚类系数 C 为 0.710，集聚程度较高，不难看出航空网络各通航城市之间已经在很大程度上形成小范围的短距离连接。其中，聚类系数为 0 占总数的 5.8%，对这些节点的度值计算出的平均值全部为低度节点，主要分布于 2~10。因此，度低的节点的聚类系数通常具有两极性的特点。而度较高的通航城市的聚类系数普遍较小，如北京（0.119）、上海（0.136）和广州（0.158）。导致这种情况的原因不难解释，北京、上海和广州等这些城市在我国航空网络中都扮演着枢纽节点的角色，所有新增节点都倾向于与之建立直接联系，而新增节点的度大多都比较低。从地理分布上来看，东北和中部地区的聚类系数普遍较高,而聚类系数小的通航城市主要集中在北京、天津、长江三角洲及珠江三角洲等地区。一个拥有相同系统规模和平均度的随机网络聚类系数为 0.075,航空网络的聚类系数要大得多。204 个通航城市聚类系数排名如表 3-3 所示。

表 3-3　中国航空网络中各节点的聚类系数排名

城市名称	聚类系数	排序	城市名称	聚类系数	排序	城市名称	聚类系数	排序	城市名称	聚类系数	排序
阿尔山	1	1	梅州	1	25	宜春	0.881	49	喀什	0.819	73
安庆	1	2	那拉提	1	26	毕节	0.879	50	北海	0.818	74
鞍山	1	3	日喀则	1	27	龙岩	0.879	51	济宁	0.813	75
朝阳	1	4	塔城	1	28	扬州	0.879	52	大理	0.81	76
丹东	1	5	鸡西	0.976	29	大庆	0.873	53	台州	0.809	77
东营	1	6	景德镇	0.964	30	安顺	0.867	54	盐城	0.805	78
格尔木	1	7	井冈山	0.956	31	梅县	0.857	55	广元	0.8	79
固原	1	8	襄阳	0.956	32	唐山	0.857	56	黑河	0.8	80
汉中	1	9	九寨沟	0.952	33	潍坊	0.857	57	克拉玛依	0.8	81
河池	1	10	庆阳	0.95	34	遵义	0.851	58	梁平	0.8	82
衡阳	1	11	池州	0.933	35	黔江	0.85	59	临沂	0.798	83
九江	1	12	阜阳	0.933	36	威海	0.843	60	宜昌	0.792	84
神农架	1	13	金昌	0.917	37	赣州	0.842	61	佳木斯	0.791	85
通化	1	14	牡丹江	0.917	38	泸州	0.841	62	常德	0.789	86
乌海	1	15	玉树	0.917	39	林芝	0.84	63	敦煌	0.786	87
乌兰浩特	1	16	齐齐哈尔	0.905	40	黄山	0.838	64	洛阳	0.781	88
夏河	1	17	秦皇岛	0.903	41	运城	0.836	65	南通	0.774	89
延安	1	18	阿克苏	0.9	42	二连浩特	0.833	66	湛江	0.771	90
伊春	1	19	巴彦淖尔	0.9	43	抚远	0.833	67	武夷山	0.769	91
伊宁	1	20	长白山	0.9	44	满洲里	0.833	68	南阳	0.767	92
张家口	1	21	衢州	0.9	45	攀枝花	0.833	69	铜仁	0.767	93
张掖	1	22	邯郸	0.893	46	天水	0.833	70	长治	0.765	94
芷江	1	23	淮安	0.889	47	万州	0.826	71	怀化	0.764	95
中卫	1	24	恩施	0.881	48	延吉	0.824	72	通辽	0.764	96

续表

城市名称	聚类系数	排序	城市名称	聚类系数	排序	城市名称	聚类系数	排序	城市名称	聚类系数	排序
汕头	0.763	97	佛山	0.667	124	漠河	0.6	151	大连	0.372	178
百色	0.762	98	康定	0.667	125	珠海	0.598	152	海口	0.363	179
义乌	0.757	99	黎平	0.667	126	晋江	0.588	153	厦门	0.351	180
无锡	0.757	100	六盘水	0.667	127	昌都	0.583	154	德宏	0.333	181
迪庆	0.75	101	锡林浩特	0.667	128	文山	0.583	155	天津	0.328	182
和田	0.75	102	桂林	0.665	129	南宁	0.574	156	贵阳	0.322	183
惠州	0.75	103	西宁	0.664	130	济南	0.561	157	杭州	0.306	184
腾冲	0.744	104	台中	0.655	131	哈密	0.556	158	库车	0.301	185
绵阳	0.738	105	永州	0.65	132	香港	0.551	159	赤峰	0.271	186
梧州	0.733	106	榆林	0.65	133	林西	0.55	160	重庆	0.262	187
烟台	0.732	107	丽江	0.649	134	澳门	0.544	161	昆明	0.253	188
达州	0.732	108	长春	0.648	135	石家庄	0.532	162	成都	0.21	189
南充	0.732	109	海拉尔	0.647	136	宁波	0.531	163	西安	0.204	190
大同	0.719	110	常州	0.645	137	南京	0.521	164	深圳	0.203	191
柳州	0.719	111	南昌	0.639	138	兰州	0.507	165	广州	0.158	192
保山	0.7	112	太原	0.639	139	临沧	0.5	166	上海	0.136	193
加格达奇	0.7	113	荔波	0.639	140	三亚	0.499	167	北京	0.119	194
芒市	0.7	114	兴义	0.636	141	福州	0.499	168	额济纳旗	0.119	195
鄂尔多斯	0.698	115	西双版纳	0.634	142	郑州	0.492	169	高雄	0	196
包头	0.691	116	温州	0.628	143	乌鲁木齐	0.469	170	且末	0	197
宜宾	0.69	117	揭阳	0.626	144	青岛	0.468	171	台北	0	198
张家界	0.682	118	银川	0.625	145	哈尔滨	0.465	172	阿坝	0	199
舟山	0.682	119	昭通	0.625	146	武汉	0.464	173	阿勒泰	0	200
锦州	0.679	120	库尔勒	0.622	147	呼和浩特	0.453	174	阿里	0	201
西昌	0.679	121	普洱	0.619	148	拉萨	0.446	175	安康	0	202
嘉峪关	0.678	122	合肥	0.605	149	长沙	0.434	176	博乐	0	203
徐州	0.67	123	连云港	0.602	150	沈阳	0.431	177	高雄	0	204

小世界网络效应是复杂网络有别于其他网络的最显著的统计特征之一。在

一个小世界网络中，节点对之间可以通过较短的路径找到一条连接。中国航空网络的聚类系数为0.710，平均路径长度为2.11，聚类系数大和平均路径长度小两项统计特征，与小世界网络的特征相符。由此可以得出：中国航空网络是一个典型的小世界网络。

4. 介数

介数定义为网络中所有最短路径中经过该节点的路径的数目。介数反映了相应的节点或者边在整个网络中的作用和影响力，是一个重要的全局几何量，具有很强的现实意义。介数在实际生活中也起到很重要的作用，比如在社会关系网或者业务网络中，介数的统计特征反映了资源、技术以及人才在相应的关系网络中的地位，有助于发现并保护重要的资源、技术及人才，对网络的运行意义重大。在航空网络中，介数反映了城市节点在网络中的影响力，通航城市的介数越大表明该城市中转的能力越强，对航空网络贡献越大。204个通航城市介数如表3-4所示。

表3-4 中国航空网络中各节点的介数排名

城市名称	介数	排序	城市名称	介数	排序	城市名称	介数	排序	城市名称	介数	排序
北京	8034.906	1	厦门	476.175	15	郑州	181.237	29	珠海	56.685	43
上海	4714.556	2	库车	446.391	16	库尔勒	176	30	晋江	56.422	44
广州	4009.302	3	拉萨	443.93	17	石家庄	159.699	31	南昌	50.874	45
西安	3056.129	4	呼和浩特	404.794	18	兰州	158.384	32	桂林	49.822	46
成都	2895.162	5	海口	397.006	19	南京	135.462	33	烟台	33.555	47
乌鲁木齐	2511.083	6	哈尔滨	326.397	20	三亚	123.655	34	鄂尔多斯	28.41	48
深圳	1622.081	7	澳门	319.774	21	南宁	118.427	35	揭阳	27.256	49
重庆	1403.768	8	长沙	319.151	22	赤峰	115.401	36	连云港	22.835	50
贵阳	840.685	9	青岛	296.028	23	银川	102.559	37	太原	22.044	51
香港	810.496	10	沈阳	290.632	24	宁波	99.244	38	台中	19.939	52
杭州	688.361	11	昆明	282.652	25	济南	96.854	39	哈密	16.367	53
大连	603.842	12	福州	262.708	26	长春	85.877	40	延吉	13.172	54
包头	583.842	13	西宁	242.02	27	合肥	82.694	41	无锡	9.4	55
天津	560.276	14	武汉	232.032	28	温州	61.777	42	西双版纳	8.93	56

续表

城市名称	介数	排序	城市名称	介数	排序	城市名称	介数	排序	城市名称	介数	排序
榆林	7.244	57	荔波	0.853	86	铜仁	0.137	115	德宏	0.011	144
徐州	7.083	58	洛阳	0.79	87	锦州	0.132	116	临沧	0.011	145
佳木斯	7.064	59	大庆	0.735	88	秦皇岛	0.129	117	文山	0.011	146
嘉峪关	6.669	60	盐城	0.688	89	襄阳	0.126	118	永州	0.011	147
海拉尔	6.334	61	柳州	0.67	90	常德	0.093	119	阿坝	0	148
常州	6.273	62	兴义	0.608	91	达州	0.093	120	阿尔山	0	149
绵阳	5.331	63	大理	0.597	92	怀化	0.093	121	阿勒泰	0	150
张家界	5.21	64	宜宾	0.564	93	南充	0.093	122	阿里	0	151
丽江	3.738	65	芒市	0.563	94	台州	0.093	123	安康	0	152
义乌	3.093	66	运城	0.498	95	万州	0.093	124	安庆	0	153
汕头	2.924	67	百色	0.379	96	高雄	0.091	125	安顺	0	154
黑河	2.477	68	迪庆	0.377	97	龙岩	0.09	126	鞍山	0	155
济宁	2.401	69	梅县	0.347	98	景德镇	0.082	127	巴彦淖尔	0	156
湛江	2.333	70	赣州	0.309	99	井冈山	0.077	128	毕节	0	157
武夷山	2.155	71	台北	0.291	100	泸州	0.076	129	博乐	0	158
敦煌	2.024	72	梧州	0.285	101	广元	0.065	130	朝阳	0	159
锡林浩特	1.977	73	昭通	0.277	102	攀枝花	0.056	131	池州	0	160
南通	1.864	74	邯郸	0.268	103	佛山	0.051	132	丹东	0	161
通辽	1.824	75	潍坊	0.264	104	腾冲	0.047	133	稻城	0	162
北海	1.692	76	昌都	0.259	105	普洱	0.046	134	东营	0	163
威海	1.578	77	牡丹江	0.235	106	衢州	0.046	135	额济纳旗	0	164
舟山	1.414	78	且末	0.222	107	阿克苏	0.044	136	恩施	0	165
大同	1.377	79	黄山	0.216	108	九寨沟	0.044	137	抚远	0	166
临沂	1.066	80	西昌	0.208	109	满洲里	0.036	138	格尔木	0	167
宜昌	1.06	81	天水	0.206	110	黎平	0.035	139	固原	0	168
长治	1.053	82	阜阳	0.203	111	二连浩特	0.031	140	汉中	0	169
漠河	1	83	淮安	0.148	112	唐山	0.029	141	和田	0	170
遵义	0.968	84	齐齐哈尔	0.141	113	长白山	0.027	142	河池	0	171
克拉玛依	0.967	85	南阳	0.137	114	保山	0.011	143	衡阳	0	172

续表

城市名称	介数	排序	城市名称	介数	排序	城市名称	介数	排序	城市名称	介数	排序
惠州	0	173	林西	0	181	神农架	0	189	伊春	0	197
鸡西	0	174	林芝	0	182	塔城	0	190	伊宁	0	198
加格达奇	0	175	六盘水	0	183	通化	0	191	宜春	0	199
金昌	0	176	梅州	0	184	乌海	0	192	玉树	0	200
九江	0	177	那拉提	0	185	乌兰浩特	0	193	张家口	0	201
喀什	0	178	黔江	0	186	夏河	0	194	张掖	0	202
康定	0	179	庆阳	0	187	延安	0	195	芷江	0	203
梁平	0	180	日喀则	0	188	扬州	0	196	中卫	0	204

三、航空网络特征参数的关联性质

1. 度相关性

度相关性指节点度为 k 的节点的所有邻近节点的平均点度与 k 的关系，表现的是节点之间相互选择的偏好性。如果度大的节点优先与别的度大的节点连接，则网络是正相关的，反之，如果两个优先连接的节点之间的度值相差较大，则表明网络是负相关的。

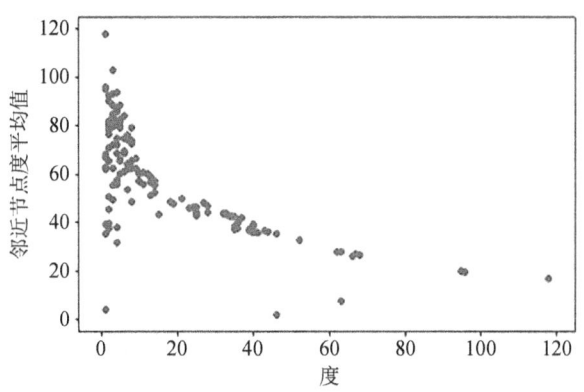

图 3-4 中国航空网络城市节点度相关性图

如图 3-4 所示，中国航空网络各节点的度整体表现为负相关，而且某一节点的邻近节点的平均度值随着该节点的度值升高反而越来越低。该网络中度值最高的节点为北京163，其邻节点的平均度值为最小值16.5。广州的度值为135，其邻节点的平均度值为19.5。上海的度值为148，其邻节点的平均度值也仅为19.9。而度值较低的节点其邻节点的平均度值偏大。从单个节点来看，其中度值仅为1的节点，如二连浩特、安庆、黎平等地区的邻节点平均度值都非常高（分别为118、103、96），造成这种现象是由于这些低度值节点在航线上仅联系航空网络中的最重要的核心节点如北京、广州和上海，极大地提高了该项数值。因此，北京、上海、广州和深圳是全国性的中心城市，不仅节点度在国内前列，而且这四个城市和度小的城市连接的比例同样也很高，表明它们强大的城市功能具有很强的吸引力。在一些西部地区如新疆，由于自身在地理位置方面存在劣势，度小的节点无法直接对外形成连接，它们以各自的省区为范围，与省会城市机场相连接。从中也可以看出，中国航空网络中度值较小的节点或新出现的节点建立航线时，它们更倾向于连接到已经有较多连接的节点，这是由网络规模和自身特点所决定的。因此，随着时间的推移，这些节点就拥有的连接数目比其他节点更多，逐渐成为新的枢纽节点，起到中转的作用。

2. 度与聚类系数的相关性

对中国航空网络城市节点度与聚类系数相关性进行研究，并作出图表，如图3-5所示。

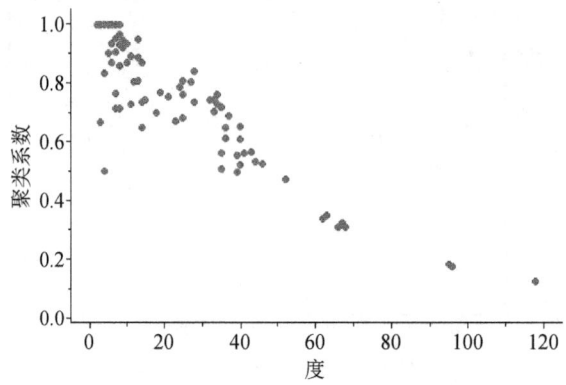

图3-5 中国航空网络城市节点度与聚类系数相关性图

从图中可看出，聚类系数$C(k)$随点度增加逐渐下降，两者间呈现负相关性，即说明度值大的节点的聚类系数较小，度值小的节点之间存在紧密联系。

在整个网络中，聚类系数为 1 的节点的度也偏小，集中于 10 以下，如阿尔山、安庆、鞍山、朝阳、格尔木等。因此可以看出，相对于高度节点，低度节点更容易连接成区域性网络。这些节点往往都与航空网络中的枢纽节点如北京、广州、上海相连接。综上所述，聚类系数较大的点，通常与枢纽节点北京、上海直接相连，而与邻近节点的联系较少，度小的城市比度大的城市更倾向于集聚成团。

3. 度与介数的相关性

对中国航空网络城市节点度与介数相关性进行研究，并作出图表，如图 3-6 所示。

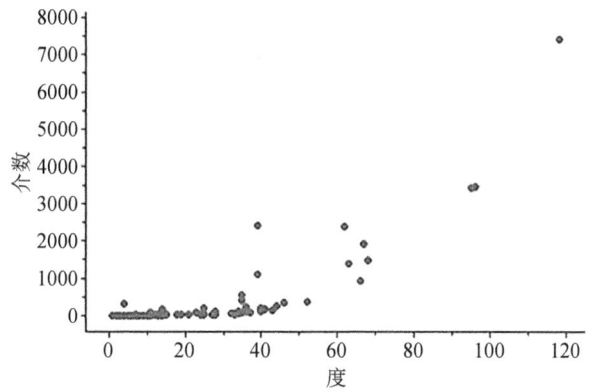

图 3-6　中国航空网络城市节点度与介数相关性图

如图 3-6 所示，度与介数整体呈现正相关。通过对我国航空网络中所有通航城市的度及介数进行排名，发现点度高的城市主要集中于省会城市和直辖市，尤其是在排名前 20 名的城市中，除了杭州、厦门及青岛以外，其他城市无一例外。北京介数和度均排在首位，在中国航空网络中发挥最为重要的作用。广州、上海、成都、昆明、西安、长沙等城市在度值和介数的两项排名中都比较靠前。但同时也存在节点度值与介数排名不匹配的现象。主要表现为以下两类情况：

① 第一类城市节点同时具有较高的介数和较低的点度，两项指标的排名名次有较大差距。例如乌鲁木齐、呼和浩特、库尔勒、西宁。以乌鲁木齐为例，其介数为 2511.083，位居全国第六，仅次于北京、上海、广州、西安、成

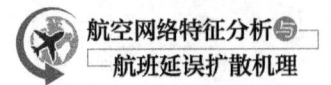

都,而节点度为56,排在第28位。从地理位置角度可以看出,乌鲁木齐位于我国的西北角,是新疆最大的城市,新疆的阿克苏、阿勒泰、喀什、和田、库车、伊宁、且末,大都要经过乌鲁木齐转机,这些机场大部分只与本地区的机场有联系,甚至没有和邻近的西藏或者甘肃的机场连接。一个原因是这些城市的机场不在同一行政区域,政治、文化往来也比较少,同时,落后的经济生活水平,制约了当地居民旅游的需求。

因此,中国的机场形成了清晰的网络层级:其一是以乌鲁木齐为中心的周边机场,这些机场群主要大部分都是小机场为主,它们与网络中其他节点的连通都离不开乌鲁木齐,因此乌鲁木齐起到了一个对外的桥梁的作用。其二是我国中部与东部等其他地区的机场,它们之间的航线相互紧密联系从而形成一个整体。从中可以明显看出我国航空网络结构受到空间地理影响的程度。在新疆,乌鲁木齐对于小型机场而言好比是连接其他机场的中转站,这使得乌鲁木齐起到了类似于枢纽机场的重要作用,形成了区域化的网络团体结构。一旦乌鲁木齐的机场无法正常运行,那么就会使周边的机场都进入停滞状态,会使整个新疆及周边地区的网络受到严重影响。因此,乌鲁木齐这个节点的重要性不言而喻。

② 第二类城市节点同时具有较高点度和相对较低介数,如南京、济南等城市。这类城市的特点是经济发展较好,旅游资源丰富,对商业客流和旅游客流有一定拉动作用,从而创造了一定数量的航线。然而,考虑到这些城市给旅客带来的出行定位,大部分旅客不会从这些城市进行中转。从地理位置上看,这些城市大多位于沿海地区,很难成为枢纽节点,因此类似南京等城市难以成为客流进行中转的首选。正是这些原因导致了某些城市节点度值较高但是介数并不高的现象。

四、航空网络特征参数的中心性研究

网络个体特征指标可以用来度量节点城市个体的发展状况与其在网络中影响力的大小。本文对城市节点的度中心性、邻近中心性、介中心性等个体特征指标进行了测度。

1. 度中心性

节点的度中心性有两种:绝对度中心性和相对度中心性。

（1）绝对度中心性

节点的度中心性表示有多少节点会与任一节点 i 有联系，也表示有多少边会与节点 i 相连，记为：

$$C_D(i)=k_i \qquad (3.1)$$

（2）相对度中心性

由于不同网络的中心性不能相互比较，所以弗里曼（Freeman，1979）提出了对绝对中心性进行标准化，即用点的绝对中心性除以网络中最大可能的度数。

考虑网络规模后的标准化度中心性为：

$$C_D(i)=\frac{k_i}{(n-1)} \qquad (3.2)$$

其中 k_i 表示节点 i 的度，n 表示网络中节点的数量。

度中心性是在网络分析中刻画节点中心性的最直接度量指标，它反映出网络中某一节点是否有可能与其他节点直接相连。一个节点的节点度越大就意味着这个节点的度中心性越高，该节点在网络中的地位就越高。

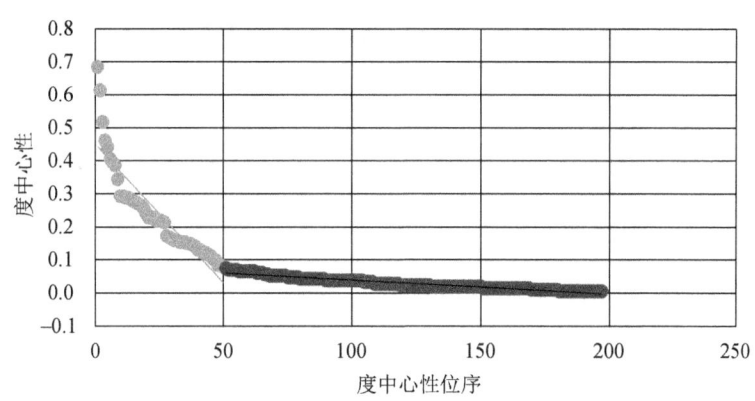

图 3-7　度中心性分布示意图

借助复杂网络专业分析软件 Ucinet，利用邻接矩阵 A，计算得到 216 座城市节点的度中心值，并据此作出度中心性的分布示意图，如图 3-7 所示。经过分析发现，有 197 个节点城市的度中心值不为 0。对以城市为节点的中国航空网络的度中心性进行分析，我们发现：度中心性的最大值为0.68（北京），最小值仅0.004（包括阿里、阿拉善右旗、德令哈等17个城市），最大值与最小值二者的度中心值差距达到170倍，由此可见，在中国城市航空网络中，不同的节点所连接的航段数量间有比较大的差距。

度中心性的三层等级结构体系如表3-5所示。其中，第一层次和第二层次在中国航空网络体系中具有枢纽作用，北京、上海与广州三个城市的度中心性明显高于其他城市，并且仅仅三个城市的航线总和就占据了全部航线的12.3%，构成了中国航空网络的顶层枢纽体系。按照中心性变化的趋势，第三层级结构中的城市大体又可以分为两类：第一类的城市度中心值介于0.05~0.35，这类城市的度值在11~49，包括呼和浩特、兰州、郑州等54个城市；另一类则为度中心值低于0.05的城市，这类城市的度值小于10，包括毕节、淮安、井冈山等154个城市。

表3-5 度中心性的三层等级结构体系

层级	度中心值	城市数（个）	城市代表
第一层级	≥0.5	3	北京（0.68）、上海（0.61）、广州（0.51）
第二层级	0.35~0.5	5	成都（0.46）、西安（0.44）、重庆（0.40）、昆明（0.40）、深圳（0.39）
第三层级	<0.35	208	大庆（0.32）、日照（0.28）、伊春（0.004）

2. 邻近中心性

邻近中心性定义为任一节点i与其他所有节点相连的最短路径的和，记为：

$$C_c(i)=\sum_{j=1,j\neq i}^{n}d_{ij} \quad (3.3)$$

考虑网络规模后得到的标准化邻近中心性为：

$$C_c(i)=\frac{n-1}{\sum_{j=1,j\neq i}^{n}d_{ij}} \quad (3.4)$$

d_{ij}表示从节点i到j的最短距离；在航空网络中，即考虑为所需要中转的最少次数。$n-1$不仅表示网络规模，同时还表示网络中最大可能的度数。

对邻近中心性进行标准化，则有$0 \leq C_c(i) \leq 1$；$C_c(i)$。其值越大，节点的邻近中心性越强。

借助复杂网络专业分析软件 Ucinet，利用邻接矩阵 X，计算得出中国城市航空网络中 204 个城市节点的邻近中心性，并据此作出邻近中心性的分布示意图，如图 3-8 所示。在航空网络中，邻近中心性有其更为具体的含义，它指城市节点与节点之间在网络中的可访问性，也可以诠释城市节点到其他节点的快慢程度，也可以度量资源共享速度的快慢。对图 3-8 邻近中心性分布示意图进行分析可知，在邻近中心性值不为 0 的 197 个节点城市中，邻近中心值最大的城市为沈阳（0.04943），邻近中心值最小为 0.04502，二者邻近中心值的差距较小，可见节点邻近中心性的差距不如度中心性明显，节点整体的可访问性较好，网络结构的"小世界效应"提高了其连通效率和资源共享速度。

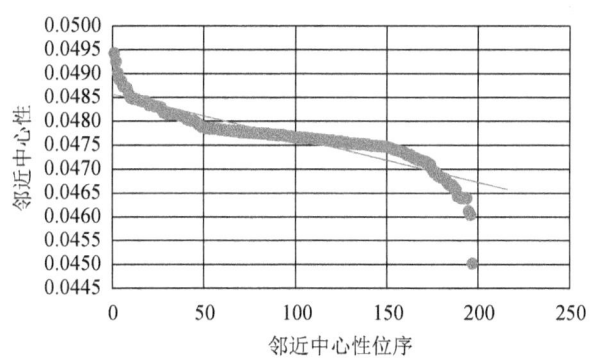

图 3-8　邻近中心性分布示意图

3. 介中心性

节点 i 的介中心性定义为网络中所有节点之间的最短路径中经过节点 i 的数量，记为：

$$C_B(i)=\sum_{j,j\neq k}^{n}\sum_{k,j\neq k}^{n}b_{jk}(i) \qquad (3.5)$$

其中 $b_{jk}(i)$ 表示点 j 和 k 之间的最短路径经过节点 i 上的实际数量与最大可能数量的比值。

考虑网络规模后的标准介中心性为：

$$C_B(i) = \frac{2\sum_{j,j\neq k}^{n}\sum_{k,j\neq k}^{n} b_{jk}(i)}{n^2-3n+2} \quad (3.6)$$

Freeman（1978，1979）证明了节点的最大介数为$(n-1)(n-2)/2$，因而有$0<C_B(i)<1$。该值越大，表明介中心性越大，在本文中城市节点的介中心性反映了该城市节点在航空网络中的中转和衔接功能。

借助复杂网络专业分析软件Ucinet，利用邻接矩阵X，计算得出中国城市航空网络中204个城市节点的邻近中心性，并据此作出介中心性的分布示意图，如图3-9所示。对以城市为节点的中国航空网络的介中心性进行分析发现，介中心值最大为北京（0.182），最小值为0。在100个介中心城市不为0值的城市中，只有7个城市的介中心值大于0.04，仅占7个百分点。尽管介中心值的绝对差异较小，但相对差异较为明显，排在第一位的城市北京（0.182）的介中心值是第二位城市上海（0.126）的1.44倍，是第三位城市广州（0.067）的2.71倍。

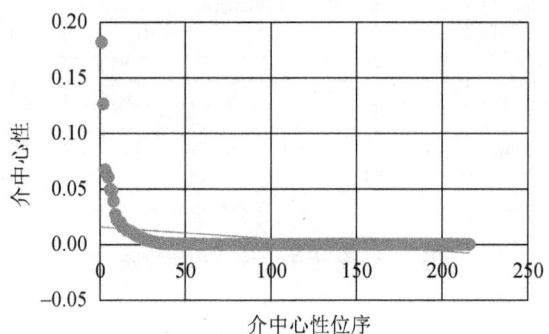

图3-9 介中心性分布示意图

第三节 航空网络的鲁棒性分析

鲁棒性评价可以得出航空网络结构在面临意外情况下的抗击能力。在航空网络布局规划的决策阶段可以用来选出最佳方案。而对于已经存在的航空网络，通过鲁棒性分析可以发现其网络系统的不足之处，积极预设一系列弥补改进措施。因而，对航空网络进行鲁棒性分析十分有必要。

一、航空网络鲁棒性的内涵与意义分析

1. 航空网络鲁棒性的内涵

鲁棒性，一般是指在规定条件、时间内，完成所规定任务的能力。值得注意的是定义中提出的关于鲁棒性的三个基本要素：规定条件、规定时间和规定任务。对于航空网络系统来讲，规定条件是指旅客所能接受的最低服务水平。由于航空网络与其他交通网络相同都处于不断运行的状态下且并无周期可言，所以规定时间目前仍无法得到明确的定义；规定功能指满足航空出行需求的能力。

航空网络的鲁棒性，指的是航空交通系统所具备的应变能力和承受能力，即能够保证在雪灾等自然灾害或突发事件（如客流激增、系统设备故障、天气恶劣和蓄意攻击）等发生时，网络仍处于可以接受服务的能力。

尽管航空网络的鲁棒性可以表现在多个方面，但是可将航空网络的鲁棒性大致总结为两个方面：网络生存性和网络抗毁性。具体来讲，网络生存性指的是在随机攻击情况下航空网络的鲁棒性；它假设破坏者并不了解网络的具体信息，以随机概率破坏网络。对于生存性较强的网络来说，其大部分节点的度均较小，故而以随机概率选中的节点对于整个网络的鲁棒性影响不会太大。网络抗毁性描述的是在一定攻击策略的破坏作用下的航空网络的鲁棒性。它假设了破坏者实施的是预谋、有方向的破坏策略。增强抗毁性，必然可以有效地避免因各种意外事件所造成的空中交通网络大面积瘫痪事件的发生。

2. 鲁棒性研究对于航空网络整体性研究的作用与意义

航空运输在综合交通运输中发挥着独特的作用，然而航空运输极易受外界因素的影响，故其对安全性的要求十分高。在航空网络中，任意一个或几个节点发生故障很可能会导致网络部分功能甚至全部功能的丧失。

针对不同的节点组合，航空网络的鲁棒性会表现出很大的差异性和一系列复杂的变化规律。分析网络的鲁棒性，一方面，有助于运用复杂网络理论更加深入地从宏观了解航空网络的整个拓扑结构和特征，探索出优化我国航空网络的方法和途径；另一方面，能够帮助发现航空网络中的重要节点，在实际运行中对这些重要节点进行有效保护，尽量避免其因遭受外界干扰而出现的延误甚

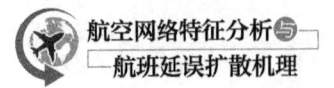

至于瘫痪的状况,最终目的在于保证航空运输安全高效的进行。

二、航空网络鲁棒性的评判指标的确定

评价一个复杂网络的鲁棒性,必须首先确定一系列符合其鲁棒性的评价指标。所以,对航空网络的鲁棒性评价首要的是建立航空网络的鲁棒性评价指标,为航空网络鲁棒性评估提供依据。

1. 评判指标选择的原则

为了确保所建立的指标能够尽可能准确地反映航空网络的鲁棒性,就需要按照一定的原则选取鲁棒性指标。航空网络鲁棒性指标的选取应按照以下原则进行:

① 可测性。可测性即指标可以通过量化计算得出,具备可操作性。

② 客观性。客观性是指指标能够真实准确地反映出航空网络鲁棒性的某一特性。

③ 一致性。在选取指标时,要注意保持指标分析目标一致,指标间互相不矛盾。

④ 完备性。完备性是指影响航空网络鲁棒性的所有指标都应该尽量包含在内。

⑤ 指标组合的不唯一性。

目前,针对航空网络的鲁棒性研究仍处于探索阶段,用于评价鲁棒性的指标少。因此,我们要充分利用现有指标进行航空网络鲁棒性各个方面的研究,过程中不断摸索,最终筛选出符合航空网络鲁棒性的指标。

网络的鲁棒性对于网络在传输过程中的效率有着直接的影响,因此对鲁棒性的研究是非常具有实际意义的。

在衡量网络受到攻击后所产生的影响时,一般会用某些网络结构指标(如全网效能、连通系数、平均最短路径比、平均聚集系数比、介数等),并且通过这些指标值研究网络的鲁棒性。航空网络的鲁棒性通常用如下三个指标的关系来度量:去除节点数占原航空网络总节点数的比例 f、最大联通子图的相对大小 s 和平均最短路径长度 l。

衡量航空网络的两个重要标准是网络的功能和效率。为了进一步挖掘航空网络在鲁棒性方面的具体特征,我们将从航空网络功能鲁棒性和效率鲁棒性两

个方面着手研究。

2. 航空网络功能鲁棒性的评价指标的确定

航空网络功能鲁棒性是指航空网络特定的服务功能对去除一定数量的节点后的抗阻能力。研究发现，随着 f 值的增大，l 值通常会呈现出先变大后变小的趋势。因而，可以将网络最短平均路径长度达到峰值时的 f_c 作为航空网络功能鲁棒性的度量指标。如公式（3.7）所示，该指标已被证明是有效且适用的。

$$f_c = \{f \mid \text{网络平均路径长度} l \text{达到峰值}\} \quad (3.7)$$

网络功能鲁棒性的高低与 f_c 的值呈反比，当 f 值不变时，l 值越大的节点被隔离时，对网络鲁棒性所造成的影响越严重。

3. 航空网络效率鲁棒性的评价指标的确定

航空网络效率鲁棒性指的是将一定数量的节点从网络中移除后，整体网络效率对其抗阻程度。航空网络效率鲁棒性一般用网络中"最大联通子图的相对大小 s"作为度量标准，计算方法如公式（3.8）所示。

$$s = \frac{\text{最大连通子图包含节点数}}{\text{原网络节点总数}} \quad (3.8)$$

网络效率与"最大连接子图"中所包含的节点数量呈正比关系，当其包含的节点与网络节点数相等时，网络中所有的节点相互联通。随着 f 值的增加，s 值会不断变小。当 f 值一定时，s 越大，则航空网络的效率鲁棒性越好。

三、航空网络鲁棒性的仿真分析

航空网络鲁棒性的研究是当网络中的某个节点或一部分节点被隔离时，网络抵抗故障的能力。而在模拟节点损坏的过程中，参照不同的标准所选出的节点或攻击形式不同，最终对航空网络鲁棒性的影响结果可能截然不同。本章分两种干扰形式，分别为干扰单个城市和持续干扰。

干扰单个城市意在研究干扰单个城市对航空网络鲁棒性的影响，分别根据度、介数和聚类系数的排名选取相关城市，并对所选城市依次进行移除，观察航空网络的 f、l 和 s 的值及其变化，从而得出单个城市对航空网络鲁棒性影响的程度。

持续干扰又分为随机型干扰和定向型干扰。随机型干扰即完全随机删除网

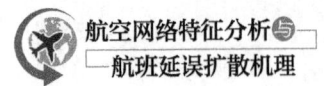

络中的一部分节点;定向型干扰则指即从网络中移除度最高的节点开始,有方向的依次隔离网络中一部分度排序靠前的节点。根据鲁棒性指标值的变化来分析两种攻击策略对航空网络鲁棒性的影响程度。

可见,航空网络鲁棒性的仿真分析可分为三类:单个城市对航空网络鲁棒性影响的仿真分析、随机型干扰对航空网络鲁棒性影响的仿真分析和定向型干扰对航空网络鲁棒性影响的仿真分析。

在航空网络中,度、介数和聚类系数是反映通航城市重要性的三个关键指标,因此需要借助这三者以作为定向干扰的依据。

本书对航空网络的干扰即每次删除网络中的一个节点,断开相关连接,然后统计遭到干扰后的网络的最大联通子图的相对大小以及网络效率,以此为依据评判航空网络的鲁棒性强弱。

(一)干扰单个城市对航空网络鲁棒性影响的研究

单个城市对航空网络鲁棒性的影响,实质上研究的是当某一单个城市被攻击时,整个航空网络的服务水平。在研究单个城市对航空网络鲁棒性影响的仿真过程中,要求按照一定的参数排名选择节点,移除该节点后,计算网络的各个指标值 f、l 和 s,完成计算后将网络恢复原状,再进行下一个节点的移除,重复计算网络的 f、l 和 s,最终通过比较分析,得出单个城市对航空网络鲁棒性的影响分析。

1. 单个城市对航空网络鲁棒性影响的仿真系统设计思路

单个城市对航空网络鲁棒性影响的仿真系统设计思路是:以航空网络邻接矩阵 A 为基础,分别计算出各通航城市的度、介数和聚类系数,并按由大到小排序,然后分别参照度排名、介数排名、聚类系数排名以及三者排名次序之和这四个标准作为反映通航城市重要性的判定指标,按照从大到小的次序排序,有选择地对通航城市进行攻击。按照上述步骤,依次选择节点,并在航空网络邻接矩阵中删除该通航城市,形成新的航空邻接矩阵 X_1,然后将航空网络恢复如初,重复上述步骤。具体思路如图 3-10 所示。

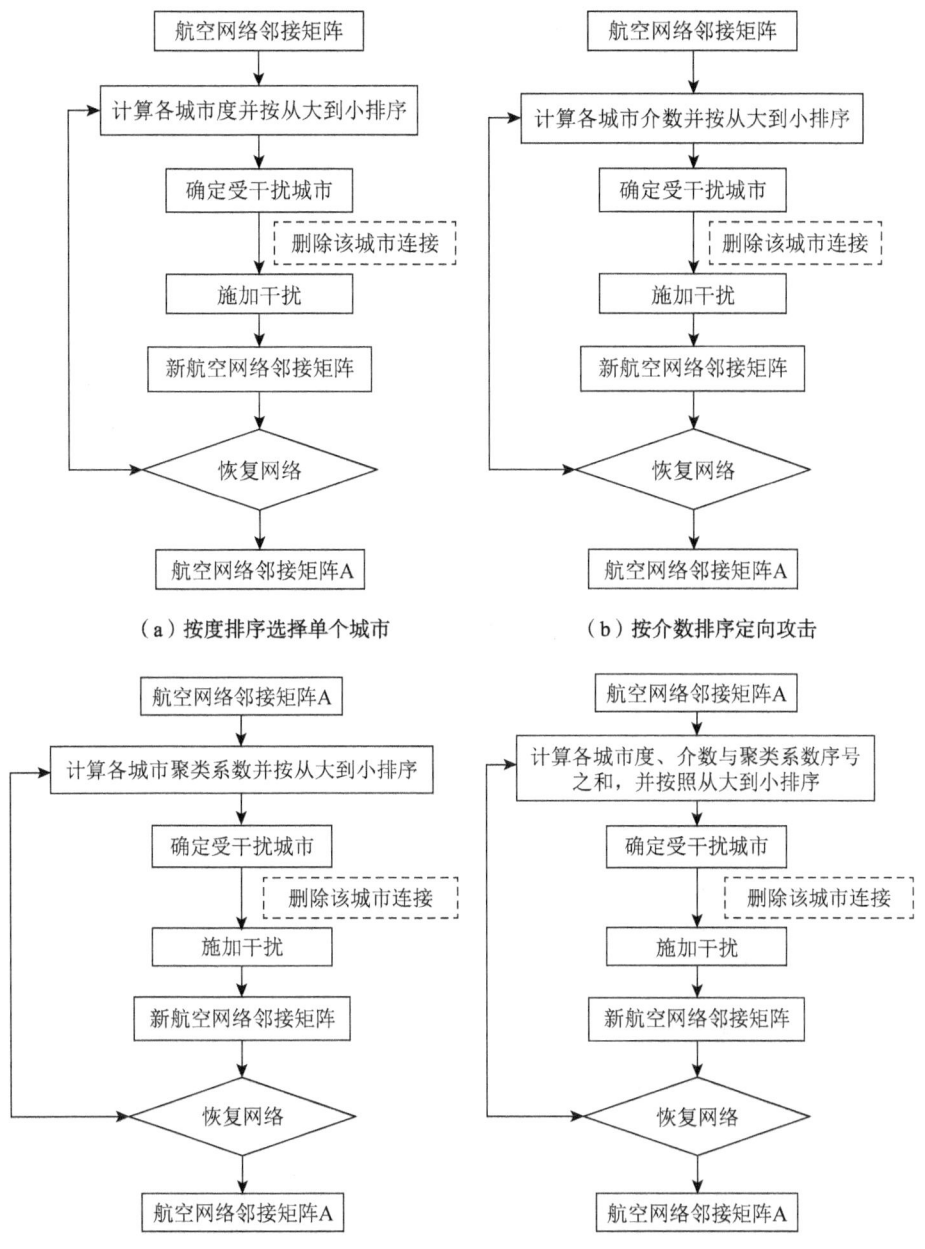

（a）按度排序选择单个城市　　（b）按介数排序定向攻击

（c）按聚类系数排序定向攻击　　（d）按度、介数和聚类系数之和排序对单个城市进行攻击

图 3-10　随机干扰型仿真系统设计思路

2. 单个城市对航空网络鲁棒性影响的仿真分析

在研究单个城市对航空网络鲁棒性影响的仿真过程中，我们首先分别按照度、介数和聚类系数对204个节点由大到小排序，从中分别选取排序1-15、96-110及190-204，共计45个通航城市，分别对所选城市节点进行单个城市干扰仿真。按照不同的标准所选取的城市节点如表3-6所示。

表3-6 按不同标准选取的45座通航城市

度排名	城市名称	介数排名	城市名称	聚类系数排名	城市名称
1	北京	1	北京	1	阿尔山
2	上海	2	上海	2	安庆
3	广州	3	广州	3	鞍山
4	成都	4	西安	4	朝阳
5	西安	5	成都	5	丹东
6	深圳	6	乌鲁木齐	6	东营
7	昆明	7	深圳	7	格尔木
8	重庆	8	重庆	8	固原
9	库车	9	贵阳	9	汉中
10	贵阳	10	香港	10	河池
11	厦门	11	杭州	11	衡阳
12	天津	12	大连	12	九江
13	杭州	13	天津	13	神农架
14	大连	14	厦门	14	通化
15	海口	15	库车	15	乌海
96	佳木斯	96	百色	96	无锡
97	芒市	97	迪庆	97	迪庆
98	台州	98	梅县	98	和田
99	常德	99	赣州	99	惠州
100	阜阳	100	台北	100	腾冲
101	哈密	101	梧州	101	绵阳
102	嘉峪关	102	昭通	102	梧州

续表

度排名	城市名称	介数排名	城市名称	聚类系数排名	城市名称
103	井冈山	103	邯郸	103	烟台
104	库尔勒	104	潍坊	104	达州
105	南阳	105	昌都	105	南充
106	腾冲	106	牡丹江	106	大同
107	铜仁	107	且末	107	柳州
108	襄阳	108	黄山	108	保山
109	怀化	109	西昌	109	加格达奇
110	淮安	110	天水	110	芒市
190	乌兰浩特	190	塔城	190	北京
191	夏河	191	通化	191	阿坝
192	张掖	192	乌海	192	阿勒泰
193	芷江	193	乌兰浩特	193	阿里
194	阿坝	194	夏河	194	安康
195	阿勒泰	195	延安	195	博乐
196	阿里	196	扬州	196	稻城
197	安康	197	宜春	197	额济纳旗
198	博乐	198	伊春	198	高雄
199	稻城	199	伊宁	199	梅州
200	额济纳旗	200	玉树	200	那拉提
201	梅州	201	张家口	201	且末
202	那拉提	202	张掖	202	日喀则
203	日喀则	203	芷江	203	塔城
204	塔城	204	中卫	204	台北

对所选节点依次进行仿真攻击，每次攻击会删除该通航城市的所有航线，形成新的航空网络邻接矩阵，运用 Ucinet，计算该矩阵的 l、s 值，结果如图 3-11 所示。

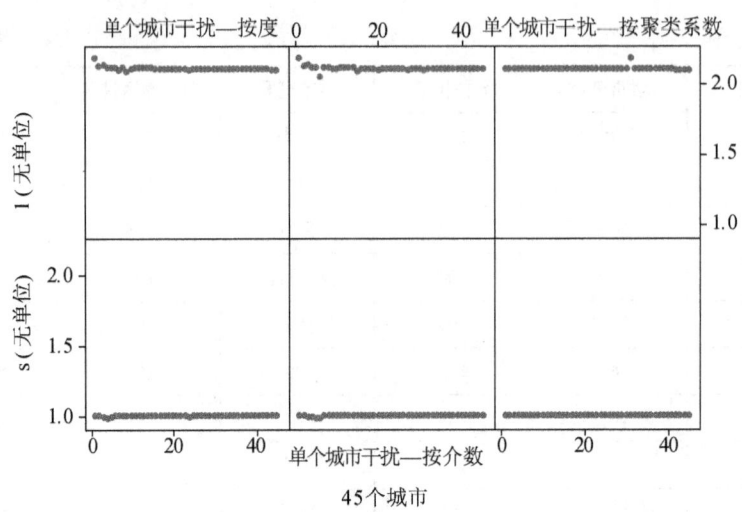

图 3-11　不同标准下单个节点被删除后新的航空网络 l、s 值分布

图 3-11 表明：

① 删除任意节点后新的航空网络的平均最短路径长度 l 和最大子图的相对大小 s，分别约为 2.11、1.0。而原航空网络的 l 值为 2.114、s 值为 1.0。删除任意节点后的新的航空网络 l、s 值与原航空网络 l、s 值几乎无差别，由此可知，航空网络对单一节点城市受到干扰的情况下，具有较强的鲁棒性。

② 新的航空网络 l 值最大的 6 座通航城市依次为：北京（2.19）、广州（2.133）、上海（2.13）、西安（2.122）、深圳（2.119）、重庆（2.118），这六座城市在被攻击之后的 l 值与原航空网络的 l 值（2.11）相差较大，说明这些城市对于航空网络的便利运行有着较为重要的作用，即这些城市对于保持航空网络功能鲁棒性更为重要。在条件允许的情况下，缩短班次间隔、增加航班数量等有利于增强网络的功能鲁棒性。

③ 当隔离乌鲁木齐这一节点时，新的航空网络邻接矩阵的 s 值约为 0.9754，此时 s 达到最小值。当 f 值一定时，s 越大，则航空网络的效率鲁棒性越好。去除乌鲁木齐 s 值最小，说明在去除了乌鲁木齐之后，航空网络中所有节点的连接程度最差，即航空网络的效率鲁棒性最低。可以说，乌鲁木齐在航空网络中为一些特定节点城市提供与网络其他节点连通的桥梁作用。在整体网络中，类似的这些节点相当于连接外界机场的中转站，对于航空网络的效率鲁棒性具有

至关重要的作用，因此升级改造该类机场的硬件设施、注重改善机场与其他运输方式的衔接、完善机场服务功能，可以有效提高偏远地区旅客中转的服务水平，更有利于增强网络的效率鲁棒性。

④ 在按照度排序选出的节点并对其进行隔离之后，发现了北京、广州、上海、西安、深圳、重庆等对于航空网络功能鲁棒性较为重要的几个节点；而在按照介数排序所选出的节点中，得出乌鲁木齐对网络的效率鲁棒性非常重要；而对按照聚类系数所选出的节点进行攻击后，并未得出维持航空网络鲁棒性的关键点。所以，在研究单个通航城市对整个航空网络鲁棒性的影响时，按照度和介数所选出的节点更有研究价值。

（二）随机型干扰对航空网络鲁棒性影响的研究

随机型干扰，是指以某种概率随机选择下一个干扰的节点，每次移除航空网络中的一个节点，然后计算新网络的统计特征，并与原航空网络特征进行横向比较。

1. 随机型干扰对航空网络鲁棒性影响的仿真系统设计思路

随机干扰型仿真系统主要的设计思路是：以航空网络邻接矩阵 A 为基础，通过生成随机数来选定将要受干扰的节点，并在矩阵 A 中删除所有经过该节点的航班，后形成新的航空邻接矩阵 Y；重复以上步骤，直到航空网络中瘫痪的通航城市达到数量要求，思路如图 3-12 所示。

2. 随机型干扰对航空网络鲁棒性影响的仿真分析

在随机干扰仿真系统中，以干扰城市依次递增的方式分别进行 204 次仿真，第 1 次仿真，只干扰航空网络中的其中 1 个通航城市，然后得到新的航空网络邻接矩阵 Y_1，第 2 次仿真受干扰城市增加到 2 个，得到航空网络邻接矩阵 Y_2，依此类推，

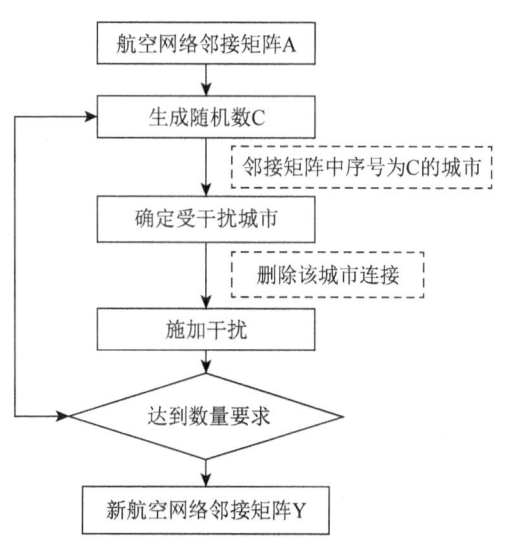

图 3-12 随机干扰型仿真系统设计思路

共计进行204次仿真,得到204组Y矩阵。根据不同的航空网络邻接矩阵Y,计算f、l、s三个参数值。

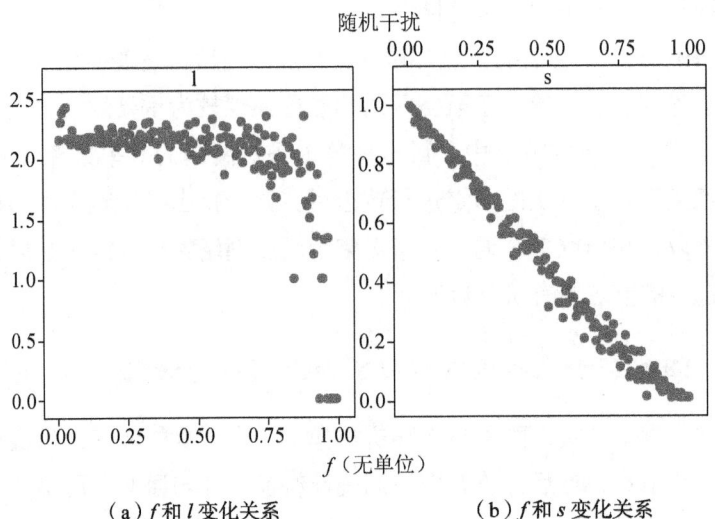

(a) f和l变化关系　　　　(b) f和s变化关系

图3-13　随机干扰系统中f和l、f和s的变化关系图

从图3-13中可以看出：

① 如(a)所示,在随机干扰系统中,随着f的增加,l呈现出先增加后减少的变化趋势。随着越来越多的通航城市受到影响,节点之间的连通性下降,当所有节点相互孤立时,网络中不存在连接,导致l值降为0。在系统面对随机干扰时,f的峰$fc_1=0.031$；当$f<0.75$时,l变化幅度较小,表明随机干扰对航空网络功能鲁棒性影响不大。

② 在随机干扰系统中,在f值接近于1,即航空网络中的大部分节点都受到攻击时,s才下降到0。这表明只有当所有通航城市在同时遭受到突发事件的影响时,如大范围的恶劣气候,才有可能导致整个航空网络瘫痪。

鉴于中国航空网络遍布于整个中国,所有网络节点同时受到突发事件影响的可能性较小,所以可得出中国航空网络的效率对随机干扰具有较强的鲁棒性的结论。

（三）定向型干扰对航空网络鲁棒性影响的研究

定向型干扰,遵照既定方向对航空网络中的节点进行干扰,通常是指从节点度、介数和聚类系数最大的节点开始移除，依次增加所攻击的节点，这样的干扰策略往往可以使得网络遭受最大程度的破坏，此时网络势必将以最快的速度瓦解，从而使我们了解到航空网络在遭到定向干扰即蓄意攻击时的脆弱性，即航空网络所面临的最大规模的破坏。

1. 定向型干扰对航空网络鲁棒性影响的仿真系统设计思路

在定向干扰型仿真系统中，将会有选择地破坏某些重要节点。在航空网络中，度、介数和聚类系数是反映通航城市重要性的三个关键指标，因此需要借助这三者以作为定向干扰的依据，分别计算出各通航城市的度、介数和聚类系数，并按由大到小排序，然后分别参照度排名、介数排名、聚类系数排名以及三者排名次序之和这四个标准作为反映通航城市重要性的判定指标；按照从大到小的次序排序，分别进行四次攻击，根据计算结果以确定最终的定向干扰方式。

定向干扰型仿真系统设计的主要思路：定向干扰型仿真系统参照一定标准，有目的性地对重要通航城市进行破坏。在航空网络邻接矩阵 A 中，按既定次序，依次选取节点，并在航空网络邻接矩阵中删除该通航城市与通航城市的所有航班，形成新的航空网络邻接矩阵 Z；重复上述步骤，直至网络中瘫痪的通航城市数量达到要求，具体思路如图 3-14 所示。

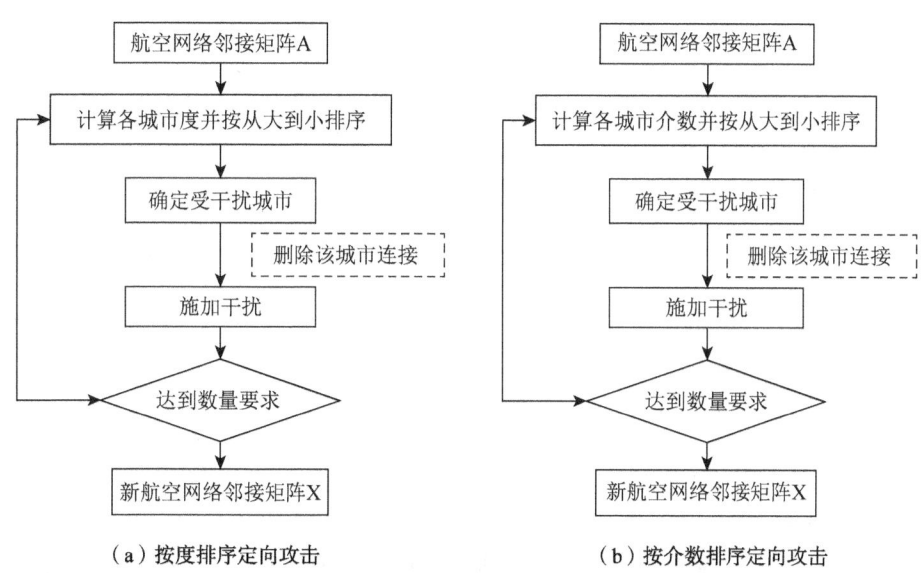

（a）按度排序定向攻击　　　　　　（b）按介数排序定向攻击

图 3-14　定向干扰型仿真系统设计思路

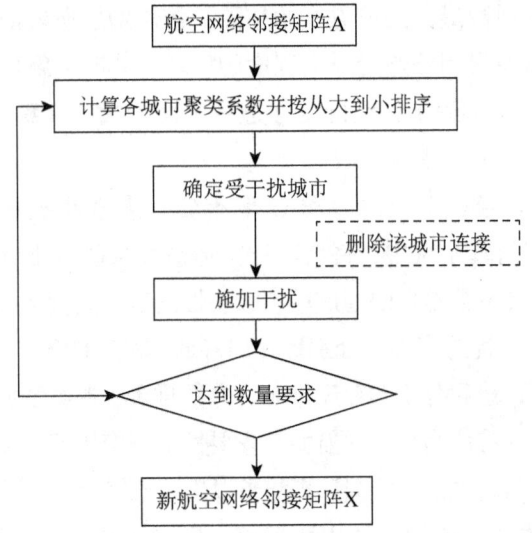

（c）按聚类系数排序定向攻击

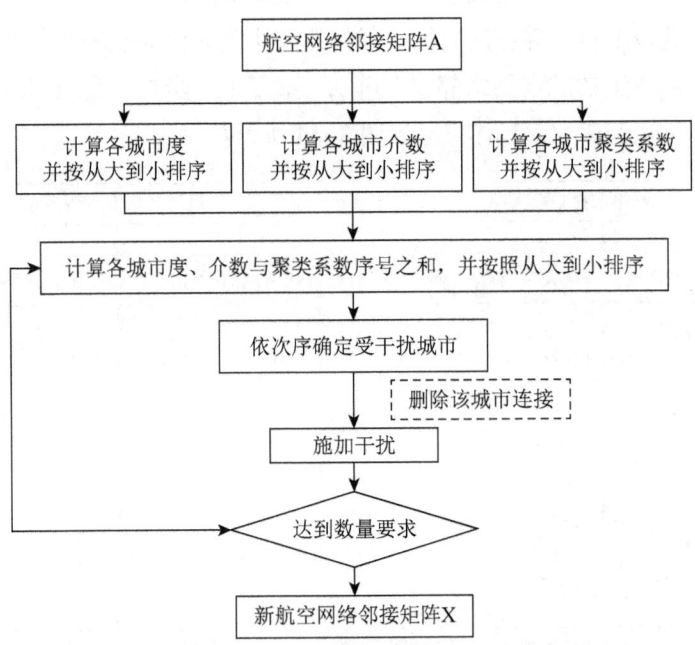

（d）按度、介数和聚类系数之和排序定向攻击

图 3-14 定向干扰型仿真系统设计思路（续）

2. 定向型干扰对航空网络鲁棒性影响的仿真分析

（1）按照度排序对航空网络影响的仿真分析

在按照度排序的定向干扰仿真系统中，以干扰城市依次递增的方式进行204次干扰仿真，即第1次仿真，按两种不同的干扰策略均只影响航空网络中的1个通航城市，得到新的航空网络邻接矩阵Y_1，第2次仿真则将受干扰城市增加到2个，得到航空网络邻接矩阵Y_2，依此类推，共计进行204次仿真，得到204组Y矩阵。分别计算f、l、s三个参数值。如图3-15所示。

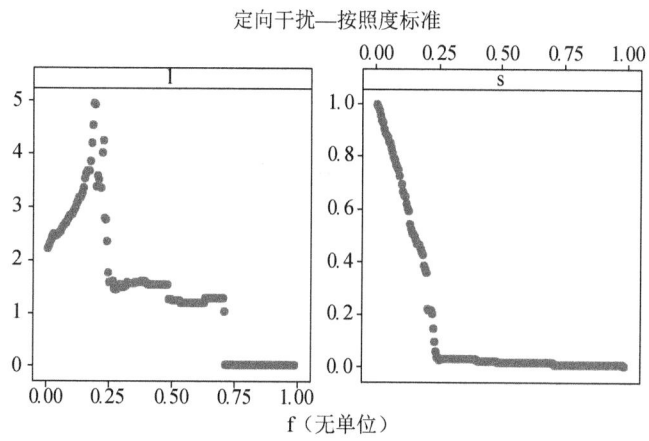

图3-15 定向干扰—按照度标准下f和l、f和s变化关系图

在定向干扰型—按照度标准的仿真系统中，l值先急剧增加，后快速降为0，变化幅度大，说明按照度标准下的定向干扰对航空网络的功能鲁棒性影响显著。随着越来越多的节点被干扰，节点之间的连通性逐渐下降，在被干扰的节点达到一定的数量之后，航空网络中的节点相互孤立，网络中随即不存在任何连接，此时l值下降为0，$f=0.68$；$f>0.68$后，整个网络便处于瘫痪状态。

在定向干扰系统中，s值下降快速，当$f=0.25$时，s值趋于0，表明航空网络非常容易在定向干扰型—按照度标准仿真中瘫痪，即按照度标准下定向干扰对中国航空网络的效率鲁棒性影响较大。

（2）按照介数排序对航空网络影响的仿真分析

在按照介数排序的定向干扰仿真系统中，以干扰城市依次递增的方式进行

204次干扰仿真，即第1次仿真，按两种不同的干扰策略均只影响航空网络中的1个通航城市，得到新的航空网络邻接矩阵 Y_1，第2次仿真则将受干扰城市增加到2个，得到航空网络邻接矩阵 Y_2，依此类推，共计进行204次仿真，得到204组Y矩阵。分别计算 f、l、s 三个参数值。如图3-16所示。

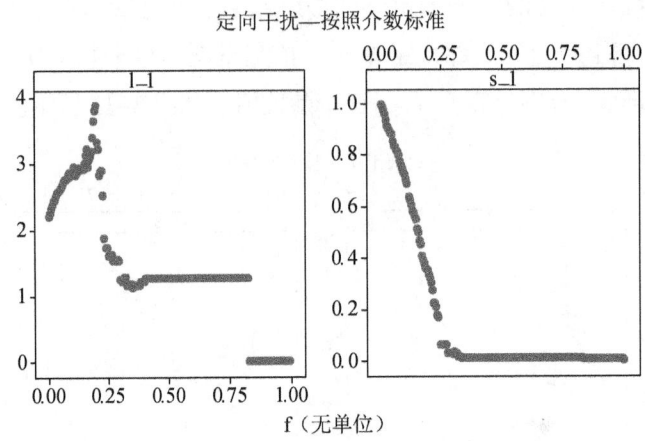

图3-16　定向干扰—按照介数标准下 f 和 l、f 和 s 变化关系图

在定向干扰型—按照介数标准的仿真系统中，l 值先增加，后降为0，变化幅度大，说明按照介数标准下的定向干扰对航空网络的功能鲁棒性影响明显。被干扰节点数增加，节点间连通性持续下降，当 $f=0.76$ 时，l 值下降为0，网络中随即不存在任何连接；$f>0.76$ 后，整个网络便处于瘫痪状态。

在定向干扰型—按照介数标准的仿真系统中，s 值快速下降，当 $f=0.25$ 时，s 值趋于0，表明航空网络非常容易在定向干扰型—按照介数标准仿真中瘫痪，即按照介数标准下定向干扰对中国航空网络的效率鲁棒性影响较大。

（3）按照聚类系数排序对航空网络影响的仿真分析

在按照介数排序的定向干扰仿真系统中，以干扰城市依次递增的方式进行204次干扰仿真，即第1次仿真，按两种不同的干扰策略均只影响航空网络中的1个通航城市，得到新的航空网络邻接矩阵 Y_1，第2次仿真则将受干扰城市增加到2个，得到航空网络邻接矩阵 Y_2，依此类推，共计进行204次仿真，得到204组Y矩阵。分别计算 f、l、s 三个参数值。如图3-17所示。

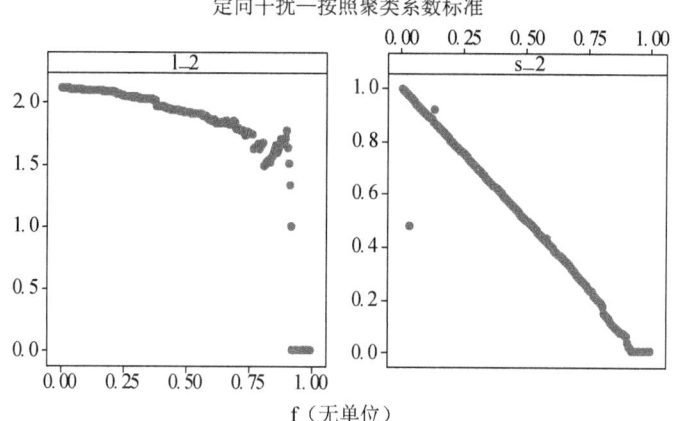

图 3-17 定向干扰—按照聚类系数标准下 f 和 l、f 和 s 变化关系图

在定向干扰型—按照聚类系数标准的仿真系统中，l 先减小，然后增加，最后降为 0。随着被干扰节点的数量逐渐增多，l 值减小，说明在此区域内存在降低网络便利性的节点，在该节点删除后，整个网络的平均最短路径变小。而随后 l 值急剧降为 0，说明接下来所被干扰的这些节点对中国航空网络的功能鲁棒性起着至关重要的作用。

在定向干扰型—按照聚类系数标准的仿真系统中，s 值下降快速，但减速相对较慢，当 f=0.8 时，s 值趋于 0，说明在这种标准下 80% 的节点被删除后，航空网络才会出现瘫痪的情况。与前两类标准下定向干扰结果相比，按照聚类系数对网络进行定向干扰时，中国航空网络的效率鲁棒性受影响程度较小。

（4）按照度、介数和聚类系数之和排序对航空网络影响的仿真分析

在按照介数排序的定向干扰仿真系统中，以干扰城市依次递增的方式进行 204 次干扰仿真，即第 1 次仿真，按两种不同的干扰策略均只影响航空网络中的 1 个通航城市，得到新的航空网络邻接矩阵 Y_1，第 2 次仿真则将受干扰城市增加到 2 个，得到航空网络邻接矩阵 Y_2，依此类推，共计进行 204 次仿真，得到 204 组 Y 矩阵。分别计算 f、l、s 三个参数值。如图 3-18 所示。

定向干扰—按照度、介数和聚类系数之和标准

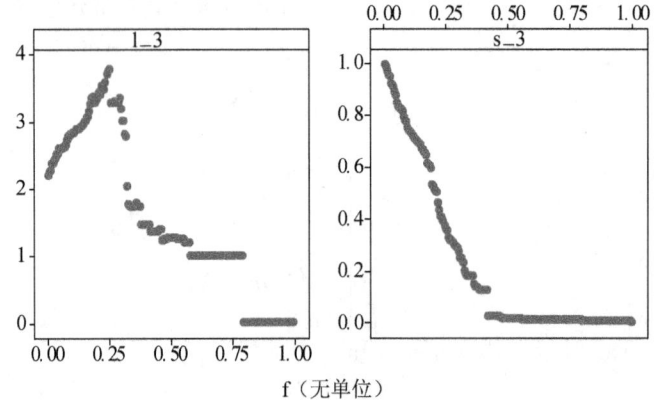

图 3-18　定向干扰—按照度、介数和聚类系数排名之和标准下 f 和 l、f 和 s 变化关系图

在定向干扰型—按照度、介数和聚类系数排名之和标准的仿真系统中，l 值先增加，后降为 0，变化幅度大，说明按照综合标准下的定向干扰对航空网络的功能鲁棒性影响明显。当 $f=0.76$ 时，l 值为 0，此时网络中不存在任何连接；$f>0.76$ 后，整个网络便处于瘫痪状态。

在定向干扰型—按照度、介数和聚类系数排名之和标准的仿真系统中，s 值快速下降，当 $f=0.35$ 时，s 值趋于 0，即当 35% 的节点被干扰时，网络中已不存在联通子图，所有节点已处于孤立状态。所以，按照综合标准下进行定向干扰对中国航空网络的效率鲁棒性影响较大。

（5）定向干扰分别在四种标准下仿真分析的比较

定向干扰分别在四种标准下仿真分析的比较如图 3-19 所示。

从图 3-19 可以看出：

在四种不同的攻击标准中，l 值均随着 f 的增加呈现出先增加后减少的变化趋势，最终都降为 0。其中，按照度排序进行仿真时，l 值的增幅和减幅最为显著。从图中可以看出，按照度排序仿真进攻时，l 降为 0 的速度最快，当 l 值为 0 时，$f=0.68$，即整个网络中约 68.8% 的节点受到攻击时，整个网络中的节点全部孤立，节点之间无法联通。

按照度排序对航空网络进行仿真干扰时，l 降为 0 最为迅速，说明度排序中的节点受到干扰时，对整个航空网络的破坏最大，所以这些节点对于网络的

功能鲁棒性有较为重要的作用。

在按照度排序、介数排序、聚类系数排序以及度、介数和聚类系数之和排序进行攻击时，f 的峰值分别为 $f_{c1}=0.188$，$f_{c2}=0.225$，$f_{c3}=0$，$f_{c4}=0.25$。根据网络功能鲁棒性的度量标准，可知在度、介数和聚类系数之和排序进行攻击时，网络的功能鲁棒性最差，即该网络的中转能力受影响最大。

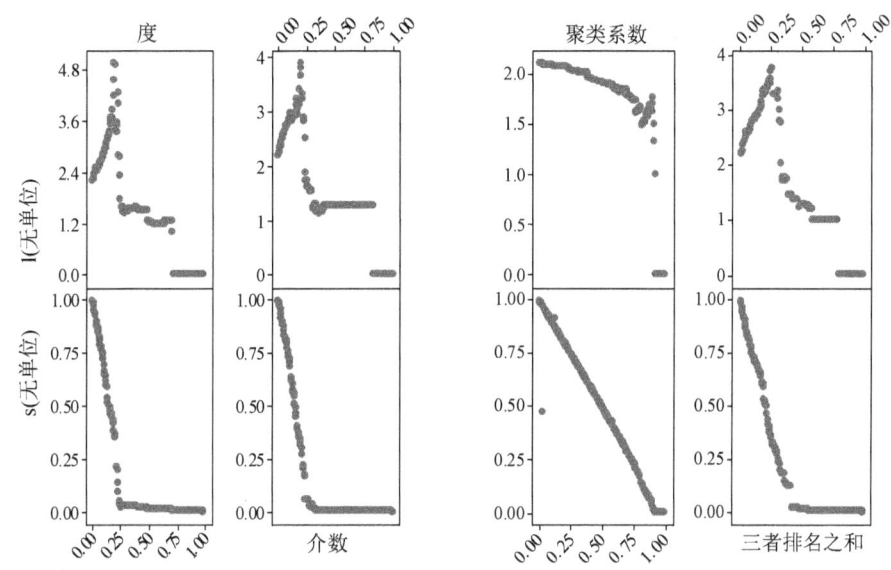

图 3-19　定向干扰系统在不同标准下的 f 和 l、f 和 s 变化关系图

从图 3-19 中不难看出，s 值随着 f 值的增加都呈现出逐渐减小的趋势，其中按照聚类系数排序对网络节点进行干扰时，s 值的减速最慢；在其他三种方案中，无论是按照度排序、介数排序或三者排名之和排序进行干扰，s 与 l 的对应关系变化不明显。

在按照以上四种方案进行定向干扰时，按照节点的度排序的顺序进行干扰，最容易造成整个航空网络的瘫痪，因此将度排序确定作为定向干扰型仿真系统的攻击顺序进行仿真实验。

综上可得，中国航空网络在面对定向干扰时表现出的鲁棒性比较脆弱，因此应该对定向干扰加紧防范，避免航空网络出现瘫痪的情况。

（四）通航城市对航空网络鲁棒性影响的分析

中国航空网络高度依赖于少数核心通航城市，航线分布东密西疏，少数城市拥有大量航线而大多数城市仅拥有少数几条航线。因此，通航城市对中国航空网络鲁棒性的影响存在较大差异。

在定向攻击型仿真系统中，当 $f=0.25$ 时，s 趋近于零。由于通航城市总数为 204，可知当前中国航空网络高度依赖约 50 座核心通航城市，一旦这 50 座通航城市不能发挥应有功能，整个航空网络将彻底瘫痪。

第四章 航空网络中的航班延误扩散分析

第一节 我国航空网络中航班延误现状及成因分析

一、我国航空网络中航班延误现状

近年来,我国航空客运需求不断增加,开通航线、航班数目亦持续攀升,与此同时,航班延误现象也更显频繁。据有关数据显示,我国航空网络中航班延误具有如下特点。

1. 航班准点率呈现下降趋势

2011—2014年我国航班准点率一直呈现下降趋势,如图4-1所示。2012年全国客运航空公司的航班正常率为74.83%,相比2011年下降了2.37%;2013年全国客运航空公司的航班正常率为72.34%,同比下降2.49%;2014年全国客运航空公司的航班正常率为68.37%,同比下降3.97%;航班正常率持续下降,且下降趋势越来越明显。

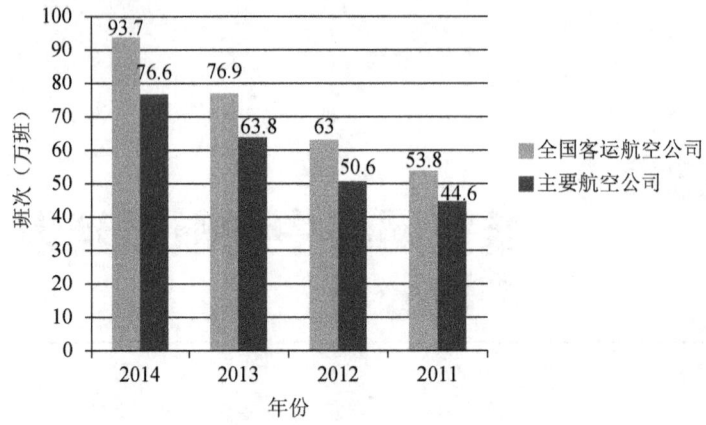

图 4-1　2011—2014 年民航航班不正常班次统计图

2. 中小航空公司的延误率更高

2011—2014 年民航航班正常率统计如图 4-2 所示。

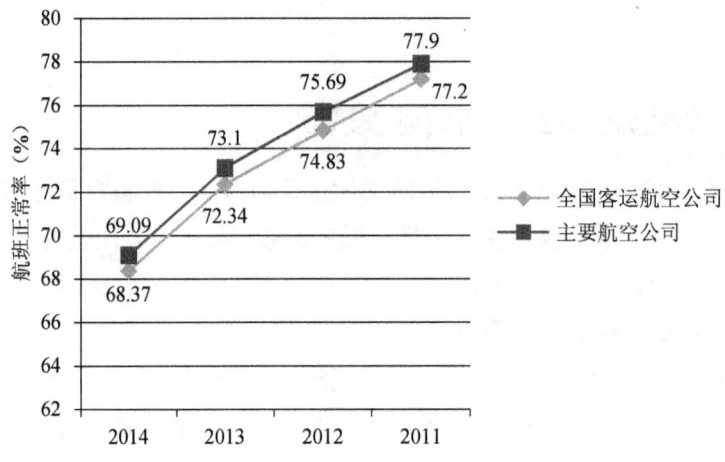

图 4-2　2011—2014 年民航航班正常率统计图

由数据可见，主要航空公司的航班正常率略高于全国客运航空公司的航班正常率，也就是说，中小航空公司的正常率低于全国平均水平。

3. 航班延误时间延长

据飞常准统计，2015 年 1 月至 11 月期间，平均延误时长为 27.90 分钟，2014 年同期的平均延误时长为 26.45 分钟，同比增加 5.48%。

二、我国航空网络中航班延误成因

根据我国民航局公布的不正常航班原因分类,我国航空网络中航班延误的成因分别有天气、航空公司、军事活动、航班时刻安排、流量控制、机场、空管、联检、旅客、油料、离港系统和公共安全。根据《2014年民航行业发展统计公报》显示,2014年造成航班延误的原因当中,26.4%为航空公司自身原因,25.3%为空管原因,24.3%为天气原因,剩余24.0%为其他原因,如图4-3所示。

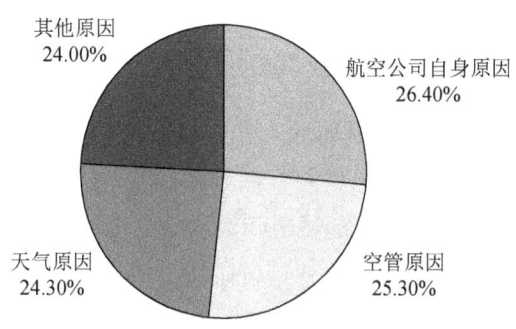

图 4-3 2014 年航班延误原因比例图

第二节 航空网络中航班延误扩散特征分析

一、航班延误的横向与纵向波及

航空网络是指由机场、航线及其相关飞行资源有机组合形成的网状结构模式。其中连接各机场的航线是该网络的基本框架,而飞行器、机场、航线、人力、空域等关键飞行则决定了该网络的承载能力与质量。在整个航空网络中,在各个网络节点的相互耦合作用下,轻微的初始航班延误也可能引发航空运输资源在时空上的平衡点错位,从而导致航班延误扩散,波及任何与其有相关联系的航班甚至下游机场的其他航班,由此产生的链式反应,使得整个航空网络中延误航班的总时长与受影响航班数量剧增。总而言之,航班延误的扩散是指航班延误的影响呈指数形式放大,由点及面,从而使得整个航空网络陷入全面延误，甚至面临瘫痪。

航班延误的纵向波及是指：由于航空公司一架飞机一天要执行多个航班，因此一个航班的延误很可能影响到下游航班的准时性，引发后续航班的连锁反应，这就是航空公司内部的纵向航班延误扩散现象。

航班延误的横向波及是指：由于一个初始延误的航班在进出港时又会占用"跑道、空域、地面设施"等飞行资源，造成对各类飞行资源需求的时空波动，有可能对原有的航班起降安排造成影响，进而可能造成机场其他航班延误，这是机场间的横向航班延误扩散现象。

二、航空网络与航班延误扩散的关系

航空网络可以看成由机场所属城市和连接城市的航线所构成的复杂网络，通航城市和航线构成了航空网络的基本框架。在航空网络中，一条航线连接两个通航城市，通过该航线可实现两城市间双向航空运输。

目前，航空运输已经进入网络化运营阶段。机场、航线、运力、空域资源等各类航空运输资源相互作用、相互关联、相互影响。在航空网络中，少数航班的延误会通过网络节点之间的耦合作用，以各种飞行资源为介质或载体向相关的下游航班，甚至下游机场的其他航班进行扩散，产生连锁反应，导致航班延误的数量和延误时间的倍增效应，形成航空网络中的延误扩散现象。因此，防止与治理延误扩散是解决航班延误问题的关键。

从航空公司角度出发，航班链是最简单的航空网络。所谓航班链是指一架飞机在一个周期内执行多于一个航班的任务（为了节省成本，每架飞行器都是这样的），或者说在飞行计划的一个周期内，一个以上的飞行任务是由同一架飞机执行的。这些航班构成了一个"航班链"。图4-4为航班链的示意图，字母表示航班A、B、C…长方形表示航班起飞或者降落的机场。

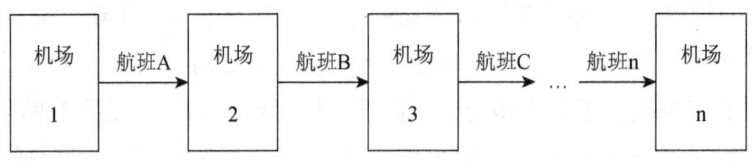

图4-4　最简单的航空网络——航班链示意图

三、航空网络中航班延误扩散的成因分析

（一）导致航班延误扩散的航空运输资源分析

一个航班的正点运行，需要航空公司、机场、空中管制等多方协同，涉及 60 多个保障环节和 40 多个基层保障单位，需要 20 多种航空运输资源的及时、足额供应，如图 4-5 所示。

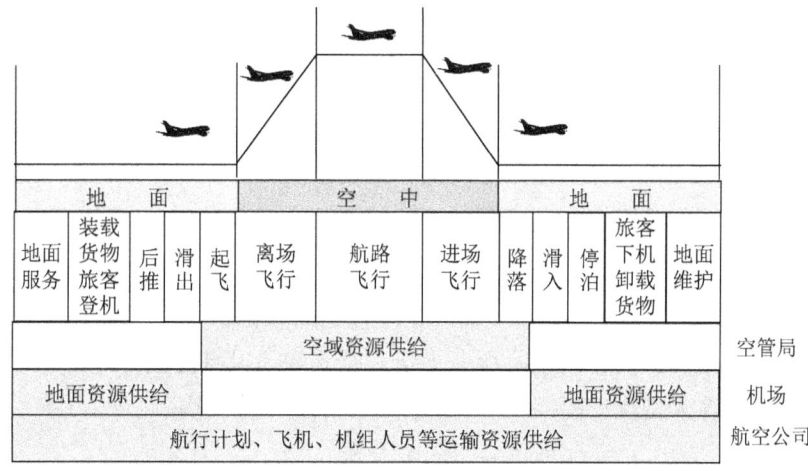

图 4-5　航班运行不同阶段资源供给情况

出现航班延误后，会引起整个航空运输系统中各类航空运输资源时空分布中的供需矛盾，造成航班延误扩散现象的出现。

从航空公司的角度分析，导致航班延误波的航空运输资源主要包括：

1. 飞机

指的是多个航班均由同一架飞机执行任务。比如，航班 A 和航班 B 使用同一架飞机，飞行器编号相同但航班号不同，意在让这一架飞机执行两次截然不同的连续任务。当某一航班发生延误时，就会使其后续航班发生延误，后续航班可能还会影响到同一机场的其他航班的正常起飞和降落，从而形成了航班延误扩散现象。

2. 机组及服务人员

即不同飞机上的机组和乘务人员均是同一组机组和服务人员。比如，当两

架飞机分别执行航班A和航班B，航班A需要停留在机场a时，航班A中的机组人员和乘务人员才可以到航班B上执行工作任务。当航班A发生到达延误时，由于相应的机组及服务人员未能及时到位，就会引起航班B的延误。同样的道理，当同一机组或者服务人员执行多个不同飞机的不同航班任务时，其中一架飞机发生延误，就会影响到其他飞机的正常起飞和降落，从而形成延误扩散现象。

3. 游客

即同一批游客不能从始发地直达到目的地，中间可能需要多架飞机的不同航班周转才能到达目的地。比如A机上的部分乘客会由B机转乘，且具有可传递性关系。即飞机A和飞机B，飞机B和飞机C，飞机A和飞机C互相关联。所以当一个航班延误，尤其是延迟时间，延迟波及，可能会导致许多飞机的飞行并且在许多不同的机场出现延误。

三种相关中，后两类相关能够采取措施人为避免，如航空公司的排班系统的应用。按照我国民航业内的习惯，前两类相关在很多情况下，往往同时出现，在一个飞行周期内，机组及服务人员往往是和飞机绑定在一起的，即由同一组机组及服务人员执行同一架飞机的任务，中间不会调换。

（二）导致航班延误扩散的主要因素

某架航班的起降准点受到多方面因素的制衡。倘若平衡被打破，便会导致航班运行出现非正常状态。通常，以下四方面造成航班延误：时间的连续性、空间的连续性、机组的连续性、其余客观因素。

1. 时间的连续性

在航班任务执行过程中，其时间的连续性直接决定航班延误的波及情况。前文曾提到过航空公司一般会提前一天甚至一周就调制好航班时刻表，而在相邻时间段上的航班具有时间上的连续性。航班在调制过程中，通常有以下两种情况危及航班延误的波及：

① 对于同一机场，其航班时刻表上相邻时间连续的航班之间，前一批次航班的抵达延误会影响下一批次航班的起飞时间，从而造成多个小航班延误链。因为在此情况下，停站时间和航班周转时间被固定，一旦有航班延误，后续航班自身的松弛时间必然缩减。

② 航空公司的一架飞机一般要持续反复完成多个飞行任务，而在执行一个任务循环的过程中，牵涉到多个起降机场，基于时间相关性的影响，抵港延误危及起飞延误，而起飞的延误又继续影响着下一个抵达机场的延误。如此反复，势必产生航班延误的波及，出现一条牵涉多机场航班空间和时间的延误链。

2. 空间的连续性

每天在同一机场会有很多执行飞行任务的航班，通常这些航班会按一定顺序自行组合成等待降落或起飞队列。迫于停机位或跑道的单一性，任务的执行必须按照秩序依次完成。若没有出现延误，那队列行驶正常，各等待航班可正常起降。倘若顺位靠前的航班有一架发生了意外，出现起降延误，那后续的航班只能一直等待，出现延误扩散情况。故此类航班延误的波及是基于已有等待航班队列的前提下，迫于空间的连续性所形成。

3. 机组的连续性

航班上的机组成员皆归属于航空公司的成员。一般情况下，一架飞机会完成多个飞行任务，这使得不同的机组成员会在多个航班上工作。换句话说，当两架航班的机组成员一样时，倘若发生机身故障或因机组成员原因使得其不能继续完成下一批次的航班任务时，便会出现一连串的航班延误。

4. 其他原因

除以上三类原因，在某些次要的、细小的环节上出现问题仍会导致航班的延误。究其航班延误的内在，必然是由一连串有定性逻辑相关的航班延误组成。这些细微因素可以是在航班任务执行中，突然出现的气候变化或交通管制，也可以是机上旅客原因。这些细微因素通常具有"煽风点火"的特点，即在已经发生的航班延误的前提下，推波助澜，进一步加大航班延误的波及。

第三节 航班延误在航空网络中扩散的原理分析

一、航空网络中航班延误扩散评判指标

对于因航班延误扩散造成的航班延误程度，需要通过一些评判指标来衡量其带来的影响程度，主要以下列四种要素作为评判指标：

① 整个航线网络中延误的机场个数：指由航班延误扩散导致的航班延误的机场的总数量。

② 整个航线网络中延误的航班个数：指由航班延误扩散引起的班机延误的航班的总数量。

③ 各航班的平均延误时间：指由延误扩散引起的所有航班延误的时间均值。

④ 所有延误航班的总延误时间：指由延误扩散引起的所有航班延误时间总长。

对于庞大的航空网络，单个评判指标并不能很好地评估航班延误扩散的程度，只有综合这四个评价要素才能较好地评价航班延误扩散所造成的航班延误状况。

二、航空网络中航班延误扩散的介质分析

航空网络中航班延误扩散介质主要为机场与航线、飞行器、机组人员等。

1. 机场与航线

机场作为航空网络的节点，是构成整个网络的重要组成部分。每个航班将机场作为始发点，在此完成整个航程的准备工作并使用登机口、跑道等资源。此外，机场还提供对飞行器的维修保障的场所。但机场容量有限，所能容纳的飞机数量与单位时间内接待的航班数量均有限。因此，出现一个航班延误，必然导致机场容量与需求不平衡，打乱原有的安排，例如占用了本属于其他飞机的起飞、维修保障时间等，导致其他航班无法正常离港，从而在该机场内产生航班延误扩散现象。同理，起飞延误也会影响到下一个抵达机场，在该延误航班的目的机场，与该航班实际降落时间一致的其他正常航班可能由于该延误航班占用机场资源而无法在同一时刻降落，不得不推迟起飞，从而导致延误，由此，延误又扩散至另一个起飞机场。

2. 飞行器

飞行器作为整个运输过程的载体，也是延误扩散中不可忽视的介质之一。据有关数据显示，我国航空公司一架飞机平均每天需要执行4个国内航段。因此，当某一个航班延误，飞行器则无法准时抵达其下游航班的起飞机场，下游航段也就很可能因此而导致延误，延误从而扩散，周而复始，产生连锁反应。

3. 机组人员

飞行人力资源包括飞行员、乘务组等。航空企业出于成本控制，对于机组人员配比基本上还是不充裕的，也就是说，一个机组人员会为几个不同时间段的航班提供服务。因此，当该机组人员所在航班出现延误，飞行人员与机组成员在后续航班起飞前无法及时到达，在人员配置有限无法调配的情况下，只能通过延迟航班起飞时间解决，故而后续延误产生，延误扩散开来。

三、航空网络中航班延误的产生、扩散与消亡分析

1. 航空网络中航班延误的产生

导致航班延误产生的因素有许多，涉及范围也相对广泛，如天气原因引起的飞行条件不足、高空逆风超标、跑道积冰或积雪等，机场管理方面的保障设施发生故障、安检和例行工作未能按时完成、信息发布缓慢等，航空公司方面的计划安排不合理、机组人员未能及时到位、临时调换飞机、地勤保障工作出现问题等，航空管制角度的流量的控制、设备发生故障等，油料方面的加油故障等，旅客方面的未能及时登机、突发情况等。其中，天气、流量控制及飞机故障等具有突发性、不可抗力的延误因素是航空网络运行中不可避免的。因此，航班延误的产生也是不可消除，必然会存在的。

2. 航空网络中航班延误的扩散

航班的运行是由多个资源的相互协作完成的，也就受到每种飞行资源的制约。在没有出现延误的情况下，整个航空网络是一个平衡的状态，可是一旦出现任意的初始延误，便会打破整个系统的平衡，出现延误的扩散现象。通常，航班延误扩散分为横向扩散和纵向扩散。

横向扩散，即某一个航班的延误引发该机场的其他航班延误或取消。机场每天有众多的航班班次需要执行，尤其像北京首都国际机场、广州白云国际机场等这类大型枢纽机场，平均每2~3分钟有1个航班起降。当一个航班出现起降延误，就将打乱机场及空中管制等各部门的既定安排，造成航空资源的供需不平衡，从而导致该机场其他航班受到影响，延误扩散。例如图4-6中，航班F102降落机场C时，比计划时间晚点了60分钟，实际降落时间为13:00，该时刻正好为航班F304计划起飞时间，由于F102的延误，在机场跑道、机位等资源有限的情况下，很有可能导致F304无法正常离港，由此发生

延误的横向扩散。

纵向扩散，即一个航班的延误导致该航空器执行的或由该机组成员服务的下游航班在其他机场也产生延误。国内航空公司为降低公司的运营成本，基本上一架飞机每天都要执飞多个航段，涉及多个机场。在飞行器固定的情况下，一个航班的起飞延误，必将导致其在另一个机场的降落延误，由此延误扩散；一个机组成员服务多个航班亦同理。例如图4-6中，航班F101、F102、F103是由同一个飞行器执行的三个航班，航班F101由A机场起飞时晚点，到达B机场时延误80分钟，在机场B停站时，比计划少用20分钟，起飞时仍较计划起飞时间延误60分钟，到达机场C时晚点。可见，机场A的初始延误，带来了机场B、机场C的延误，延误纵向扩散。

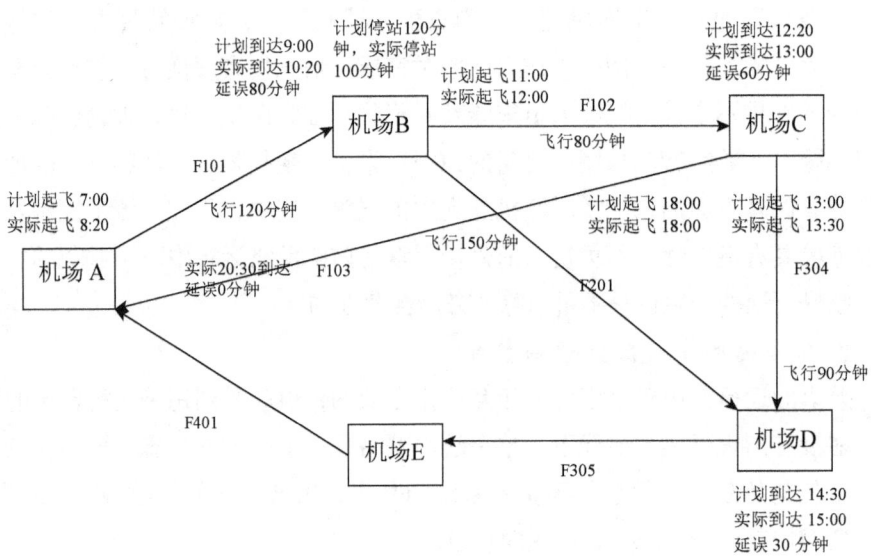

图4-6 航空网络中航班的延误扩散模型示意图

3. 航空网络中航班延误的消亡

航班出现延误后，我们很难立即将其消除，避免其扩散，除非该航班取消或者其所使用的相关资源不再出现于后续任何航班中。除此之外，航班延误在下游飞行过程中延误是有可能被部分吸收，甚至消除的。一方面，由于航班计划中的飞行时间往往大于所需最小飞行时间，所以当空中飞行顺畅时，可以吸收部分延误，如此到达降落机场的延误会比起始机场的延误时间更短。另一方面，就是尽可能地压缩后续航班的周转时间。当周转时间短于计划停站时间，那么二者的时间差即为被吸收的到达延误时间。若初始延误时间短，经过若干次吸收，延误就会被消除。当然，若初始延误时间长，或者在后续航班中再次发生初始延误，延误则难以被消除，甚至延误时间将被叠加并扩散到更后续的航班网络中。

四、航班延误扩散类型分析

航班延误情况的显要特征就是复杂多变，可归纳为以下三类情形。

1. "飞机相同、机场不同" 的航班延误扩散

在一定周期内反复循环使用同一架飞机是多数航空公司欲提高飞机利用率的普遍做法。倘若这架飞机在不同机场起飞、降落的循环序列中发生了一次航班延误，那么将极有可能造成后续延误的蔓延趋势，并严重影响该架飞机的随后飞行任务。该类情况所造成的航班延误链通常表现为上一批次航班的进港延误直接致使下一批次航班的离港延误，并依次循环反复。图4-7形象地描述出此类型延误情况。

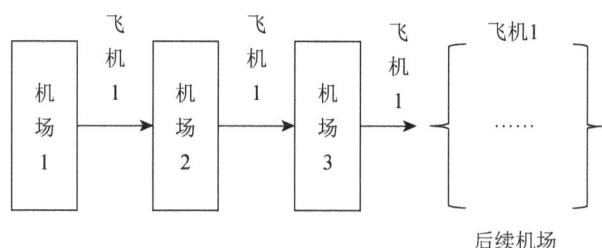

图4-7 同一飞机不同机场的航班飞行示意图

2. "机场相同、飞机不同" 的航班延误扩散

一般情况下，多数航空公司会提前一天甚至一周就调制好航班飞行时刻表，并基本确定好其中每一架航班的飞行任务执行时间。每天，机场里不同的停机位和跑道上，有多架航班的不同的飞机组成了等待起飞队列或着陆队列，并随时听从指挥等待起飞。所以，上批次航班的延误必然会危及到下批次航班的正常飞行任务执行情况，并危及航班的正点率。

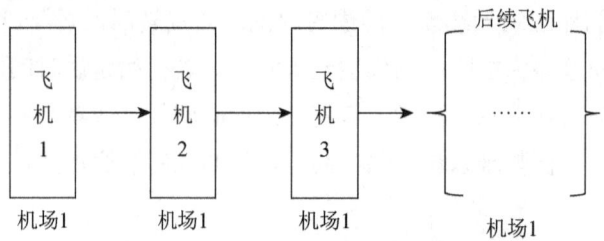

图 4-8　不同飞机同一机场的航班飞行示意图

3. "多类飞机飞行于多个机场"的航班延误扩散

现如今，全球航班在空间上皆存在着多航班、多机场、多飞机的复杂多变现象。结合上述两种类别归纳得出的航班延误链，重组后可得到一个有向无环图，亦可称为航班波及树图。图 4-9 中，f_i 表示航班 i，Ai 表示机场 i（$i=1$, 2, 3…）。

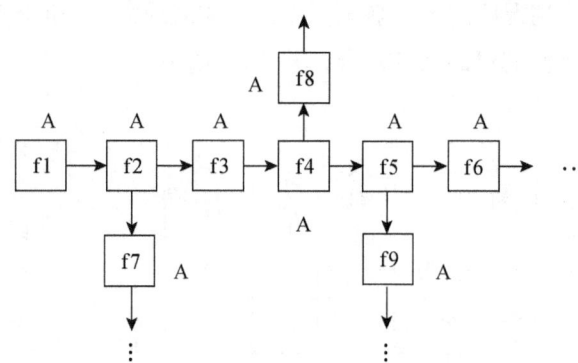

图 4-9　多架飞机多个机场的航班飞行示意图

第四节　航空网络结构对航班延误扩散的影响分析

航空网络中航班延误的扩散，是以整个航空网络结构为载体进行的，因此不同的航空网络结构对航班延误扩散产生的影响也必然不同。

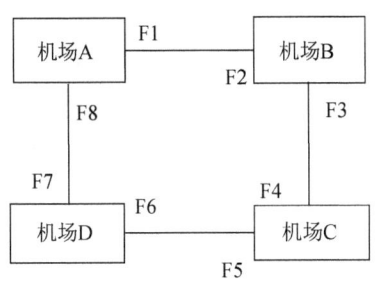

图 4-10 均匀网络结构

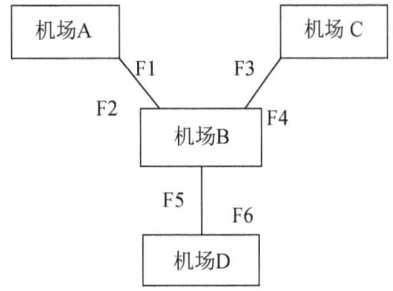

图 4-11 枢纽航线网络结构 a

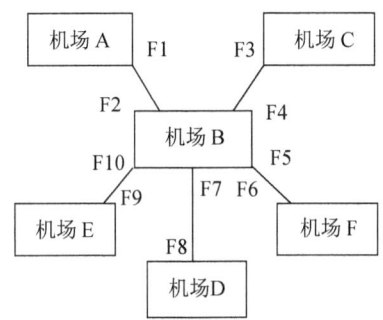

图 4-12 枢纽航线网络结构 b

1. 航线网络对航班延误的影响

图 4-10 与图 4-11 分别呈现的是均匀网络结构及枢纽航线网络。

假设图 4-10 均匀网络结构中的机场 A 至机场 B 的 F1 航班发生初始延误，其可能影响机场 B 中的 F2、F3 这 2 个航班；同样，若 F2 发生延误，也只可能影响机场 A 中的 F1、F8 这 2 个航班。而对于图 4-11 枢纽航线网络结构，机场 A 至机场 B 的 F1 航班延误可能影响机场 B 中 F2、F3、F4 这 3 个航班；若机场 B 至机场 A 的 F2 航班延误，则不会影响网络中的其他航班。对比可知，在图 4-10 这样的均匀网络中，初始延误出现在不同机场的情况下，航班延误扩散的范围、程度及速率都是相当的。而在图 4-11 这样的网络结构中，初始延误发生的机场不同，对延误扩散造成的影响有较大的区别，延误扩散的范围和程度都会不相同。对于繁忙的枢纽机场而言，其具有较多的航线、航班，延误可能通过众多的航线扩散至整个航空网络，从而产生大面积的航班延误；而对于非枢纽机场而言，与其连接的机场数量少，扩散的概率也就相对低。

2. 网络规模对航班延误的影响

图 4-11 和图 4-12 都属于枢纽式航线网络，但二者的网络规模不同。

假设两个网络中机场 A 至机场 B 的 F1 航班均发生初始延误，在较小规模的图 4-11 航空网络中，F1 达到机场 B 后可能影响机场 B 相关航线上的其他 5 个航班；而在较大规模的图 4-12 航空网络中，F1 达到机场 B 后可能影响机场 B 相关航线上的其他 9 个航班。比较可知，大规模航空网络机场数量多、航线更为密集，一旦延误产生，扩散覆盖面也将更广，影响程度更深，速率更快。

3. 网络的饱和度对航班延误的影响

在图 4-10 中，假设机场 A 至机场 B 的 F1 航班发生延误，若机场 B 的饱和度高，则受影响的航班多；若机场 B 的饱和度低，则受影响的航班少甚至没有。图 4-12 中的机场 B，属于该网络中的枢纽机场，其饱和度一般较高，因此枢纽机场一旦发生延误其扩散范围会更广。

航空网络的特征决定了网络中机场的分布情况、航线的构成以及机场中航班的数量等，而这些都是对航班延误扩散产生直接或间接影响的重要因素。例如，网络节点的度，在航空网络中即指机场（城市）的度，确定了一个机场的度也就明确了该机场的通达度和规模。一个机场的规模及其与其他机场的通航数量对航班延误扩散分析的重要性是不言而喻的，度值高的城市其对外连接航线密集，在网络中起至关重要的中转作用，但同时也就意味着它是整个网络的脆弱点，一旦这样的机场出现延误，势必会高速率大面积扩散。此外，网络的最短平均路径表现的是机场之间的传输性能，网络的平均路径越短也就意味着机场之间的联系越紧密，只需通过较少次数的中转即可到达目的城市。在同一条航线上，当始发城市发生延误时，路径长度短的影响的航班数量和机场数更少；反之，路径长度长的情况下，则会通过航班产生链式反应，影响更多航段上的航班并扩散至更多机场。同理，网络的簇系数体现网络中节点的聚集性，该参数的变化亦会对网络结构造成变化，从而对延误扩散产生影响。因此，确定航空网络结构特征是做好航班延误扩散分析的重要基础。

第五章 "单架飞机执行多个航班"的延误扩散研究

航班延误多是由航班延误扩散造成的，而航班延误扩散可以大致分为单架飞机执行多个航班的延误扩散和多机场多航班的延误扩散，本章主要研究常见的单架飞机执行多个航班的延误扩散。

第一节 "单架飞机执行多个航班"的延误扩散模型的构建

一、问题描述及解决思路

本模型主要通过构建若干个时间网络图，引入相应的参数并通过构建延误扩散时间算法流程，通过 Excel 等运算工具进行预算，最终发现影响延误扩散的各个因素对延误扩散是如何影响的，并对延误扩散规律进行仿真分析。针对单架飞机完成多个飞行任务构建时间网络航班延误链式反应模型，提出相关的详细算法，旨在通过此模型准确无误地判定下游的机场航班是否发生延误，并计算出大概的延误时间。以此量化关系为基准，各机场可就起始延误时间迅速编制出预防、警示体制。

二、"单架飞机执行多个航班"的不同网络类型分析

通常一架飞机执行多个航班所构成的航空网络是一个封闭的航班链，即初始起飞机场与最终到达机场为同一个机场；当然也存在一架飞机执行多个航班所构成的航空网络既不是直线型的也不是封闭型的，而是互相交错形成网链状结构模式。

本文主要以航空网络中较简单的"直线型"和"封闭型"的航班链来研究航班延误扩散的规律。图 5-1、图 5-2 以及图 5-3，分别为封闭型、直线型以及交错型的航班链的航班时间网络模型。

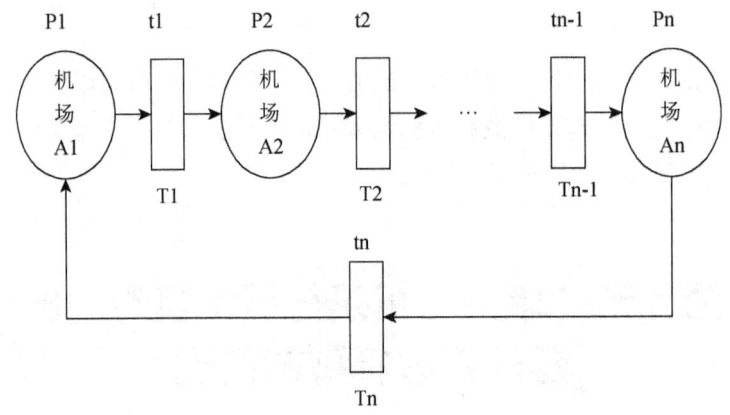

图 5-1 一架飞机执行 n 个航班的时间网络模型（封闭型）

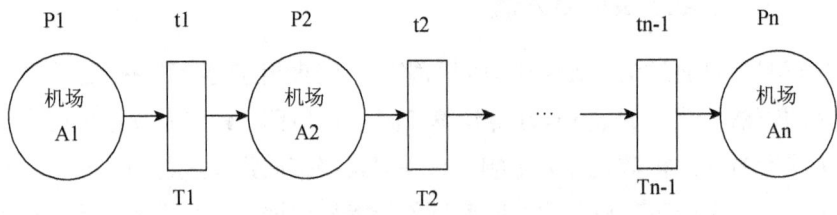

图 5-2 一架飞机执行 n 个航班的时间网络模型（直线型）

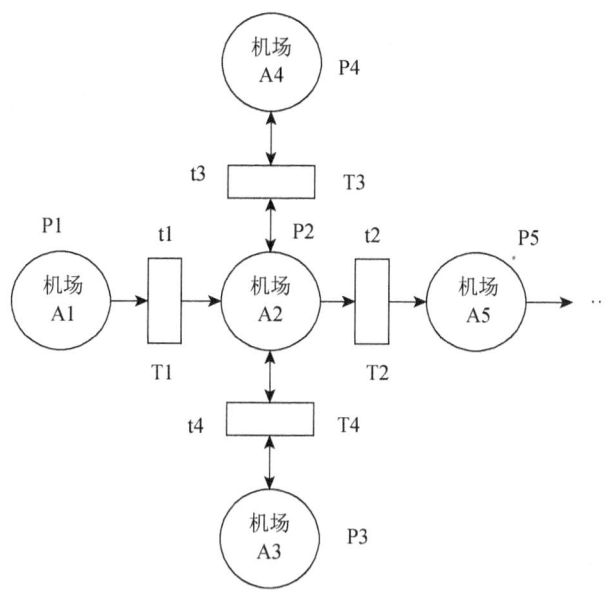

图 5-3 一架飞机执行 n 个航班的时间网络模型（交错型）

以上各图中，各参数所代表的具体含义如表 5-1 所示。

表 5-1 单架飞机执行多个航班的航空网络模型参数解释说明

机场/变迁/变迁时间	含 义
P1	飞机停靠在机场A1
P2	飞机停靠在机场A2
…	……
Pn	飞机停靠在机场An
T1	飞机正在执行从机场A1到机场A2的航班
T2	飞机正在执行从机场A2到机场A3的航班
…	……
Tn	飞机正在执行从机场An到机场A1的航班
t1	飞机执行从机场A1到机场A2的航班所花费的时间
t2	飞机执行从机场A2到机场A3的航班所花费的时间
…	……
tn	飞机执行从机场An到机场A1的航班所花费的时间

三、航班延误扩散模型分析

一个关于单架飞机执行4个航班的实例模型,其具体的示意模型及相关参数如图5-4所示。

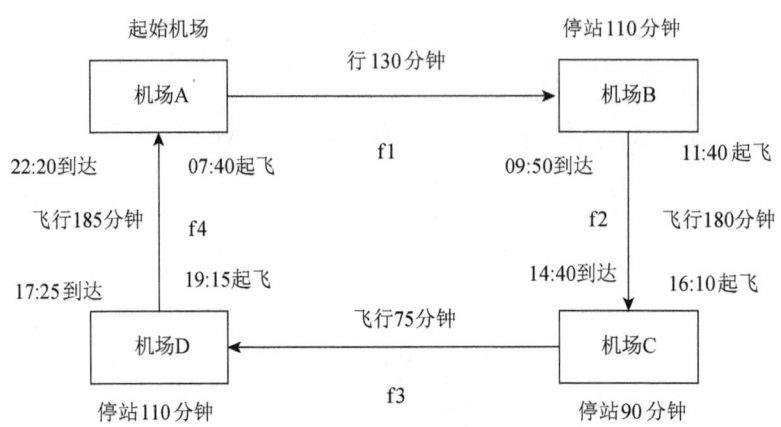

图5-4 单架飞机执行4个航班的飞行示意模型

对图5-4的示意模型建立时间网络模型,如图5-5所示。其中P={P1, P2, P3, P4}是模型的库所集,T={T1,T2,T3,T4}是模型的变迁集,t1,t2,t3,t4分别是变迁T1,T2,T3,T4发生所必须经历的时间。在本文所有模型当中,飞机从某机场飞往另一机场所用的飞行时间都不变。

假如航班在预计起飞时刻后的15分钟内的任意时刻开始起飞的话,均可以认定为不延误航班。在该模型中,飞机在机场A起飞的时间为07:40,因此飞机在[07:40,07:55]这一时间区间内的任意时刻起飞均为正常航班。同样的道理,航班从机场B起飞的正常时间区间为[11:40,11:55]。对于航班从机场C和机场D起飞的正常时间区间分别为[16:10,16:25]、[19:15,19:30]。航班的起飞即为飞机离开库所P1,也即变迁T1的触发,飞机的起飞时间在特定区间内,T1最早发生时刻为07:40,最晚发生时刻为07:55,所以导致飞机从机场A转移到机场B的变迁T1所包括的时间为[130,145]。同理,我们可以计算出飞机从机场B转移到机场C的变迁T2所包括的时间为[180,195],飞机从机场C转移到机场D的变迁T3所包括的时间为[75,90],飞机从机场D转移到机场A的变迁T4所包括的时间为[185,200]。

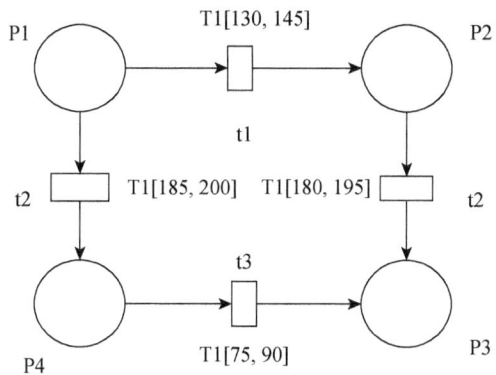

图 5-5 单架飞机执行 4 个航班的航空网络模型

四、航班延误扩散时间算法

图 5-1 一架飞机执行 n 个航班发生延误扩散时,各机场延误时间、延误航班可以通过下列方法进行计算。

1. 参数说明

为表述方便,其中相关参数及其含义如表 5-2 所示。

表 5-2 航班延误扩散时间算法参数汇总表

参　数	含　义
Tt	最小周转时间,处于两相邻航班之间,通常表示打扫机舱、填充机油、装卸货物等所花费的时间;我国《民航航班正常统计办法》中对此要求可查知Tt=55分钟
Tp	停站时间,前一个航班和后一个航班之间的时间间隔
Ts	松弛时间,飞机在机场的停站时间内多余的休息时间
fi	航班号(i=1,2…),其中 i=1 表示第一个航班
Adep	起飞机场
Tsdep	预计出发时间
Tadep	实际出发时间
Aarr	目的机场
Tid	初始延误时间
Tsarr	预计到达时间

续表

参 数	含 义
Taarr	实际到达时间
Tppd	预计波及时间
Tapd	实际波及时间
△t	△t=15分钟；预计波及延误时间在15分钟内，不归为延误
Judge（Ai）	评判航班在机场Ai是否存在延误

2. 算法描述

图 5-1 一架飞机执行 n 个航班发生延误扩散问题，作下列假设：

① 航班在机场 A1 发生航班起始延误，初始延误属于相对独立的过程，不是由于航班的延误扩散所造成的，天气或者其他原因都能造成初始航班的延误。

② 假设在延误机场的初始航班产生起飞延误，并且这种延误不通过飞机空中加速飞行得到补偿，所以在目的地机场也存在延误，而且延误的时间与初始航班的起飞延误时间相同。

3. **各参数之间关系分析**

（1）机场延误状态的评价

当 Tppd（Ai）-Ts（Ai）< △t=15 分钟，表示机场 Ai 未发生航班延误，此时 Judge（Ai）=0；当 Tppd（Ai）-Ts（Ai）≥ △t=15 分钟，表示机场 Ai 发生航班延误，此时 Judge（Ai）=1。

（2）机场 Ai 的预计波及延误时长

Tppd（Ai）= Tapd（Ai-1），即：机场 Ai 预计波及延误时长 = 机场 Ai-1 的实际波及延误时长。在航空网络中，当第一个机场出现航班延误后，第二个机场的预计波及延误时间 = 初始延误时间，后续机场的预计波及延误时间可按上述公式计算。

（3）机场 Ai 的松弛时长

Ts（Ai）=Tp（Ai）-Tt，即：机场 Ai 的松弛时间 = 机场 Ai 的停站时间 - 最小周转时间。

(4) 机场 Ai 的实际延误时间

Tapd（Ai）=Tppd（Ai）-Ts（Ai），即：机场 Ai 的实际延误时间 = 机场 Ai 的预计波及延误时长 – 松弛时间。

(5) 航班在航空网络中第一个机场 A1 的实际起飞时间

Tadep（A1）=Tsdep（A1）+Tid，即：实际起飞时间 = 计划起飞时间 + 初始延误时间。

4. 算法描述

在如图 5-6 的航空网络中，若发生延误扩散，可以通过如下算法计算出整个航空网络中延误航班数量、时间等，分析其航班延误扩散规律。

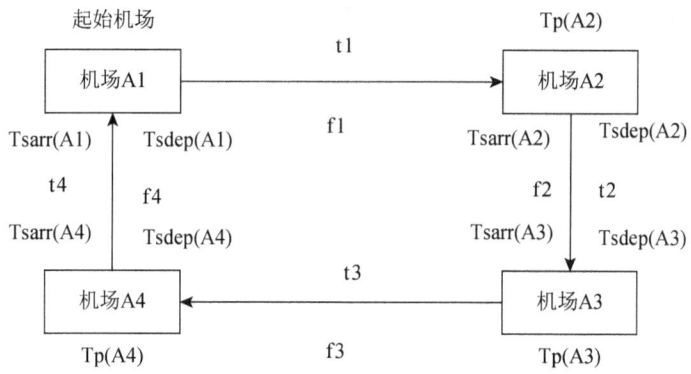

图 5-6　单架飞机执行 4 个航班的飞行示意模型

① 判断某初始航班是否发生航班延误。

② 若未发生航班延误，则推算在本航空网络中下一机场的航班状态；若发生的航班延误小于等于松弛时间，则下游的第一个机场延误时间被松弛时间抵消，此时该航空网络中下一起飞航班为正常航班；若发生的航班延误大于松弛时间，则下游的第一个机场延误时间不能被松弛时间抵消，此时该航空网络中下一起飞航班将受到延误扩散，其"实际波及延误时间"等于"预计波及延误时间"减去"松弛时间"。

③ 判断该航空网络中下一航班是否发生延误，重复步骤②，直到该航空网络中所有航班结束，并输出相关数据。

上述算法及其各步骤具体分析方法如图 5-7 所示。

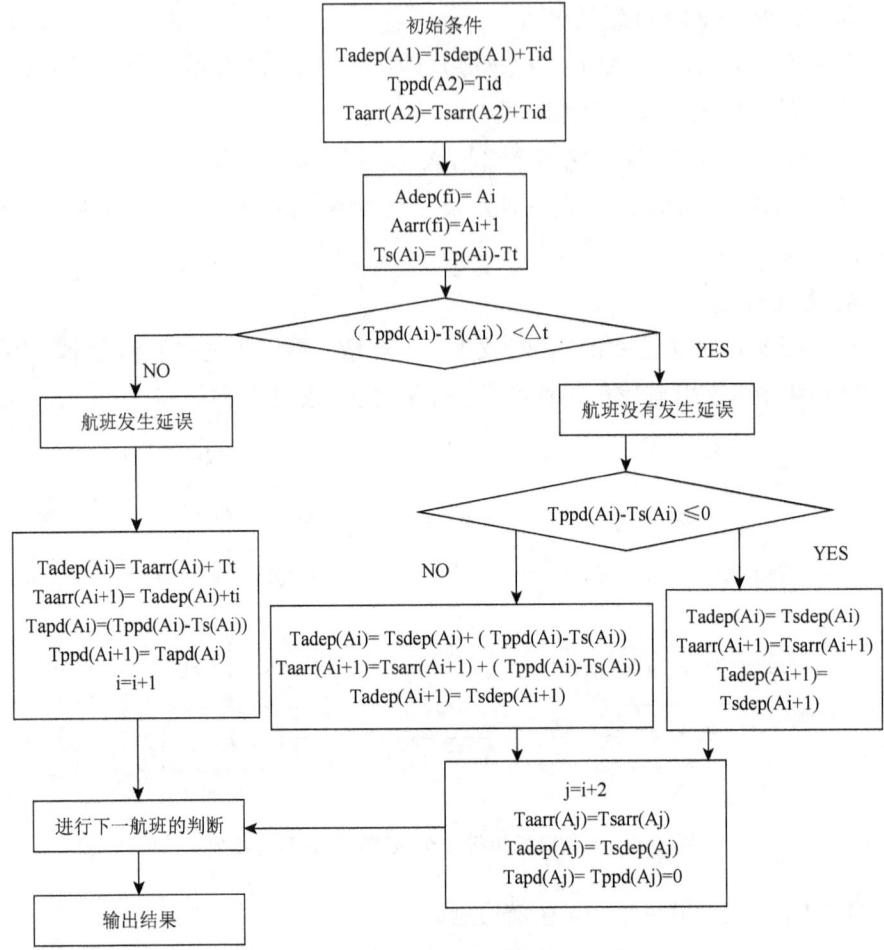

图 5-7 算法框架图

在图 5-7 中,各步骤基本含义如下:

(1)当 Tppd(Ai)-Ts(Ai)<△t 时,Judge(Ai)=0,即机场 Ai 无航班延误。此时又分为两种情况:

① 当 Tppd(Ai)-Ts(Ai)≤0 时存在以下计算关系:

Tadep(Ai)=Tsdep(Ai)

Taarr(Ai+1)=Tsarr(Ai+1)

Tadep(Ai+1)=Tsdep(Ai+1)

即:此时航班一切正常(延误时间<15 分钟)。

② 当 0<Tppd（Ai）-Ts（Ai）<15 分钟时，存在以下计算关系：

Tadep（Ai）= Tsdep（Ai）+（Tppd（Ai）- Ts（Ai））

Taarr（Ai+1）=Tsarr（Ai+1）+（Tppd（Ai）- Ts（Ai））

Tadep（Ai+1）= Tsdep（Ai+1）

即：此时航班一切正常，只是下游的第一个机场延误时间在 15 分钟之内，此时仍视此航班为正常航班。

（2）对于以上的两种延误扩散情况，在机场 Ai+1 之后的所有机场均没有任何延误时间，即航班计划时刻没有任何改变。

（3）j=i+2；j≤n；j++，表示机场 Ai+1 的下游机场，存在以下计算关系：

Taarr（Aj）=Tsarr（Aj）

Tadep（Aj）= Tsdep（Aj）

Tapd（Aj）= Tppd（Aj）=0

即：之后的航班一切正常，预计波及延误时间和实际波及延误时间均为 0。

（4）当 Tppd（Ai）-Ts（Ai）< △t 时 Judge（Ai）=1，即机场 Ai 发生航班延误。此时可运用以下计算关系计算延误扩散时间：

Tadep（Ai）= Taarr（Ai）+ Tt

Taarr（Ai+1）= Tadep（Ai）+ti

Tapd（Ai）=（Tppd（Ai）- Ts（Ai））

Tppd（Ai+1）= Tapd（Ai）

即：推算后续航班受到的延误扩散影响。

第二节 "单架飞机执行多个航班"的延误扩散规律的仿真分析

一、"单架飞机执行多个航班"的延误扩散系统说明

单架飞机执行多个航班的延误扩散系统主要由航空网络和延误时间算法构成。

基于网络模型,添加一个飞机执行多个航班的航班时刻表、飞行时间、停站时间等已知量就可以在一定条件下对航班延误扩散的程度进行评价。

在此系统中,假设飞机在机场 A1 发生初始延误,而这个延误并非任何上游延误扩散所造成,它可能来源于气候问题或其余客观因素,其过程相对独立。假定在延误机场中有某个起始航班发生起飞延误,而在飞行过程中无法借助速度优势弥补,那么降落机场也必然会出现延误,且延误时间保持相同。

二、初始延误时间对航班延误扩散的影响分析

1. 仿真系统描述

下面给出一个关于单架飞机执行 4 个航班的实例:一架飞机在该封闭性航空网络中共执行 4 个航班,分别为 f1、f2、f3、f4,各航班的起飞机场分别为机场 A、机场 B、机场 C 和机场 D。

飞机首先从机场 A 起飞,起飞时间是 07:40,飞行 130 分钟后在 09:50 到达机场 B,停站 110 分钟。紧接着该架飞机执行第二个航班,在机场 B 起飞,起飞时间是 11:40,飞行 180 分钟后在 14:40 到达机场 C,停站 90 分钟。然后继续执行航班 f3,从机场 C 起飞,起飞时间是 16:10,飞行 75 分钟后在 17:25 到达机场 D,停站 110 分钟。最后继续执行航班 f4,从机场 D 起飞,起飞时间是 19:15,飞行 185 分钟后在 22:20 到达机场 A,该架飞机一天的航班任务结束。具体的示意模型如图 5-8 所示。

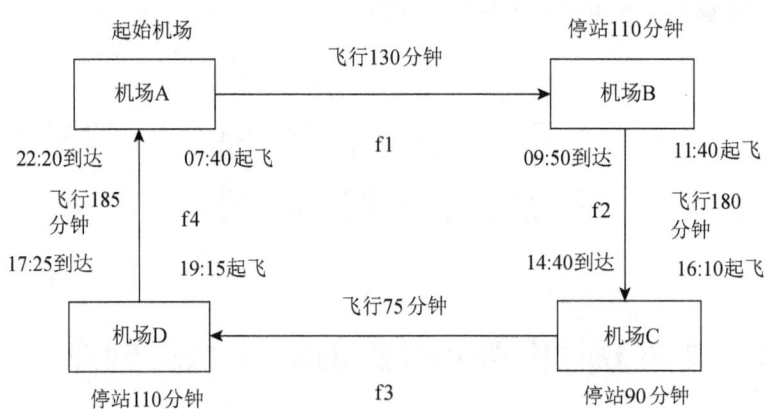

图 5-8 单架飞机执行 4 个航班的飞行示意模型(一)

2. 仿真计算结果

在模型中,共有 A、B、C、D 四个机场,飞机在 4 个机场的最小周转时间 Tt=55 分钟,△t=15 分钟,Tp(B)=110 分钟,Tp(C)=90 分钟,Tp(D)=110 分钟,Tsdep(A)=07:40,Tsarr(B)=09:50,Tsdep(B)=11:40,Tsarr(C)=14:40,Tsdep(C)=16:10,Tsarr(D)=17:25,Tsdep(D)=19:15,Tsarr(A)=22:20。利用图 5-7 中的算法,假设其他变量不变时,仅仅改变初始延误时间,航班延误扩散情况:

假设 Tid=60 分钟。

(1) 计算基本变量

此时 Adep(f1)=A,Aarr(f1)=B;Adep(f2)=B,Aarr(f2)=C

航班在机场 A 的实际起飞时间 Tadep(A)=Tsdep(A)+Tid=08:40

B 机场的预计波及延误时间 Tppd(B)=Tid=60 分钟

航班到达机场 B 的实际时间 Taarr(B)=Tsarr(B)+Tid=10:50

机场 B 的松弛时间 Ts(B)=Tp(B)-Tt=55 分钟

(2) 判断是否成立 Tppd(Ai)-Ts(Ai)<△t=15 分钟

0<Tppd(B)-Ts(B)=5 分钟<△t,Judge(B)=0,即航班延误 5 分钟,但不做延误处理。

(3) 计算各机场延误时间

此时飞机在机场 B 未出现航班延误。机场 B 的实际起飞时间:Tadep(B)=Tsdep(B)+(Tppd(B)-Ts(B))=11:45

对于后续航班 f3、f4,到达机场 C 的实际时间:Taarr(C)=Tsarr(C)+(Tppd(B)-Ts(B))=14:40

机场 C 的实际起飞时间 Tadep(C)=Tsdep(C)=16:10

实际到达机场 D 的时间 Taarr(D)=Tsarr(D)=17:25

机场 D 的实际起飞时间 Tadep(D)=Tsdep(D)=19:15

实际到达机场 A 的时间 Taarr(A)=Tsarr(A)=22:20

只有航班 f1 出现延误,位于其下游的 f2、f3、f4 皆正常起降。发生航班延误的机场只有 A。

按照以上四个步骤,分别计算出当 Tid 分别等于 90、120、180 分钟时,延误机场个数及其延误时间。其计算结果为:

（1）当 Tid=90 分钟时

① Tppd（B）- Ts（B）=35 分钟 > △t，Judge（B）=1，飞机在机场 B 发生航班延误，Tapd（B）=（Tppd（B）- Ts（B））=35 分钟；Tppd（C）=Tapd（B）= 35 分钟，飞机在机场 B 延误 35 分钟。

② Adep（f3）= C，Aarr（f3）=D，Ts（C）= Tp（C）-Tt=35 分钟，Tppd（C）- Ts（C）=0 分钟 < △t，Judge（C）=0，飞机在机场 C 没有发生航班延误。

③ Tadep（C）=Tsdep（C）=16:10，Taarr（D）=Tsarr（D）=17:25。对于航班 f4，Tadep（D）= Tsdep（D）=19:15，Taarr（A）=Tsarr（A）=22:20。

④ 航班 f1、f2 发生延误，航班 f3、f4 起降正常。机场 A、B 出现航班延误。

（2）当 Tid=120 分钟时

① Tppd（B）- Ts（B）=65 分钟 > △t，Judge（B）=1，飞机在机场 B 发生航班延误，Tadep（B）= Taarr（B）+Tt=12:45，Taarr（C）= Tadep（B）+t2=15:45，Tapd（B）=（Tppd（B）- Ts（B））=65 分钟，Tppd（C）=Tapd（B）= 65 分钟，飞机在机场 B 延误 65 分钟。

② Adep（f3）= C，Aarr（f3）=D，Ts（C）= Tp（C）-Tt=35 分钟，Tppd（C）- Ts（C）=30 分钟 > △t，Judge（C）=1，飞机在机场 C 发生航班延误，Tadep（C）=Taarr（C）+ Tt=16:40，Taarr（D）= Tadep（C）+t3=17:55，Tapd（C）=（Tppd（C）- Ts（C））=30 分钟，Tppd（D）= Tapd（C）=30 分钟，飞机在机场 C 延误 30 分钟。

③ Adep（f4）= D，Aarr（f4）=A，Ts（D）=Tp（D）-Tt=55 分钟，Tppd（D）- Ts（D）=-25 分钟 <0< △t，Judge（D）=0，飞机在机场 D 没有发生航班延误，Tadep（D）= Tsdep（D）=19:15，Taarr（A）=Tsarr（A）=22:20。

④ 航班 f1、f2、f3 均发生延误，只有航班 f4 起降正常。机场 A、B、C 出现延误。

（3）当 Tid=150 分钟时

① Tppd（B）- Ts（B）=95 分钟 > △t，Judge（B）=1，机场 B 出现飞机航班延误，Tadep（B）= Taarr（B）+Tt=13:15，Taarr（C）= Tadep（B）+t2=16:15，Tapd（B）=（Tppd（B）- Ts（B））=95 分钟，Tppd（C）=Tapd（B）= 95 分钟，飞机在机场 B 延误 95 分钟。

② Adep（f3）= C，Aarr（f3）=D，Ts（C）= Tp（C）-Tt=35 分钟，Tppd

（C）- Ts（C）=60 分钟 > △t，Judge（C）=1，飞机在机场 C 发生航班延误，Tadep（C）= Taarr（C）+ Tt=17:10，Taarr（D）= Tadep（C）+t3=18:25，Tapd（C）=（Tppd（C）- Ts（C））=60 分钟，Tppd（D）= Tapd（C）=60 分钟，飞机在机场 C 延误 60 分钟。

③ Adep（f4）= D，Aarr（f4）=A，Ts（D）=Tp（D）-Tt=55 分钟，Tppd（D）- Ts（D）=5 分钟 < △t，Judge（D）=0，飞机在机场 D 没有发生航班延误，Tadep（D）= Tsdep（D）=19:15，Taarr（A）=Tsarr（A）=22:20。

④ 航班 f1、f2、f3 均未正常起降，只有航班 f4 工作运行正常。发生航班延误的机场有 A、B、C。

（4）当 Tid=180 分钟时

① Tppd（B）- Ts（B）=125 分钟 > △t，Judge（B）=1，飞机在机场 B 发生航班延误，Tadep（B）= Taarr（B）+Tt=13:45，Taarr（C）= Tadep（B）+t2=16:45，Tapd（B）=（Tppd（B）- Ts（B））=125 分钟，Tppd（C）=Tapd（B）=125 分钟，飞机在机场 B 延误 125 分钟。

② Adep（f3）= C，Aarr（f3）=D，Ts（C）= Tp（C）-Tt=35 分钟，Tppd（C）- Ts（C）=90 分钟 > △t，Judge（C）=1，飞机在机场 C 发生航班延误，Tadep（C）=Taarr（C）+ Tt=17:40，Taarr（D）= Tadep（C）+t3=18:55，Tapd（C）=（Tppd（C）- Ts（C））=90 分钟，Tppd（D）= Tapd（C）=90 分钟，飞机在机场 C 延误 90 分钟。

③ Adep（f4）= D，Aarr（f4）=A，Ts（D）=Tp（D）-Tt=55 分钟，Tppd（D）- Ts（D）=35 分钟 > △t，Judge（D）=1，飞机在机场 D 发生航班延误，Tadep（D）= Taarr（D）+ Tt=19:50，Taarr（D）= Tadep（C）+t3=22:55，Tapd（D）=（Tppd（D）- Ts（D））=35 分钟，Tppd（A）= Tapd（D）=35 分钟，飞机在机场 C 延误 35 分钟。

④ 航班 f1、f2、f3、f4 均起降不正常，机场 A、B、C、D 皆出现延误现象。

当 Tid 分别等于 60、90、120、180 分钟时，延误机场个数及其延误时间的具体结果如表 5-3 所示。

表 5-3　航班延误算法的仿真结果

时间单位：分钟

初始延误时间		60	90	120	150	180
机场A	Judge	1	1	1	1	1
	Tapd	60	90	120	150	180
机场B	Judge	0	1	1	1	1
	Tapd	5	35	65	95	125
机场C	Judge	0	0	1	1	1
	Tapd	0	0	30	60	90
机场D	Judge	0	0	0	0	1
	Tapd	0	0	0	5	35
延误机场个数		1	2	3	3	4
延误总时间（不含初始延误时间）		5	35	95	160	250
延误机场平均延误时间		60	63	72	103	107

三、初始延误时长对延误的机场个数的影响

根据表 5-3 可以得出初始延误时间与延误机场数之间的对应关系，如图 5-9 所示。

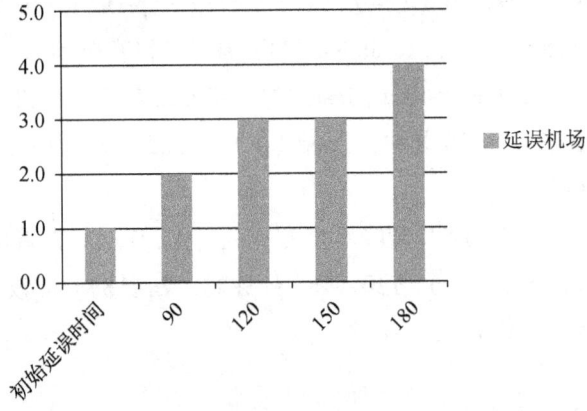

图 5-9　延误的机场数与初始延误时间的量化关系

由图 5-9 中的 5 组仿真数据不难发现，起始延误时间与受波及影响机场数之间成正比关系。即，前者时间短时，机场数目就减少；前者时间长时，后者数量自然就多。倘若产生的某一起始延误时间令飞机停靠的所有机场均发生延误，设该时间为 X，那么当起始延误时间 X 时，所受延误影响的机场数维持不变，并且等于该架飞机经停的所有机场数。

四、起始延误时长对机场延误总时间的影响

根据表 5-3 可以得出初始延误时间与延误总时间之间的对应关系，如图 5-10 所示。

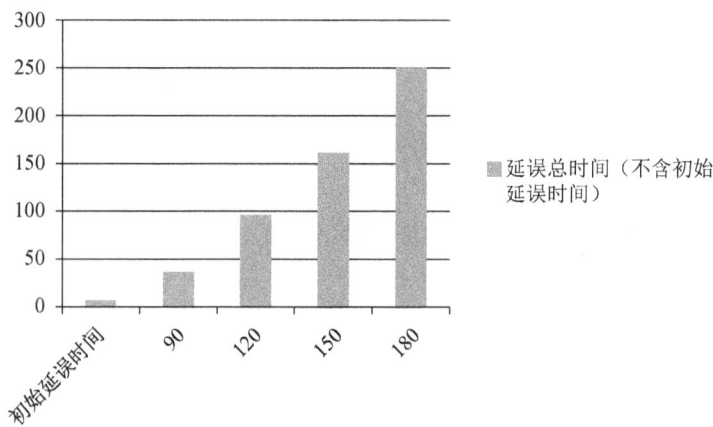

图 5-10　延误总时间（不含初始延误时间）与初始延误时间的量化关系

由图 5-10 中的五组仿真数据不难发现，飞机起始延误时间与总延误时间之间成正比。前者时间较短时，后者较小；前者时间较长时，后者较大，两者之间的关系接近于线性关系。

五、起始延误时长对延误机场的平均延误时间的影响

根据表 5-3 可以得出初始延误时间与机场平均延误时间之间的对应关系，如图 5-11 所示。

从图 5-11 可以看出，飞机的起始延误时间与平均延误时间（受航班延误扩散影响的所有机场延误时间的平均数）的变化规律相似。即前者小时，后者小；前者大时，后者也大。但两者之间的关系明显不成线性关系。即在一定情

况下，当初始延误时间增加固定值时，不一定会对所有延误机场平均延误时间造成很大的改变。

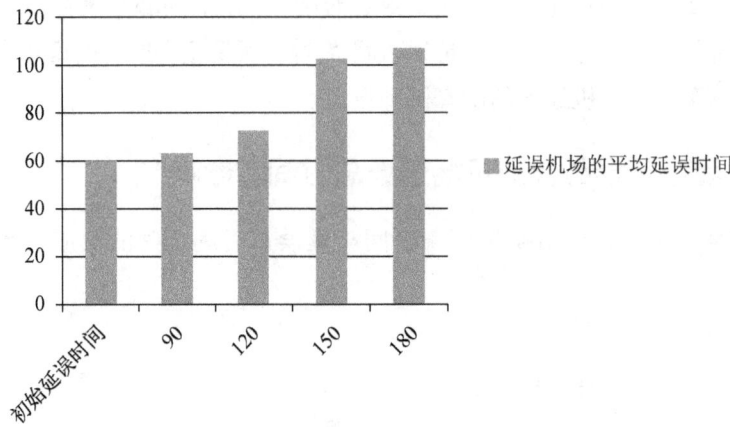

图 5-11　延误机场的平均延误时间与初始延误时间的量化关系

六、停站时间对航班延误扩散的影响分析

1. 仿真系统描述

松弛时间 = 停站时间 $-T_t$，其中，T_t 为最小周转时间。根据《民航航班正常统计办法》的规定可知，T_t=55 分钟。

由于 T_t 为固定值，所以我们仅仅研究影响航班延误扩散中停站时间与松弛时间中的一个因素即可。本文中，我们主要研究其他条件不变，仅仅改变停站时间，仿真分析停站时间对航班延误扩散的影响并用评价要素进行分析总结。由于不同机场的硬件、规模等条件均不一样，不同航空公司根据自身原因所规定的停站时间也都不一样，这里，为了便于研究发现松弛时间对航班延误扩散的影响规律，假定单架飞机执行多个航班时，航空网络上的机场的停站时间均相同。本文用自建的 Excel 延误扩散计算系统进行大量计算的基础上选取的合适的初始延误时间进行仿真模拟。

下面给出一个关于单架飞机执行 4 个航班的实例。该实例中假定初始延误时间为 1 小时，飞行时间不变。具体的示意模型如图 5-12 所示。

第五章　"单架飞机执行多个航班"的延误扩散研究

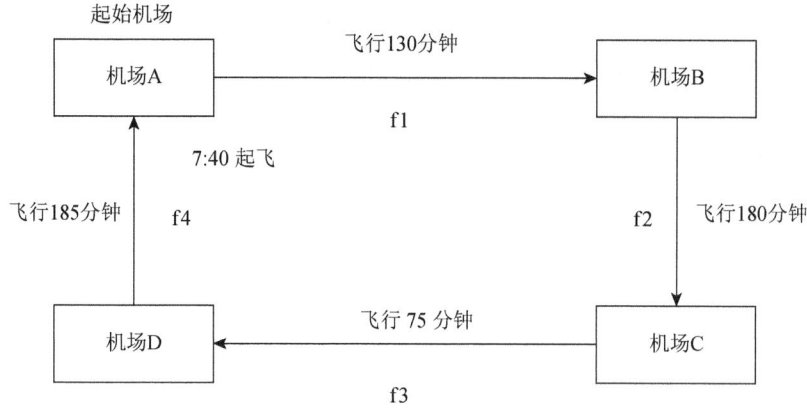

图5-12　单架飞机执行4个航班的飞行示意模型（二）

2. 仿真计算结果

用Excel构建的航班延误扩散计算系统的运算步骤，计算以下几种情况（单位：分钟）。

当Tp=60，Tapd（B）=55，Tapd（C）=50，Tapd（D）=45时，总延误时间（含初始延误时间）为210，延误机场平均延误时间为52.5，延误4个机场。

当Tp=65，Tapd（B）=50，Tapd（C）=40，Tapd（D）=30时，总延误时间（含初始延误时间）为180，延误机场平均延误时间为45，延误4个机场。

当Tp=70，Tapd（B）=45，Tapd（C）=30，Tapd（D）=15时，总延误时间（含初始延误时间）为150，延误机场平均延误时间为37.5，延误4个机场。

当Tp=75，Tapd（B）=40，Tapd（C）=20，Tapd（D）=0时，总延误时间（含初始延误时间）为120，延误机场平均延误时间为40，延误3个机场。

当Tp=80，Tapd（B）=35，Tapd（C）=10，Tapd（D）=0时，总延误时间（含初始延误时间）为105，延误机场平均延误时间为47.5，延误2个机场。

当Tp=85，Tapd（B）=30，Tapd（C）=0，Tapd（D）=0时，总延误时间（含初始延误时间）为90，延误机场平均延误时间为45，延误2个机场。

当Tp=90，Tapd（B）=25，Tapd（C）=0，Tapd（D）=0时，总延误时间（含初始延误时间）为85，延误机场平均延误时间为42.5，延误2个机场。

当Tp=95，Tapd（B）=20，Tapd（C）=0，Tapd（D）=0时，总延误时间（含初始延误时间）为80，延误机场平均延误时间为40，延误2个机场。

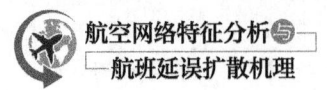

当 Tp=100,Tapd(B)=15,Tapd(C)=0,Tapd(D)=0 时,总延误时间(含初始延误时间)为 75,延误机场平均延误时间为 37.5,延误 2 个机场。

当 Tp=105,Tapd(B)=10,Tapd(C)=0,Tapd(D)=0 时,总延误时间(含初始延误时间)为 70,延误机场平均延误时间为 60,延误 1 个机场。

当 Tp=110,Tapd(B)=5,Tapd(C)=0,Tapd(D)=0 时,总延误时间(含初始延误时间)为 65,延误机场平均延误时间为 60,延误 1 个机场。

将上述结果绘制成表,如表 5-4 所示。

表 5-4 航班延误算法的仿真结果

时间单位:分钟

停站时间	Tapd(A)	Tapd(B)	Tapd(C)	Tapd(D)	延误机场个数	延误总时间	平均延误时间
60	60	55	50	45	4	210	52.5
65	60	50	40	30	4	180	45
70	60	45	30	15	4	150	37.5
75	60	40	20	0	3	120	40
80	60	35	10	0	2	105	47.5
85	60	30	0	0	2	90	45
90	60	25	0	0	2	85	42.5
95	60	20	0	0	2	80	40
100	60	15	0	0	2	75	37.5
105	60	10	0	0	1	70	60
110	60	5	0	0	1	65	60

七、停站时间对延误的机场个数的影响

根据表 5-4 可以得出停站时间与延误机场个数之间的对应关系,如图 5-13 所示。

从图 5-13 中的数据可以看出,飞机停站时间与受航班延误链式反应波及影响的机场数之间存在反比关系。即前者小时,后者大;前者大时,后者反而小。

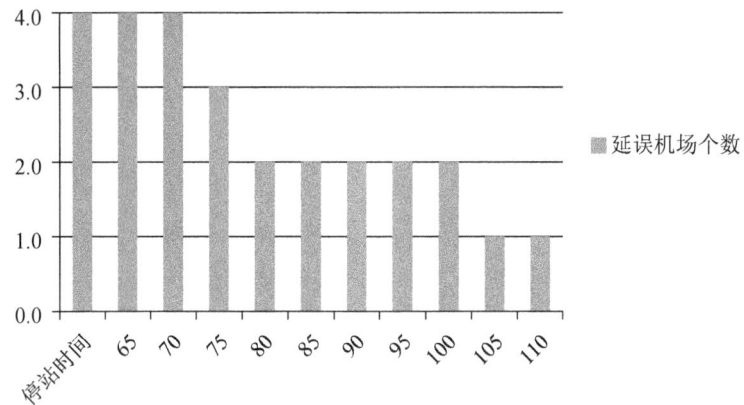

图 5-13 延误的机场个数与停站时间的量化关系

八、停站时间对机场延误总时间的影响

根据表 5-4 可以得出停站时间与机场延误总时间之间的对应关系，如图 5-14 所示。

从图 5-14 中的数据可以看出，航班延误链式反应所波及的机场发生延误的总时间与飞机的停站时间存在一定的量化关系。当飞机的停站时间较短时，链式反应所波及的机场发生延误的总时间越多；当飞机的停站时间较长时，链式反应所波及的机场发生延误的总时间越少。

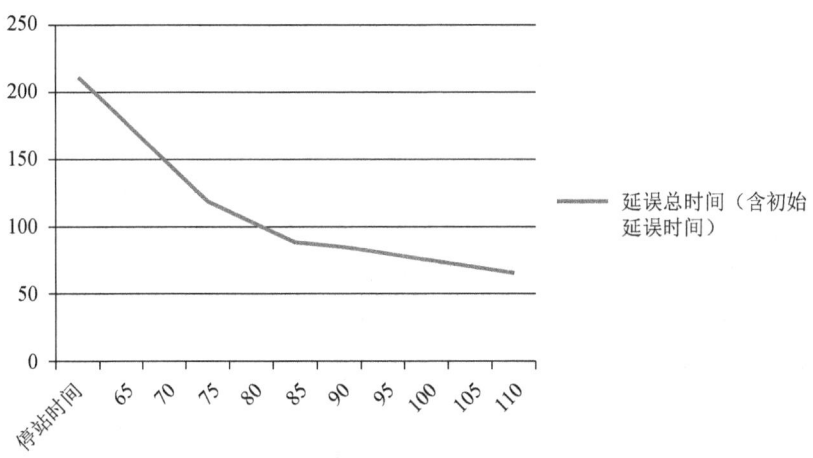

图 5-14 延误总时间（含初始延误时间）与停站时间的量化关系

九、停站时间对延误机场的平均延误时间的影响

根据表 5-4 可以得出停站时间与机场平均延误时间的对应关系，如图 5-15 所示。

从图 5-15 中的数据可以看出，航班延误链式反应所波及的机场发生延误的平均时间与飞机的停站时间存在一定的量化关系。然而，该量化关系并不成正相关或负相关。所有延误机场的平均延误时间总是小于或者等于初始延误时间。

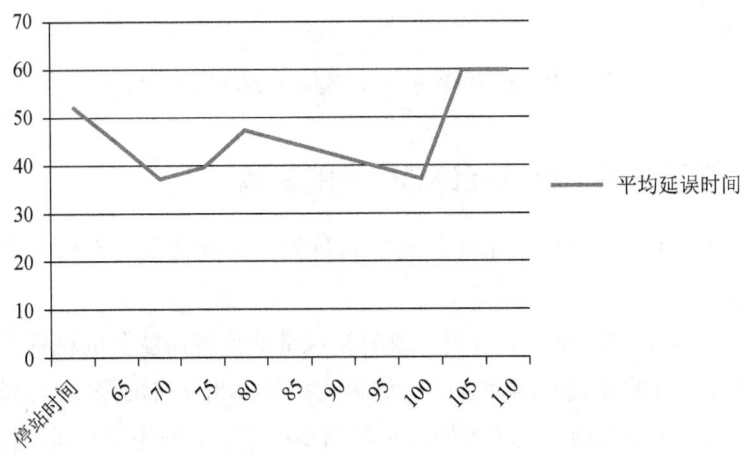

图 5-15　平均延误时间与停站时间的量化关系

十、航空网络中航班数量对航班延误扩散的影响分析

1. 仿真系统描述

为了便于仿真分析航班数量对航班延误扩散的影响，本章节通过构造若干个直线型航班链的实例模型进行仿真分析。本文用自建的 Excel 航班延误算法系统大量计算选取便于研究的初始延误时间和停站时间（松弛时间）。在该实例模型中，飞机的飞行时间及其他条件不变。该章节所有实例示意图中，飞机在各机场的停站时间均为 70 分钟，最初延误时间为 80 分钟。

2. 仿真计算结果

当一架飞机执行 2 个航班时，飞行示意图如图 5-16 所示。

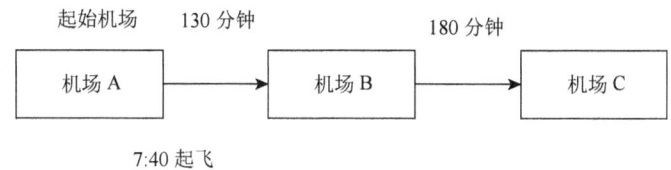

图 5-16　一架飞机执行 2 个航班的飞行示意图

最初延误时间为 60 分钟，经过各机场时的停站时间为 70 分钟。通过 Excel 航班延误扩散算法系统可知：Tapd（B）=65，Tapd（C）=50，故延误机场 3 个，延误总时间为 175 分钟，延误机场平均延误时间为 58.3 分钟。

当一架飞机执行 3 个航班时，飞行示意图如图 5-17 所示。

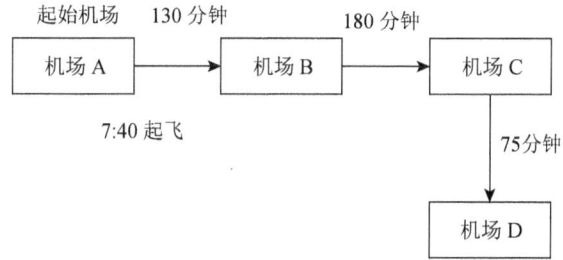

图 5-17　一架飞机执行 3 个航班的飞行示意图

最初延误时间为 60 分钟，经过各机场时的停站时间为 70 分钟。通过 Excel 航班延误扩散算法系统可知：Tapd（B）=65，Tapd（C）=50，Tapd（D）=35，故延误机场 4 个，延误总时间为 210 分钟，延误机场平均延误时间为 52.5 分钟。

当一架飞机执行 4 个航班时，飞行示意图如图 5-18 所示。

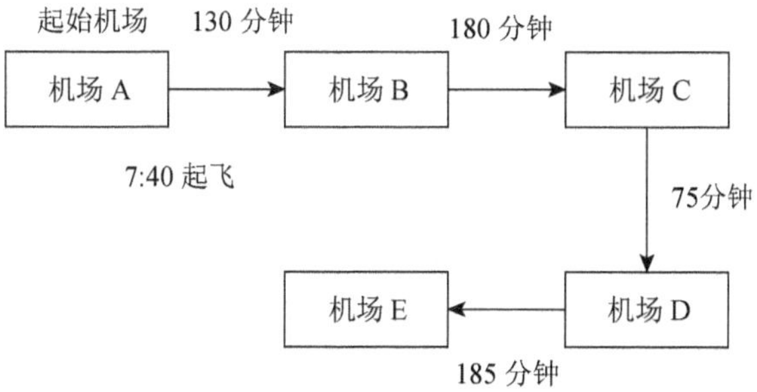

图 5-18　一架飞机执行 4 个航班的飞行示意图

最初延误时间为 60 分钟，经过各机场时的停站时间为 70 分钟。通过 Excel 航班延误扩散算法系统可知：Tapd（B）=65，Tapd（C）=50，Tapd（D）=35，Tapd（E）=20，故延误机场 5 个，延误总时间为 230 分钟，延误机场平均延误时间为 46 分钟。

当一架飞机执行 5 个航班时，图 5-19 为飞行示意图：

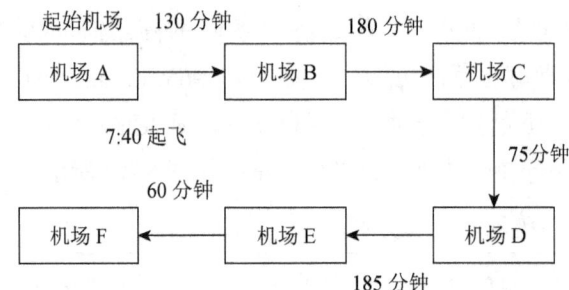

图 5-19　一架飞机执行 5 个航班的飞行示意图

最初延误时间为 60 分钟，经过各机场时的停站时间为 70 分钟。通过 Excel 航班延误扩散算法系统可知：Tapd（B）=65，Tapd（C）=50，Tapd（D）=35，Tapd（E）=20，Tapd（F）=5，故延误机场 5 个，延误总时间为 235 分钟，延误机场平均延误时间为 37.5 分钟。

当一架飞机执行 6 个航班时，飞行示意图如图 5-20 所示。

最初延误时间为 60 分钟，经过各机场时的停站时间为 70 分钟。通过 Excel 航班延误扩散算法系统可知：Tapd（B）=65，Tapd（C）=50，Tapd（D）=35，Tapd（E）=20，Tapd（F）=5，Tapd（G）=0，故延误机场 5 个，延误总时间为 235 分钟，延误机场平均延误时间为 37.5 分钟。

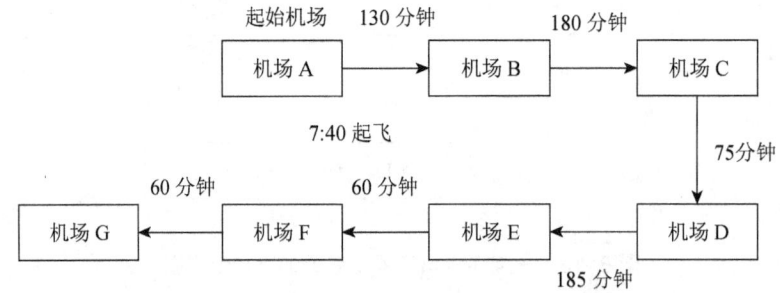

图 5-20　一架飞机执行 6 个航班的飞行示意图

将以上数据绘制成表 5-5。

表 5-5 航班延误算法的仿真结果

时间单位：分钟

航班数量（班）	延误机场数量（个）	延误总时间	延误机场平均延误时间
2	3	175	58.3
3	4	210	52.5
4	5	230	46
5	5	235	37.5
6	5	235	37.5

十一、航空网络中航班数量对延误的机场个数的影响

根据表 5-5 可以得出航空网络中航班数量与延误机场个数之间的对应关系，如图 5-21 所示。

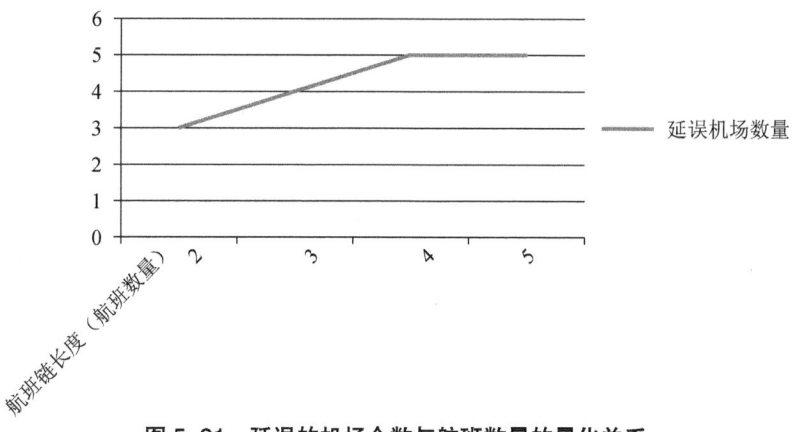

图 5-21 延误的机场个数与航班数量的量化关系

从图 5-21 中的数据可以看出，受航班延误链式反应波及导致延误的机场数与航班数量存在一定的量化关系。当最初延误时间对航班造成航班延误时，随着航班数量的增加，航班延误扩散所造成的航班延误的机场个数也逐渐增加，直到延误扩散消失，即延误的机场个数不变。

十二、航空网络中航班数量对机场延误总时间的影响

根据表 5-5 可以得出航空网络中航班数量与机场延误总时间之间的对应关

系，如图 5-22 所示。

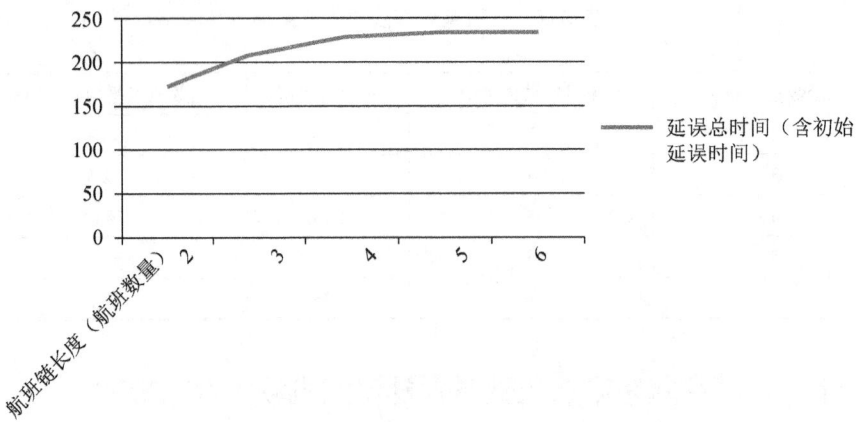

图 5-22 延误总时间（含最初延误时间）与航班数量的量化关系

从图 5-22 中的数据可以看出，航班延误链式反应所波及的延误总时间与航班数量存在一定的量化关系。当初始延误时间对航班造成航班延误时，随着航班数量的增加，航班延误扩散所造成的航班延误总时间也逐渐增加，但增加幅度较小，直到延误扩散消失，即延误总时间不变。

十三、航空网络中航班数量对延误机场的平均延误时间的影响

根据表 5-5 可以得出航空网络中航班数量与机场平均延误时间之间的对应关系，如图 5-23 所示。

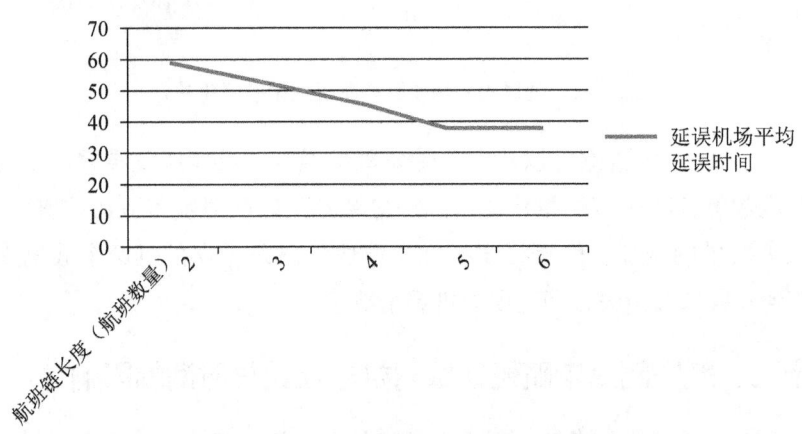

图 5-23 延误机场平均延误时间与航班链长度的量化关系

从图 5-23 中的数据可以看出，航班延误链式反应所波及的延误机场的平均延误时间与航班数量存在一定的量化关系。当最初延误时间对航班造成航班延误时，随着航班数量的增加，航班延误扩散所造成的平均延误时间在逐渐减小，直到延误扩散消失，即延误机场的平均延误时间不变。

第六章 航空网络中航班延误扩散的临界条件研究

第一节 复杂网络中传播动力学原理

一、典型的 SIS 模型

SIS 模型是研究传染病传播的一种方式。在此模型的网络中，每个节点仅仅只有 S-Susceptible（未患病但可感染）和 I-Infective（感染且可传染别人）两种状态。该模型适用于患上疾病后可以治愈从而恢复健康，但却又有能屡次被传染和治愈的这一状况。正常的节点和感染的节点接触后，正常转化为感染的传染概率为 v，而处于感染的节点恢复为正常的康复概率为 δ，如图 6-1 所示。

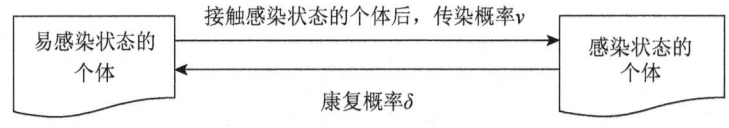

图 6-1 SIS 模型状态转化示意图

二、SIS 模型的平均场理论

1. 平均场理论概述

在平均场理论的应用中，最重要的是核心思想：在讨论的由相对无序至相对有序的变化中，跨越一切尺度的所有基本单位之间的相互作用的总体效果起主导作用，而每个基本单位周围环境的"局部信息"并不重要。

很多因素会影响传染病传播的进程，如病人个人的免疫能力、接触的人群、个人的康复能力等。但平均场理论的思想就是不把这些具体细节列入考虑范围，只考虑全局的、平均的传播可能性，即常参量传染概率 v 和康复概率 δ。（当传染病处于停止传播的状态时，病人的密度 ρ 为 0，较为对称，系统呈无序；而当传染病流行时，病人的密度 ρ 大于 0，各个方向相对不对称，出现对撑破缺，系统相对有序。对于传染病的传播，很多研究结果和实验结果都表明存在一个常参量传染概率 v。）传统的 SIS 模型就是传染病传播的平均场方程。

在有限的人群中，一次传染病的传播会受到每个人周围环境的局部信息等因素的影响，而这些信息各不相同，所以各个人群的多次传染病传播的统计差异很大。但假设这些局部信息遵循一个理想的正态随机分布，那这样的话，基于 SIS 模型的平均场方程一定是精确的。

2. 临界现象

一定条件下，水会变成水蒸气，也会结成冰，很多自然界中的物质都会发生类似的被称为"相变"的三态变化。这一类相变的一个特征是，存在两种具有两相共存的临界变化阶段。举例来说，气温转暖时，结冰的江河开始解冻，水面漂浮的冰块会不断融化成水。另一个特征是相变时有一些物理量会发生突变，如水蒸气凝结为水时会释放出"相变潜热"。研究证明，自然三相之间的相变一定是"连续的"，在物理环境发生改变时，就发生物态变化，这样的物态相变被称为"一级相变"或"不连续相变"，而在临界点发生的物态相变称为"二级相变"或"连续相变"。

在连续相变中根本不存在两种相态共同存在，相变在物质各处发生，所以这种相变称为"临界现象"。

3. 平均场理论的核心思想

在临界现象的研究中，由于具有两种及以上的相态，因此进行相态分形的关键特性是一种"跨越一切尺度的法则"，所以分形才具有（统计或严格的）跨越一切尺度的自相似性。这揭示了一点，在相变的过程中，分子间如何反应，成为怎么样的相态，这都是取于跨越一切尺度的所有分子之间的相互作用的总体效果，而其他的性质或信息只是无关紧要的一部分。所以，在二级相变中,可以把跨越一切尺度的所有分子之间的相互作用的总体效果看作一个平均场,不去计算局部的、处处不同的相互作用的情况。这就是平均场理论的核心思想。

当碰到需要运用到平均场理论的问题时,虽然各个问题的具体情况、计算方法等各不相同,但是将该思想作为解决问题的前提,考虑问题就能变得更通透了。

因此,连续相变的平均场方法的步骤是:

① 引入一个标志"相对无序"向"相对有序"变化的序参量。

② 把复杂的微观基本单元之间的相互作用和外界作用简化为一个"平均后的场"。

③ 讨论这个平均后的场对相变驱动量的光滑性、对称性、可展开性。

④ 把这个平均后的场对相变驱动参量展开,取近似,由此讨论相变的序参量对相变驱动量的关系式。

第二节 航空网络中航班延误扩散的 SIS 模型分析

在航班延误扩散系统中,航空网络中各个节点(此处的节点指的是机场)也只具有两种状态:延误状态和正常状态。而且在特定的条件下,两者可以相互转换,具有典型的相变特征。正常的节点可能会受到初始延误航班的影响,从而陷入延误状态;而处于延误状态的节点会因足够的松弛时间或是其他原因,在一段时间后恢复成正常状态。这些都与传染病传播的 SIS 模型相类似,如图 6-2 所示。

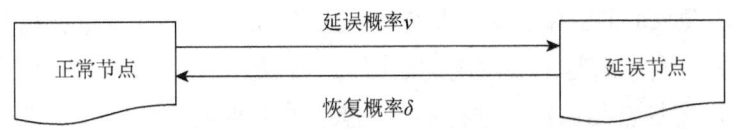

图 6-2 航空网络中正常节点和延误节点的相互转化示意图

但是，航班延误扩散和传染病传播有着显著的差别——传播机制截然不同。在人群接触的网络中，传染病是通过易感染状态的个体和感染状态的个体相接触从而传播疾病，所以未直接接触感染体的个体不存在被感染的风险。而在航空网络的介质下，航班延误扩散是通过航空运输资源的共用而造成的，只要条件满足，不直接相连的节点也会受到影响。

一、航班延误扩散的"平均场"解析

在由正常状态向延误状态的连续相变中，两种状态不可能共存，也就是说这一节点要么是正常状态，要么是延误状态，不可能存在既是正常状态又是延误状态的情况。航班延误扩散和航班正常的相互转化在航空网络的各个节点同时发生。因此，航空网络中延误扩散呈现出一种局部无序（各节点状态各异）而整体有序的状态。判断航空网络中航班延误是否扩散的标准是延误航班的密度 ρ。当航班延误未发生扩散时，延误航班的密度 ρ 为一个恒定的值；当航班延误情况有所改善时，延误航班的密度 ρ 变小；而当航班延误发生扩散时，延误航班的密度 ρ 变大。

航班延误扩散的过程必然受到个别信息的影响。平均场理论的思想就是不去考虑这些局部信息，从整体的、平均的角度进行研究，也就是只考虑航班延误概率 v 和恢复概率 δ。

二、基于平均场假设的航班延误扩散的 SIS 模型的建立

航空网络中航班延误状态符合正常（S）→延误（I）→正常（S）的 SIS 模型。设航空网络中节点从正常状态转化为延误状态的概率为 v，从延误状态恢复到正常状态的概率为 δ。定义有效的扩散率 λ 如式 6.1 所示：

$$\lambda = \frac{v}{\delta} \tag{6.1}$$

则 SIS 模型的延误扩散机制可以用式 6.2 来表示：

$$\begin{cases} S(i)+I(j) \xrightarrow{v} I(i)+I(j) \\ I(j) \xrightarrow{\delta} S(i) \end{cases} \tag{6.2}$$

假定用 $s(t)$、$i(t)$ 分别表示航空网络中节点在时刻 t 处于 S 态和 I 态的

密度，其动力学性质可以用微分方程组表述，如式6.3所示：

$$\begin{cases} \dfrac{ds(t)}{dt} = -v \times i(t) + \delta \times i(t) \\ \dfrac{di(t)}{dt} = -v \times i(t) - \delta \times i(t) \end{cases} \quad\quad (6.3)$$

其中：

（1）方程1表示：在 t 时刻航空网络中正常节点数量的变动值；

方程2表示：在 t 时刻航空网络中延误节点数量的变动值。

（2）$-v \times i(t)$ 表示：增加的延误节点的数量。这一数值与 t 时刻延误节点的数量、延误扩散率二者成正比关系。

（3）$\delta \times i(t)$ 表示原本延误状态的节点恢复到正常状态的节点数量。

这一方程中，v 和 δ 之间存在一个临界点 λ_c。当 $v > \lambda_c \delta$ 时，表示航空网络中由正常状态转化为延误状态的节点数小于由延误状态恢复为正常状态的节点数，此时方程的定态解为 $i(T)=0$；而当 $v > \lambda_c \delta$ 时，航空网络中延误状态的节点数量将不断增加，则此时方程的定态解为 $i(T)>0$；而当 $v=\lambda_c \delta$ 时，航空网络中由正常状态转化为延误状态的节点数与由延误状态恢复为正常状态的节点数持平。

三、航空网络中影响航班延误扩散的主要因素

1. 机场服务能力 S

机场的服务能力，也就是机场的硬件设施和管理水平。机场的容量是有限的，即停机坪、跑道等资源能容纳的飞机数量和单位时间内能够服务的飞机数量是一定的。如果上游航班发生延误，那么就会占用某一时间本应由其他飞机使用的资源和时间，那么机场的服务能力和需求就会发生不平衡的情况，其他航班会受到影响，就会发生航班延误扩散。

2. 平均每天初始延误的航班数量 f

初始延误的航班，是指因不可控性和不可确定性的因素引起的航班延误。航班延误扩散的前提是已发生航班初始延误，然后在某些条件下才会发生延误扩散。而研究是基于平均场理论的，所以在此把平均每天初始延误的航班数量作为航空网络中航班延误扩散的影响因素。

3. 机场的航线数量 k

机场的航线数量，表示机场的繁忙程度。一个机场的航线的多少也决定了该机场的性质，是枢纽机场、干线机场，还是支线机场。在其他因素不变的情况下，机场的航线数量越是多，航班延误越是容易在该机场发生扩散。

4. 航空网络中的平均航班总数 W

航空网络中的平均航班总数，是指在整个航空网络中所有机场间的航班数的总和。当初始延误发生时，航空网络中的航班总数越大，可能受到航班延误影响的基数越大，航班延误扩散的趋势就越大。基于平均场理论，这里把航空网络中的平均航班总数看作航班延误扩散的影响因素之一。

5. 每条航线中待服务的航班数量 Y

每条航线中待服务的航班数量，表示在一段时间内，从同一个起始地机场飞往同一个目的地机场的航班数量。一般来说，航线都是固定的，但每天每条航线待服务的航班数量都有所变化。这些变化对航班延误扩散有着一定的影响。

6. 每个航班在 t 时间内经过的节点数量 P

每个航班在 t 时间内经过的节点数量，即在某段时间内飞机从起始地起飞一直到目的地降落的过程中停留的节点数量。当延误航班在节点停留的同时，延误可能会通过该航班在停留的节点扩散开来，可能会导致整个机场的后续航班也受到影响。这样看来，每个航班在 t 时间内经过的节点数量也是影响航班延误扩散很主要的因素。

7. 服务时间 T

服务时间是指飞机降落后停靠在停机位之后，旅客下机、登机、运出入货物以及工作人员对飞机进行保障工作（例如加油、维修、配餐、整理客舱等），直到执行下一个航班所需的时间。硬件设备的数量是一定的，工作人员的数量是按照事先的时间调度表指定的，所以当某一时刻，需要服务的航班数量和原先的时间调度表上不一致时，事先的计划就被打破。设备和工作人员无法同一时间服务两个航班，那么势必有一个航班会受到影响。故服务时间是航班延误扩散的影响因素之一。

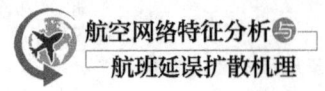

第三节 航班延误扩散临界条件的求解

一、航空网络中航班延误扩散临界点的确定

航空网络中航班延误扩散中存在临界点，其决定了航空网络中航班的延误扩散现象是否能够发生。航班延误扩散临界点是航班延误扩散问题研究的重要内容之一。

设 t 时刻航空网络中处于延误状态的节点占全部节点的比重，即延误节点的密度，为 $i(t)$。根据平均场理论得出的延误扩散微分方程6.3，考虑延误在航空网络中的扩散模式，可以得到延误节点密度方程，如式6.4所示：

$$\frac{di(t)}{di} = -i(t) \times \delta + i(t) \times N \times f \times v \times \left(\frac{W}{N} \times T_{服务} \times \frac{Y \times \langle k \rangle}{S}\right) \times P \times (1 - i(t))$$

（6.4）

其中：

（1）该方程表示 t 时刻航空网络中处于延误状态的节点密度变化；根据航空网络中航班延误扩散的基本原理可知，该值等于"t 时刻航空网络中从正常状态转化为延误状态的节点密度增加值"减去"t 时刻处于延误状态的节点恢复到正常状态的密度减少值"。

（2）$-i(t) \times \delta$ 表示：t 时刻航空网络中，处于延误状态的节点恢复到正常状态的密度减少值。

（3）$i(t) \times N \times f \times v \times \left(\frac{W}{N} \times T_{服务} \times \frac{Y \times \langle k \rangle}{S}\right) \times P \times (1 - i(t))$ 表示：t 时刻航空网络中，处于正常状态转化为延误状态的节点的密度增加值。

（4）$i(t) \times N \times f$ 原始表达式为：$W \times i(t) \times \frac{f}{W}$。$W$ 表示航空网络中的平均航班总数，所有延误节点的密度为 $i(t)$，则延误状态机场的所有航班数量为 $W \times i(t)$。而 N 为航空网络中的节点数。根据平均场理论，若航空网络中平均航班总数为 W，航空网络的节点数为 N，在航班网络足够均匀的情况下，则 t 时间内每个节点的航班数量为 $\frac{W}{N}$，f 表示机场平均每天初始延误的航班数量，那么机场平均每天延误的航班密度用 $\frac{f}{N}$ 表示。整个表达式的含义为平均每天延误状态机场的延误航班数。

（5）$\left(\frac{W}{N}\times T_{服务}\times\frac{Y\times\langle k\rangle}{S}\right)\times P\times(1-i(t))$ 表示：t 时间内，受到延误影响的机场的总数。$\frac{W}{N}$ 代表每个节点的航班数量，起降航班的服务时间为 $T_{服务}$，节点机场的服务能力为 S，Y 代表的是每条航线中待服务的航班数量，$\langle k\rangle$ 意为航空网络中所有机场的航线数量共 $\langle k\rangle$ 个。图 6-3 为与 A 节点相连的节点数量示意图。

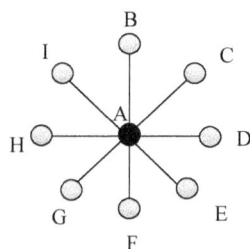

图 6-3　与 A 节点相连的节点数量示意图

机场中受影响的航班数量为 $\left(\frac{W}{N}\times T_{服务}\times\frac{Y\times\langle k\rangle}{S}\right)$。$P$ 表示每个航班在 t 时间内经过的节点数量。在 t 时刻延误节点的密度为 $i(t)$，则正常状态下的节点中受延误影响的节点数量为 $\left(\frac{W}{N}\times T_{服务}\times\frac{Y\times\langle k\rangle}{S}\right)\times P\times(1-i(t))$。

每个节点从正常状态变化成延误状态的概率为 v，所以可以得到一个结果：延误状态节点的延误航班数 × v × 正常状态下的节点中受延误影响的节点数量 = 处于正常状态的节点转化为延误状态的密度增加值。

二、航空网络中航班延误扩散临界值的确定

无论是均匀航空网络还是无标度航空网络都存在一个正的传播临界值 λ_C。若有效扩散率 $\lambda\geq\lambda_C$，则航班延误在航空网络中扩散，并使得整个网络中延误节点数量稳定在某一平衡状态；若 $\lambda<\lambda_C$ 时，则延误节点个数呈现衰减趋势，不会发生大规模的扩散现象。

若系统中出现延误扩散，则 i 的稳态密度将大于 0。令式 6.4 右端等于 0，

当式6.5成立时，才能保证i的稳态密度将大于0。

故，在航空网络中航班延误扩散的临界条件为：

$$\lambda > \lambda_c = \frac{S}{fWT_{服务}Y\langle k\rangle P} \quad (6.5)$$

式6.5表明：航班延误扩散的临界值与"该节点机场的服务能力"成正比，与"机场平均每天初始延误的航班数量、航空网络中的平均航班总数、起降航班的服务时间、每条航线中待服务的航班数量、在航空网络中与该节点之间存在航班的所有节点数量、每个航班在t时间内经过的节点数量"成反比。

一般来说，在均匀的航空网络中，节点的度值分布平均，即$\langle k\rangle$通常是一个恒定的值，或者说不会有很大的波动，所以对临界值λ_c也不会产生很大的影响，临界值λ_c的差异不会很大。

然而，无标度网络中却截然不同，因为节点的连接度没有显著的特征长度。虽然无标度网络和均匀网络一样，传播临界值λ_c决定了航班延误是否扩散以及扩散的趋势，但是与均匀网络不同的是，该网络中各节点度值分布极其不平均，度值较大的节点会拥有更多的航班线路。这对航班延误来说是一个很大的挑战，一旦航班延误影响了度值大的节点，会导致更多的机场受到航班延误扩散的影响，因为与该节点相连的节点众多，所以航班延误更容易发生扩散。

在无标度网络中节点的度值分布差异极大，即$\langle k\rangle$的值波动很大，可能为1，也可能为1000，因为临界值λ_c的大小受$\langle k\rangle$值的影响，那也就意味着随着$\langle k\rangle$值的改变，临界值可能是个极小的值也可能是个极大的值。当$\langle k\rangle$值很小时，临界值就很大，此时航班延误扩散不容易继续发生；而当$\langle k\rangle$值很大时，临界值就很小，此时航班延误更容易发生扩散。

第四节 各因素与临界值的关系及区间波动分析

一、机场服务能力

1. 机场服务能力与临界值的关系

在航空网络中，航班延误扩散的临界值如式6.5。在此，为了研究机场

服务能力 S 对航空网络中航班延误扩散的影响大小，假设 $\dfrac{S}{fWT_{服务}Y\langle k\rangle P}$ 为一个定值，即 $\dfrac{S}{fWT_{服务}Y\langle k\rangle P}=a$，那么此时航空网络中航班延误扩散的临界值为 $\lambda_c=aS$。由此可见，在其余条件不变的情况下，临界值 λ_c 随着机场服务能力 S 变大而变大，临界值 λ_c 随着机场服务能力 S 变小而变小，两者成正比关系。

2. 机场服务能力 S 的区间波动分析

机场的容量是有限的，即停机坪、跑道等资源能容纳的飞机数量和单位时间内能够服务的飞机数量是一定的。如果上游航班发生延误，那么就会占用某一时间本应由其他飞机使用的资源和时间，那么机场的服务能力和需求就会发生不平衡的情况，其他航班会因此延误，即发生航班延误扩散现象。

一般来说，在实际生活中，枢纽机场和干线机场的服务能力普遍会强于支线机场的服务能力。虽然各个节点的服务能力略存在不同，但这些差异并不大。也就是说，因为各个机场的服务能力差异不大，所以机场服务能力对临界值 λ_c 将不会造成很大的影响。

二、平均每天初始延误的航班数量

1. 平均每天初始延误的航班数量与临界值的关系

在航空网络中，航班延误扩散的临界值如式 6.5。在此，为了研究平均每天初始延误的航班数量 f 对航空网络中航班延误扩散的影响大小，假设 $\dfrac{S}{WT_{服务}Y\langle k\rangle P}$ 为一个定值，即 $\dfrac{S}{WT_{服务}Y\langle k\rangle P}=b$，那么此时航空网络中航班延误扩散的临界值为 $\lambda_c=\dfrac{b}{f}$。由此可见，在其余条件不变的情况下，临界值 λ_c 随着平均每天初始延误的航班数量 f 变大而变小，临界值 λ_c 随着平均每天初始延误的航班数量 f 变小而变大，两者成反比关系。

2. 平均每天初始延误的航班数量 f 的区间波动分析

如果平均每天没有初始延误航班，那么根本就不会发生航班延误扩散。但是现实是，由于引起航班延误的成因有很多，并且存在很多不确定性和不可控性，所以要完全避免延误是不可能的。初始延误航班一定存在，而且每天初始延误的航班数量占整个航空网络延误航班的一部分。平均每天初始延误的航班数量越多，机场发生航班延误扩散的可能性就越大，那么航班延误就会扩散至越多的机场。

每一天的初始延误的航班数量差异比较大，特别是受到天气和空域影响的航班，这些也是航班初始延误的主要原因。一旦多个主要城市的天气情况不符合飞机起降的标准或对空域进行管制，几乎这些机场的所有航班都无法起飞或降落，那么这一天就会出现初始延误的航班数量很庞大的情况。但如果全国天气良好，对空中流量也不进行管制，其他各因素也在合理范围内，那么这一天初始延误总数不会太多。这样来看，因为平均每天初始延误的航班数量差异较大，所以平均每天初始延误的航班数量对临界值 λ_c 将会造成很大的影响。

三、航空网络中的平均航班总数

1. 航空网络中的平均航班总数与临界值的关系

在航空网络中，航班延误扩散的临界值如式 6.5。在此，为了研究航空网络中的平均航班总数 W 对航空网络中航班延误扩散的影响大小，假设 $\dfrac{S}{fT_{服务}Y\langle k \rangle P}$ 为一个定值，即 $\dfrac{S}{fT_{服务}Y\langle k \rangle P}=b$，那么此时航空网络中航班延误扩散的临界值为 $\lambda_c = \dfrac{c}{w}$。由此可见，在其余条件不变的情况下，临界值 λ_c 随着航空网络中的平均航班总数 W 变大而变小，临界值 λ_c 随着航空网络中的平均航班总数 W 变小而变大，两者成反比关系。

2. 航空网络中的平均航班总数 W 的区间波动分析

若服务时间等影响因素都不改变，一旦初始延误发生，航空网络中的平均航班总数越多，可能受到航班延误影响的基数越大，陷入航班延误扩散的节点就越多，航班延误扩散的趋势就越严重。

一般来说，航空网络中绝大多数的航班都是常规的固定航班，即每天机场在某个时间点都有飞往指定目的地的航班。只有小部分航班会不定时地因为季节原因、航线流量大小、管制情况或是其他原因有所增减。但是，相对于其他参数来说，即使每个节点只增加一个航班，节点多的话，航空网络中的平均航班总数的出入也会比较大，那么航空网络中的平均航班总数对临界值 λ_c 将造成一定的影响。

四、服务时间

1. 服务时间与临界值的关系

在航空网络中,航班延误扩散的临界值如式 6.5。在此,为了研究服务时间 $T_{服务}$ 对航空网络中航班延误扩散的影响大小,假设 $\frac{S}{fWY\langle k\rangle P}$ 为一个定值,即 $\frac{S}{fWY\langle k\rangle P}=d$,那么此时航空网络中航班延误扩散的临界值为 $\lambda_c=\frac{d}{T_{服务}}$。由此可见,在其余条件不变的情况下,临界值 λ_C 随着服务时间 $T_{服务}$ 变大而变小,临界值 λ_C 随着服务时间 $T_{服务}$ 变小而变大,两者成反比关系。

2. 服务时间 $T_{服务}$ 的区间波动分析

一旦航班发生延误,那么延误航班到达目的地机场时,原本此刻时间调度表中该在此机场降落并接受上下客和保障服务的飞机就会受到影响。

服务时间的长短会因飞机的机型不同、客舱状况等实际情况略有不同。但是就这一因素来说,差异的幅度不会很大,最多几十分钟长短的差别(这是在飞机没有很大的故障,不需要大修的情况下的时间。在此,暂时不考虑飞机有巨大故障的状况,因为一旦这种情况出现,实际的处理办法视实际情况而定)。就这样来看,服务时间的区间波动比较小,也就是说航班的服务时间对临界值 λ_C 造成的影响很小。

五、每条航线中待服务的航班数量

1. 每条航线中待服务的航班数量与临界值的关系

在航空网络中,航班延误扩散的临界值如式 6.5。在此,为了研究每条航线中待服务的航班数量 Y 对航空网络中航班延误扩散的影响大小,假设 $\frac{S}{fWT_{服务}\langle k\rangle P}$ 为一个定值,即 $\frac{S}{fWT_{服务}\langle k\rangle P}=e$,那么此时航空网络中航班延误扩散的临界值为 $\lambda_c=\frac{e}{Y}$。由此可见,在其余条件不变的情况下,临界值 λ_C 随着每条航线中待服务的航班数量 Y 变大而变小,临界值 λ_C 随着每条航线中待服务的航班数量 Y 变小而变大,两者成反比关系。

2. 每条航线中待服务的航班数量 Y 的区间波动分析

在实际日常中,每条航线中待服务的航班数量在一天内不同的时段会有些差异。在一段时间内，同一条航线最少一个航班，最多的话几十个航班（10:00~14:00为航班起降高峰时间段，该时间段内待服务的航班数量较多）。因为高峰时间和非高峰时间每条航线中待服务的航班数量差异还算挺大的，所以每条航线中待服务的航班数量对临界值λ_c会造成一定的影响。

六、机场的航线数量

1. 机场的航线数量与临界值的关系

在航空网络中航班延误扩散的临界值如式6.5。在此，为了研究机场的航线数量$\langle k \rangle$对航空网络中航班延误扩散的影响大小，假设$\frac{S}{fWT_{服务}YP}$为一个定值，即$\frac{S}{fWT_{服务}YP}=g$，那么此时航空网络中航班延误扩散的临界值为$\lambda_c=\frac{g}{\langle k \rangle}$。由此可见，在其余条件不变的情况下，临界值$\lambda_c$随着机场的航线数量$\langle k \rangle$变大而变小，临界值$\lambda_c$随着机场的航线数量$\langle k \rangle$变小而变大，两者成反比关系。

2. 机场的航线数量$\langle k \rangle$的区间波动分析

机场的航线数量的多少决定了机场的性质。若机场的航线数量很大，即机场航线来往很频繁，则意味着机场为枢纽机场。若机场的航线数量很少，并且旅客吞吐量较小或是地理位置较为偏僻的机场即为支线机场，介于两者之间就是干线机场。机场的航线数量差异很大，繁忙机场可能有上百甚至上千条航线，小型机场最少的只有两条航线。也就是说，机场的航线数量的波动对临界值λ_c造成的影响还是比较大的。

七、t时间内经过的节点数量

1. 每个航班在t时间内经过的节点数量与临界值的关系

在航空网络中，航班延误扩散的临界值如式6.5。在此，为了研究每个航班在t时间内经过的节点数量P对航空网络中航班延误扩散的影响大小，假设$\frac{S}{fWT_{服务}Y\langle k \rangle}$为一个定值，即$\frac{S}{fWT_{服务}Y\langle k \rangle}=i$，那么此时航空网络中航班延误扩散的临界值为$\lambda_c=\frac{i}{p}$。由此可见，在其余条件不变的情况下，临界值$\lambda_c$随着每个航班在$t$时间内经过的节点数量$P$变大而变小，临界值$\lambda_c$随着每个航班在$t$

时间内经过的节点数量 P 变小而变大，两者成反比关系。

2. 每个航班在 t 时间内经过的节点数量 P 的区间波动分析

每个航班在 t 时间内经过的节点数量少则 1 个，多则视时间 t 的大小和飞行时间的时长而变化。若 t 的值较大，而航班的飞行时间又较短，那么航班在 t 时间内经过的节点数量就会较多；若 t 的值较小，而航班的飞行时间又较长，那么航班在 t 时间内经过的节点数量就会较少。但一般来说，因为航班从始发点飞往目的地需要一定的时间，所以这个值的波动幅度不会特别大，每个航班在 t 时间内经过的节点数量对临界值 λ_C 造成的影响也不会很大。

根据上述对各影响因素进行的敏感性分析来看，航空网络中航班延误扩散的趋势与"节点机场的服务能力"成反比，与"机场平均每天初始延误的航班数量、航空网络中的平均航班总数、起降航班的服务时间、每条航线中待服务的航班数量、在航空网络中与节点之间存在航班的所有节点数量、每个航班在 t 时间内经过的节点数量"成正比。

通过波动分析可以看出，机场平均每天初始延误的航班数量、航空网络中的平均航班总数、每条航线中待服务的航班数量和在航空网络中与节点之间存在航班的所有节点数量这四个影响因素的数值波动区间比较大，导致航班延误扩散的波动较大；相反，起降航班的服务时间、节点机场的服务能力和每个航班在 t 时间内经过的节点数量这些因素的波动区间较小，航班延误扩散的波动相对较小。虽然我们可以探究航班延误扩散的波动大小，但是，无法确定各影响因素对航班延误扩散的影响大小，这还需通过下文的仿真算例得出结论。

第五节　各因素对航班延误扩散的敏感性分析

一、各因素对航班延误扩散的影响分析

根据上文中航空网络中延误扩散原理及基本假设，通过仿真算例来分析各因素对航班延误扩散造成的影响大小。

在此，先假设航班延误扩散的分析步骤如下：

（1）根据各个机场的具体条件参数的设定，测算出航空网络中节点从正

常状态转化为延误状态的概率 v，从延误状态恢复到正常状态的概率 δ，由 $\lambda = \dfrac{v}{\delta}$ 算出机场的有效延误扩散率 λ。

（2）通过机场的有效延误扩散率 λ 来判断节点机场是否有其他航班受到延误扩散影响。

（3）统计延误机场的数量和航班延误率。为了确保结果的客观性，最终数值取 10 次推算的平均值。

（4）修改各个机场的参数设定后，再重复上述步骤。

（5）最后将每次推算后的延误机场的数量和原始假设情况的延误机场的数量进行比较，得出各个参数对航班延误扩散造成的影响大小的最终排序。

航空网络模型如图 6-4 所示。

整个航空网络中，共有 6 个机场，航班 F001 因某原因发生初始延误，从而机场 A1 陷入延误。航空网络的平均航班总数 W 为 12 个航班。

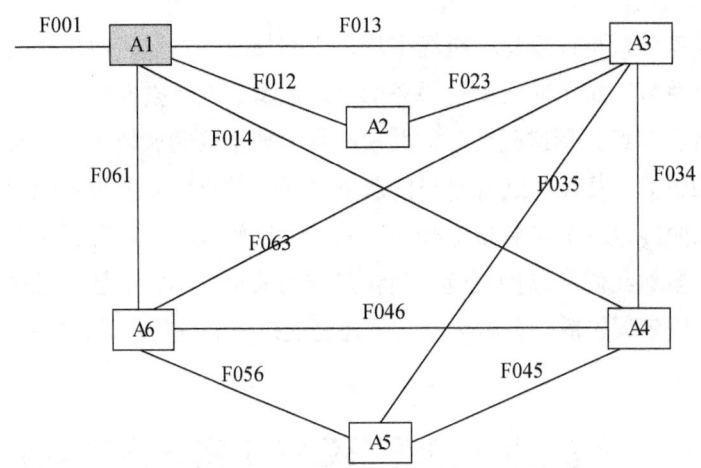

图 6-4　航空网络中的节点分布示意图

平均每天初始延误的航班数量 f 为 1 个航班，每个航班的服务时间 $T_{服务}$ 皆为 0.3 小时，每条航线中待服务的航班数量 Y 为 1。各个机场的基本状况如下：机场 Ai（i=1，2，3，4，5，6）的机场服务能力 S 分别为 0.1、0.125、0.3、0.15、0.125、0.2，机场的航线数量 $\langle k \rangle$ 分别为 4、2、5、4、3、4，每个航班在 t 时间内经过的节点数量 P 如表 6-1 所示。

表 6-1　各航班在 t 时间内经过的节点数量 P

航班号	航班在 t 时间内经过的节点数量
F012	1
F013	2
F014	2
F023	1
F034	1
F035	2
F045	1
F046	2
F056	1
F061	1
F063	2

根据平均航班总数 W、平均每天初始延误的航班数量 f、每个航班的服务时间 $T_{服务}$、每条航线中待服务的航班数量 Y、机场的航线数量 $\langle k \rangle$、每个航班在 t 时间内经过的节点数量 P，可以推算出延误概率 $v \approx 0.0320$。由机场服务能力 S、机场的航线数量 $\langle k \rangle$、每条航线中待服务的航班数量 Y 这三个参数可以推算出恢复概率 $\delta \approx 0.2767$。那么，可推断出有效延误扩散率 $\lambda \approx 0.1157$。

假设 1：不改变任何参数，分析各个机场的扩散状况。

机场 A1 的航班延误扩散状况如下：

航班 F012 的随机数为 0.7422，0.7422>λ，所以该航班未受到航班延误扩散影响，故延误没有由航班 F012 从机场 A1 扩散至机场 A2。

航班 F013 的随机数为 0.4878，0.4878>λ，所以该航班未受到航班延误扩散影响，故延误没有由航班 F012 从机场 A1 扩散至机场 A3。

航班 F014 的随机数为 0.5962，0.5962>λ，所以该航班未受到航班延误扩散影响，故延误没有由航班 F014 从机场 A1 扩散至机场 A4。

由此可知，初始延误未从机场 A1 扩散至其他机场，整个航空网络未发生航班延误扩散的现象，延误机场只有 1 个即机场 A1。

假设 2：若将机场 A3 的服务能力下降 10%，变为 0.33，那么延误概率 v 仍为 0.0320，恢复概率 δ 变为 0.2707，有效延误扩散率 λ 也随之改变，变成

0.1182。接着,分析各个机场的扩散状况。

机场 A1 的航班延误扩散情况如下:

航班 F012 的随机数为 0.7609,0.7609>λ,所以该航班未受到航班延误扩散影响,故延误没有由航班 F012 从机场 A1 扩散至机场 A2。

航班 F013 的随机数为 0.6189,0.6189>λ,所以该航班未受到航班延误扩散影响,故延误没有由航班 F013 从机场 A1 扩散至机场 A3。

航班 F014 的随机数为 0.1631,0.1631>λ,所以该航班未受到航班延误扩散影响,故延误没有由航班 F014 从机场 A1 扩散至机场 A4。

由此可知,初始延误未从机场 A1 扩散至其他机场,整个航空网络未发生航班延误扩散的现象,延误机场只有 1 个即机场 A1。

其余的推算同上述的仿真原理,演算出改变参数对整个航空网络的航班延误扩散的仿真结果(延误的机场数和航班延误率的结果取的是 10 次推算的平均值,以此来确保算例的客观性),并将结果以表 6-2 的形式呈现。

表 6-2　航空网络中航班延误扩散的仿真结果

参　数	各参数不改变	A3的服务能力下降10%	初始延误的航班量上升10%	平均航班总数上升10%	F034的服务时间上升10%	A4、A5航线待服务的航班数上升10%	A3航线数量上升10%	F023在t时间内经过的节点数上升10%
延误扩散率λ	0.1157	0.1182	0.1279	0.1270	0.1167	0.1170	0.1211	0.1169
延误机场数	1.2	1.4	1.8	1.7	1.3	1.4	1.6	1.4
航班延误率(%)	10	11.67	15	14.17	10.8	11.67	13.33	11.67

由仿真算例可知,同幅度地修改各个因素(S、f、W、$T_{服务}$、Y、$\langle k \rangle$、P)后,延误机场数和航班延误率都发生了改变,延误机场数的变化分别为 0.2、0.6、0.5、0.1、0.2、0.4、0.2;而航班延误率依次的改变为 1.67%、5%、4.17%、0.8%、1.67%、3.33%、1.67%。

二、各因素对航班延误扩散的影响大小排序

根据算例的结果,可以得到各主要影响因素对航班延误扩散造成的影响大小排序,如表 6-3 所示。

表 6-3　各因素对航班延误扩散造成的影响结果

各主要因素对航班延误扩散的影响排名（由大至小）
平均每天初始延误的航班数量 f
航空网络中的平均航班总数 W
机场的航线数量 $\langle k \rangle$
每条航线中待服务的航班数量 Y、机场服务能力 S、每个航班在 t 时间内经过的节点数量 P
服务时间 $T_{服务}$

由此看来，平均每天初始延误的航班数量 f 对航班延误扩散的影响最大，而服务时间 $T_{服务}$ 对航班延误扩散的影响最小。总结出了这些因素对航班延误扩散产生的不同影响，就可以根据这一结果，采取相应的措施，对这些临界条件进行控制，以此来达到预防航班延误扩散的目的。

第七章 航空网络中关键飞行资源对航班延误扩散的影响

一个航班要正常运营就要在每个环节占用大量的人力物力资源。根据以上对航空网络中航班延误扩散原理和链式航班的延误扩散原理的分析,我们可以看出各类飞行资源是航班运行的保障,如果出现某种飞行资源的短缺,便会制约航班运行,即飞行资源是航班运行的必要条件。轻度的初始航班延误通过航空网络的关联作用,会将延误继续扩散到与该初始航班所涉及的各种飞行资源有关联的后续航班之中。航空网络是造成航班延误扩散的大环境,而飞行资源便是将初始延误扩散出去的介质。本章的研究,以对延误扩散有最直接、最重要作用的飞行资源作为关键飞行资源,来研究其对延误扩散的影响。

第一节 关键飞行资源分析

一、飞行资源的界定与分析

本章所界定的关键飞行资源涉及影响整个航班运行的三个方面的因素:运输资源、管理资源、机场资源。

1. 运输资源

运输资源是一个航班能够运营的基础资源,包括机组、飞行员、飞机,以及各种在飞行中要消耗的资源如燃油、食品、器材等。但是,在实际中,飞行消耗资源一般情况下都是饱和资源，不会出现由此类资源造成的航班延误。因此，在本文中不对飞行消耗资源进行分析。

2. 管理资源

飞行器、机场、航线、人力、空域等飞行资源相互协助、相互制约形成了现在的航空网络。也就是说，在整个航空网络中，各个航班绝不是独立存在的。各个航班都会通过这种或那种原因而影响到其他航班的运营。因此，为了保障各个航班之间的正常而协调的运营，就必须对所有的航班进行统一的管理。航线的规划、航班的设定就属于这一类资源。

3. 机场资源

机场是每个航班的起始点，整个飞行的准备工作都要在机场完成。此外，机场还要为飞行器提供维护保障场所、飞机起降使用的跑道、旅客的登机口等。但是机场的面积是有限的，所能承载的飞机数量与单位时间接待航班的数量也是有限的。如果一个航班延误，必然在机场通过有限的机场资源传播给其他航班。因此，机场便是航班延误扩散的传播节点。

二、关键飞行资源的选择

飞机有其昂贵且高频率利用的特性，在链式航班延误中是最主要的关键飞行资源。和飞机一样，驾驶员、机组同样是关键飞行资源。机场是航班起降、停靠、维护、补给、旅客乘机的场所，机场的某些资源是有限的，各个航班对于机场资源的占用势必会成为航班延误扩散的一个途径。因此，机场便是航班延误造成扩散的关键传播节点，也是一种关键飞行资源的合集，包括跑道、空域、滑行道、登机口、停机以及整个航空网络的管理资源。因此，本文直接将机场作为一种关键飞行资源来研究。而在管理资源中，航班数量、航班的松弛时间等对航班延误的扩散范围和延误时间都有关键的制约作用。

根据以上的分析，本文将选取三类飞行资源中具有代表性的机场、航空网络、初始延误时间、松弛时间、飞行要素作为关键飞行资源来研究航班延误扩散的影响。

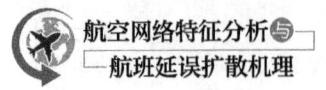

第二节 航班链中的关键飞行资源对航班延误扩散的影响分析

一、飞行要素对航班延误扩散的影响分析

飞行要素，是指航班在运行过程中所要使用的硬件设施和人员，包括飞机、飞行员、乘务员等。这些飞行要素在执行航班任务时只能满足该唯一航班的需求，只有在该航班任务完成后，这些资源才有可能服务后续的航班。由于所有航班需要应用某一特定飞行资源，所以其中某个航班出现延误后，后续航班将无法按时使用上述特定的飞行要素，则必然造成后续航班相继出现延误。在不考虑航班本身的松弛时间的情况下，这种延误会随着使用同一飞行资源的航班数量的增加，延误扩散的范围必然会扩大。

二、初始延误时间对航班延误扩散的影响分析

1. 仿真系统的构建

为控制其他变量，下面将建立一个由单架飞机在5个机场之间执行5个航班的封闭环状的航空网络模型。在该模型中，仅考虑飞机作为唯一的航班延误扩散方式，其他资源对航班延误扩散的影响不计。这5个航班分别是F001、F002、F003、F004、F005。该模型示意图如图7-1所示。

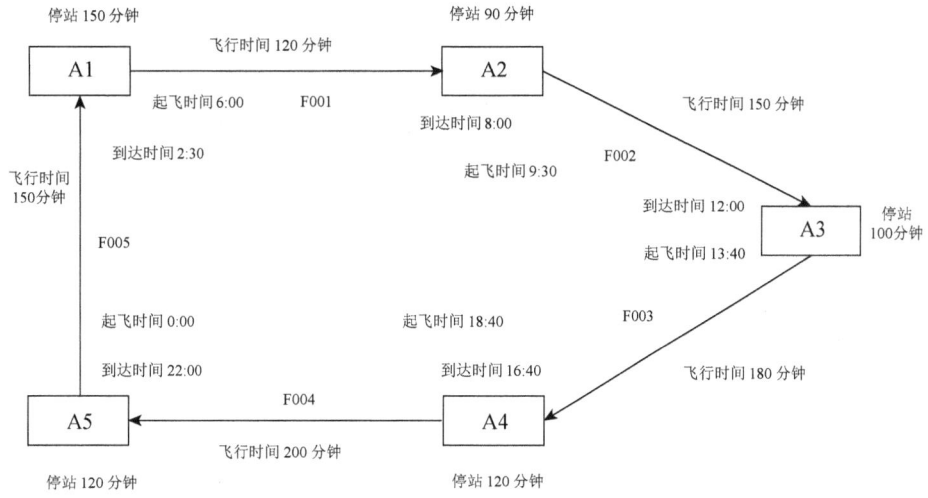

图 7-1 单架飞机在 5 个机场之间执行 5 个航班的封闭环状的航空网络模型示意图

2. 仿真结果计算

以图 7-1 中单架飞机执行 5 个航班飞行情况为例，飞机在 5 个机场的最小周转时间为 55 分钟，延误认定时间为 15 分钟。现在将航班 F001 的初始延误时间视为唯一变量的情况下，演算仿真航班的延误波及情况。

（1）假设"航班 F001 起飞初始延误时间为 60 分钟"，则后续航班的延误情况如下所示：

① 航班在机场 A2 的延误情况分析。

由于航班 F001 的实际起飞时间为 7:00，飞行时间为 120 分钟，初始延误时间为 60 分钟，则航班到达机场 A2 的实际时间为 9:00。

由于后续航班 F002 仍需使用同一架飞机，且其起飞时间为 9:30，停站时间为 90 分钟，最小周转时间为 55 分钟，则该航班的松弛时间为 90-55=35 分钟。由于初始延误时间（60 分钟）＞松弛时间（35 分钟）+ 延误认定时间（15 分钟），则该航班将受到上一航班影响，发生延误，其延误时间 = 初始延误时间（60 分钟）- 松弛时间（35 分钟）=25 分钟

② 航班在机场 A3 的延误情况分析。

同理，由于航班 F002 的实际起飞时间为 9:55，飞行时间为 150 分钟，初始延误时间为 25 分钟，则航班到达机场 A3 的实际时间为 12:25。

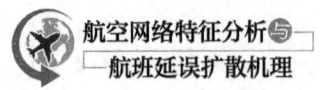

初始延误时间（25分钟）<松弛时间（45分钟）+延误认定时间（15分钟），则该航班不受上一航班的影响，未发生延误。

小结：当航班F001发生起飞初始延误为60分钟时，航班F001、F002分别延误60、25分钟，航班F003、F004、F005正常起降，总延误时间为85分钟，发生延误的机场有A1、A2。

（2）分别假设"航班F001起飞初始延误时间为120、180、240分钟"。根据以上仿真分析步骤，计算后续航班的延误情况，并将仿真结果汇总，如表7-1所示。

表7-1 各个机场延误扩散仿真结果汇总

时间单位：分钟

初始延误时间	60	120	180	240
机场A1是否发生延误	是	是	是	是
延误时间	60	120	180	240
机场A2是否发生延误	是	是	是	是
延误时间	25	85	145	205
机场A3是否发生延误	否	是	是	是
延误时间	0	40	100	160
机场A4是否发生延误	否	否	是	是
延误时间	0	0	35	95
机场A5是否发生延误	否	否	否	是
延误时间	0	0	0	30
延误机场个数	2	3	4	5
延误总时间（不含初始延误时间）	25	125	280	490
延误航班的平均延误时间	42.5	83	115	146

3. 仿真结果分析

（1）初始延误时间对航班延误扩散造成航班延误的机场个数的影响

根据表7-2可以得出初始延误时间与延误机场数之间的对应关系，如图7-2所示。

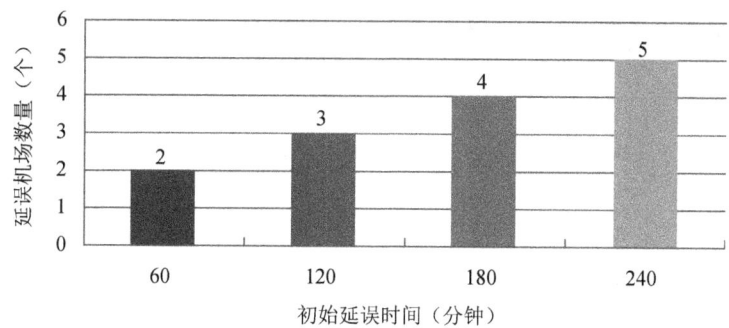

图 7-2 初始延误时间与受到延误扩散机场的数量关系

根据图 7-2 中的 4 组仿真数据可以看出，初始延误时间与受到延误扩散的机场个数之间存在着正相关关系，也就是说，初始延误时间越长，受到延误扩散的机场就越多；反之亦然。

（2）初始延误时间对整个航空网络的总延误时间的影响

根据表 7-2 可以得出初始延误时间与整个航空网络的总延误时间（不计初始延误时间）之间的对应关系，如图 7-3 所示。

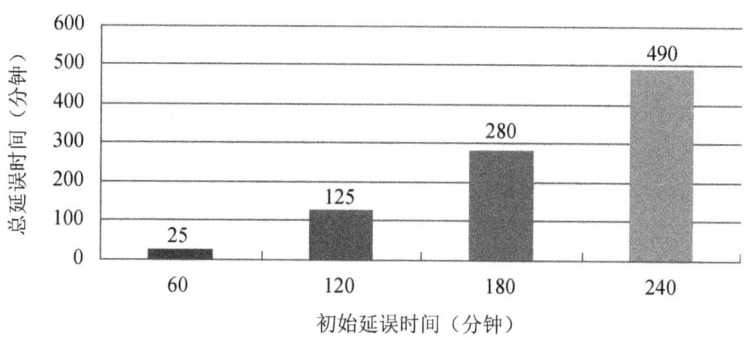

图 7-3 初始延误时间与整个航空网络的总延误时间的数量关系

根据图 7-3 中的 4 组仿真数据可以看出，初始延误时间与整个航空网络的总延误时间之间存在着正相关关系。也就是说初始延误时间越长，整个航空网络的总延误时间就越长；反之亦然。

（3）初始延误时间对延误航班的平均延误时间的影响

根据表 7-2 可以得出初始延误时间与延误航班的平均延误时间（不计未发

生延误的航班）之间的对应关系，如图7-4所示。

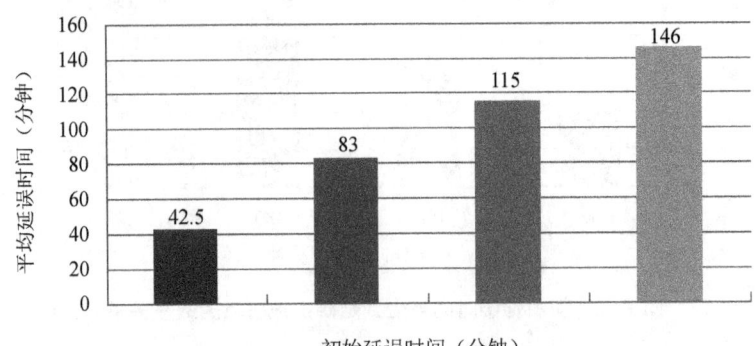

图7-4　初始延误时间与延误航班的平均延误时间的数量关系

根据图7-4中的4组仿真数据可以看出，初始延误时间与延误航班的平均延误时间（不计未发生延误的航班）之间数量关系还是正相关。也就是说，初始延误时间越长，延误航班的平均延误时间就越长；反之亦然。

三、松弛时间对航班延误扩散的影响分析

1. 仿真系统的构建

上文已指出，航班的松弛时间＝停站时间－最小周转时间。根据我国《民航航班正常统计办法》的规定，最小周转时间为55分钟。由此可见，在最小周转时间为定值的情况下，影响松弛时间的唯一变量就是停站时间。所以，本文就松弛时间对航班延误扩散的影响分析等同于停站时间对航班延误扩散的影响分析。

在松弛时间对航班延误扩散的影响分析中，必须控制其他飞行资源不变，将停站时间作为唯一的变量。为了便于研究松弛时间对航班延误扩散的影响，假定单架飞机执行由4个航班组成的链式航空模型，所有航班的停站时间相同，延误时间为60分钟，其他飞行资源不影响该模型中的航班延误的扩散。该模型的示意图如图7-5所示。

第七章
航空网络中关键飞行资源对航班延误扩散的影响

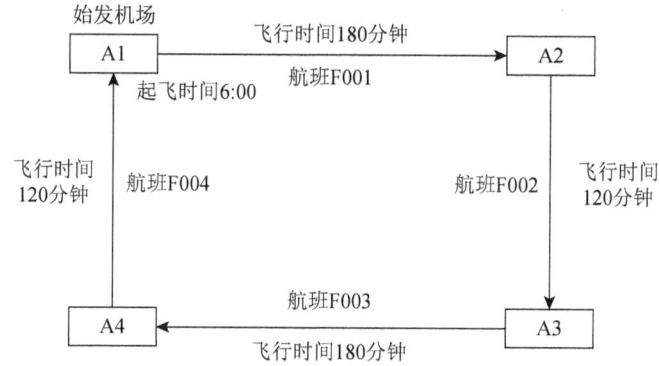

图 7-5 将停站时间作为唯一变量的 4 个航班组成的链式航班模型

2. 仿真结果计算

以图 7-5 中单架飞机执行 4 个航班飞行情况为例,延误认定时间为 15 分钟,假设航班 F001 的初始延误时间为 60 分钟。各个航班的停站时间统一并作为唯一变量的情况下,演算仿真航班的延误扩散情况。

① 当停站时间为 60 分钟时。

航班 F001 延误 60 分钟,航班 F002 的松弛时间为 5 分钟,航班 F002 的延误时间为:

初始延误时间 60 分钟 − 松弛时间 5 分钟 =55 分钟 >15 分钟,则航班 F002 受到延误的扩散影响,延误时间为 55 分钟。

同理,航班 F003 延误 50 分钟,航班 F004 延误 45 分钟,延误总时间为 210 分钟,延误机场 4 个,延误航班的平均延误时间为 52.5 分钟。

② 根据以上计算步骤,分别计算"停站时间为 65、70、75、80、85、90、95、100、105、110 分钟"时各个机场的延误扩散结果,并将结果汇总,如表 7-2 所示。

表 7-2 停站时间以 5 分钟递增时延误扩散的仿真结果

时间单位:分钟

停站时间	松弛时间	机场A1延误时间	机场A2延误时间	机场A3延误时间	机场A4延误时间	延误机场个数	延误总时间	延误航班的平均延误时间
60	5	60	55	50	45	4	210	52.5
65	10	60	50	40	30	4	180	45
70	15	60	45	30	15	4	150	37.5

续表

停站时间	松弛时间	机场A1延误时间	机场A2延误时间	机场A3延误时间	机场A4延误时间	延误机场个数	延误总时间	延误航班的平均延误时间
75	20	60	40	20	0	3	120	40
80	25	60	35	10	0	2	105	47.5
85	30	60	30	0	0	2	90	45
90	35	60	25	0	0	2	85	42.5
95	40	60	20	0	0	2	80	40
100	45	60	15	0	0	2	75	37.5
105	50	60	10	0	0	1	70	60
110	55	60	5	0	0	1	65	60

3. 仿真结果分析

（1）松弛时间对航班延误扩散造成航班延误的机场个数的影响

从表7-2可以得出松弛时间与航班延误波及造成航班延误的机场个数之间的数量关系，如图7-6所示。

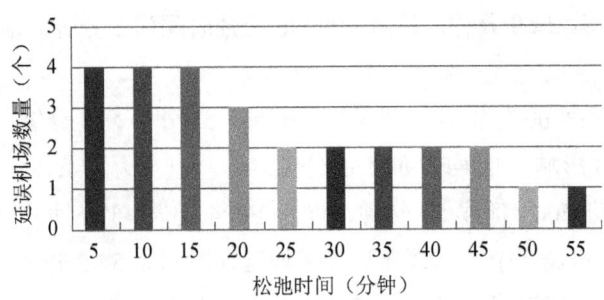

图7-6 松弛时间与航班延误波及造成航班延误的机场个数之间的数量关系

从图7-6中的松弛时间与延误扩散造成航班延误的机场个数之间的数量关系可以看出，航班的松弛时间与受到航班延误链式反应扩散影响到的机场数量之间存在区间反比关系。也就是说，延误机场个数会随着某段松弛时间区间内的要素同时增加而减小；而当某段松弛时间区间内的要素同时减小时，延误机场数量反而增加。

（2）松弛时间对整个航空网络的总延误时间的影响

从表7-2可以得出，松弛时间与整个航空网络的总延误时间之间的数量关系，如图 7-7 所示。

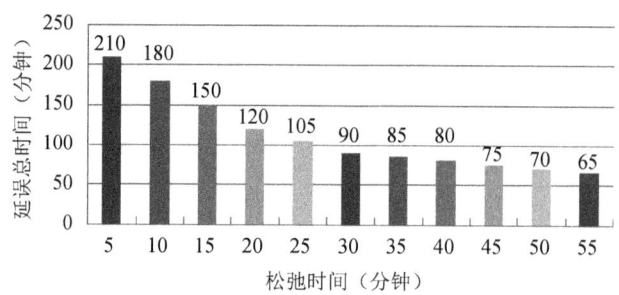

图 7-7　松弛时间与整个航空网络的总延误时间之间的数量关系

从图 7-7 中的松弛时间与整个航空网络的总延误时间之间的数量关系可以看出，整个链式航班网络的总延误时间与松弛时间存在一定的量化关系。当停站时间略大于最小周转时间时，也就是松弛时间较小时，受到延误扩散影响的机场发生延误的总时间越多；反之越少。而一旦出现松弛时间大于或者等于初始延误时间时，延误总时间就等于初始延误时间。

（3）松弛时间对延误航班的平均延误时间的影响

从表 7-2 可以得出松弛时间与延误航班的平均延误时间之间的数量关系，如图 7-8 所示。

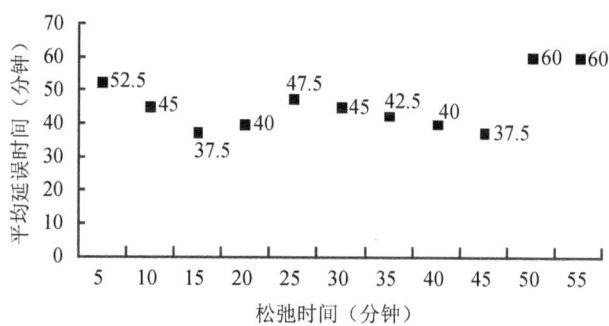

图 7-8　松弛时间与延误航班的平均延误时间之间的数量关系

从图 7-8 中的松弛时间与延误航班的平均延误时间之间的数量关系看出，显然在链式航班延误的扩散中，受延误扩散影响的航班的平均时间与航班松弛时间之间不存在线性相关的关系。所有受初始延误扩散影响的航班的平均延误时间只能小于或者等于初始延误时间。而一旦出现松弛时间大于或者等于初始延误时间，受初始延误扩散影响的航班的平均延误时间就等于初始延误时间。

第三节　航空网络中的关键飞行资源对航班延误扩散的影响分析

一、机场 λ 值的大小对航班延误扩散的影响分析

1. 仿真系统的构建

下文就机场 λ 值的大小对航班延误扩散的影响作仿真分析。已知延误航班所在机场的其他航班是否会受到初始延误扩散的影响，取决于机场的延误扩散系数 λ。在仿真研究中，将根据实际情况中 λ 对航班扩散的不确定性，运用 Excel 软件，使用函数 "SUMIF=RAND()" 在区间（0,1）范围内生成随机数，再将随机数与 λ 值作比较。若"随机数 > λ 值，则航班不受延误扩散的影响"；若"随机数 < λ 值，则航班受到延误扩散的影响，发生延误"。具体方法如后文中的仿真计算过程。

现假定其他飞行资源不影响航空网络中航班延误的扩散，将机场的 λ 值作为唯一影响航班延误扩散的变量，建立由 10 个机场组成的航空网络模型，如图 7-9 所示。在该模型中，所有机场的 λ 值大小相等；且当发生延误时，同延误机场连接的每条航线各有 2 个航班准备从延误机场起飞。

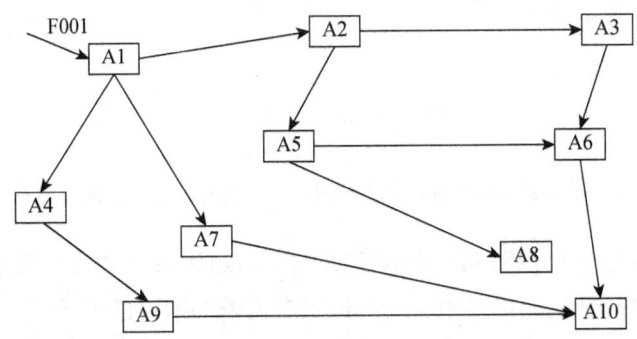

图 7-9　基于机场 λ 值为唯一变量建立的由 10 个机场组成的航空网络模型

2. 仿真结果计算

以图 7-9 中基于机场 λ 值为唯一变量建立的由 10 个机场组成的航空网络模型为例,当航班 F001 到达延误时间为 T (T 为大于 15 的定值)时,机场 A1 出现初始延误。分别计算当 λ 值为 0.1、0.2、0.3、0.4、0.5、0.6、0.7、0.8、0.9 时,整个航空网络的延误情况。

当 $\lambda=0.1$ 时,延误在机场 A1 的扩散情况如下:

航线 A1、A2 上的两个航班的随机数分别是 0.2364、0.4967。二者均大于 λ,两个航班均未受到延误的扩散影响,所以延误未经航线 A1、A2 扩散到机场 A2。

航线 A1、A4 上的两个航班的随机数分别是 0.8255、0.5610。二者均大于 λ,两个航班均未受到延误的扩散影响,所以延误未经航线 A1、A4 扩散到机场 A4。

航线 A1、A7 上的两个航班的随机数分别是 0.8754、0.7700。二者均大于 λ,两个航班均未受到延误的扩散影响,所以延误未经航线 A1、A4 扩散到机场 A4。

此时,由航班 F001 造成的初始延误没有经过机场 A1 扩散到其他航班,整个网络没有延误扩散现象。延误机场 1 个,延误总时间 T,延误航班的平均延误时间 T。

同 $\lambda=0.1$ 的仿真原理,演算出不同的 λ 值对整个航空网络的延误扩散的仿真结果,并汇总如表 7-3 所示。

表 7-3 以 λ 为唯一变量的航空网络延误扩散的仿真结果

机场 λ 值的大小	0.1	0.2	0.3	0.4	0.5	0.6	0.7	0.8	0.9
延误机场个数	1	2	3	4	5	8	10	10	10
机场延误率(%)	10	20	30	40	50	80	100	100	100
延误总时间(以 T 为基本单位)=延误航班数	1	2	3	4	6	10	16	18	20
航班延误率(%)	3	6	13	19	26	47	70	80	87
延误航班的平均延误时间	T	T	T	T	T	T	T	T	T

3. 仿真结果分析

（1）机场 λ 值的大小对航班延误扩散造成航班延误的机场个数的影响

从表 7-3 可以得出机场 λ 值的大小与整个航空网络延误机场率之间的数量关系，如图 7-10 所示。

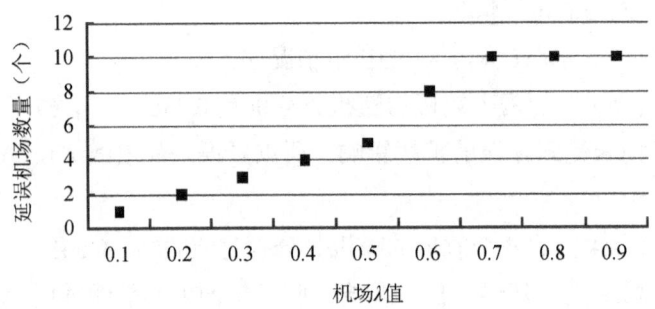

图 7-10　机场 λ 值的大小与整个航空网络延误机场率之间的数量关系

从图 7-10 中的机场 λ 值的大小与整个航空网络的延误机场率的数量关系的 5 组数据可以看出，λ 值的大小与延误机场数量有一定的正相关关系。由于 0<λ<1，当 λ 趋近于 0 时，发生延误扩散的机场数量就趋近于 0；当 λ 在 0 到 0.7 时，延误机场数量呈向上抛物线形式增长；当 λ 大于 0.7 时，延误机场数量就趋近于整个航空网络的全部机场数量。

（2）机场 λ 值的大小对整个航空网络的总延误时间的影响

从表 7-3 可以得出，机场 λ 值与整个航空网络延误总时间的关系，如图 7-11 所示。

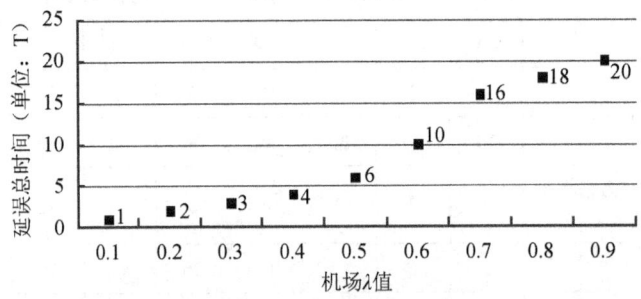

图 7-11　机场 λ 值的大小与整个航空网络的延误总时间的数量关系

从图 7-11 中的机场 λ 值的大小与整个航空网络的延误总时间的数量关系

的 5 组数据可以看出，λ 值的大小与延误总时间有一定的正"S"曲线关系。由于 $0<\lambda<1$，当 λ 趋近于 0 时，延误总时间就趋近于 0；当 λ 在 0 到 0.5 时，延误总时间随着 λ 的增大而缓慢增加；当 λ 值在 0.5 到 0.7 时，延误总时间随 λ 的增大而急速增加；当 λ 值在 0.7 与趋近于 1 时，延误总时间缓慢增加，并趋于一个定值。

（3）机场 λ 值的大小对延误航班的平均延误时间的影响

从表 7-3 可以得出，在该航空网络模型中不考虑其他飞行资源的情况下，机场 λ 值对延误航班的平均延误时间的影响是一个定值，且该值等于初始延误时间。也就是说无论 λ 的大小如何变化，它只能影响到延误是否对其他航班造成扩散影响，以及整个航空网络的延误扩散情况。

二、航空网络结构对航班延误扩散的影响分析

1. 仿真系统的构建

航班延误在航空网络中的扩散，无疑是依托航空网络这个载体进行的。不同的航空网络对航班延误的扩散势必会造成直接的影响。可以预计的是，一个航空网络越复杂，初始延误造成的延误扩散程度可能就越深远。就航空网络结构对航班延误扩散的影响分析，本文使用均匀网络结构和标度网络结构两种不同的航空网络结构作比较分析。

均匀网络结构，是指网络中所有的机场、航线在整个网络中呈均匀分布的航空网络。这种航空网络结构在二三线机场网络中比较常见。现建立由 15 个机场组成的简单的均匀网络结构的航空网络模型，如图 7-12 所示。

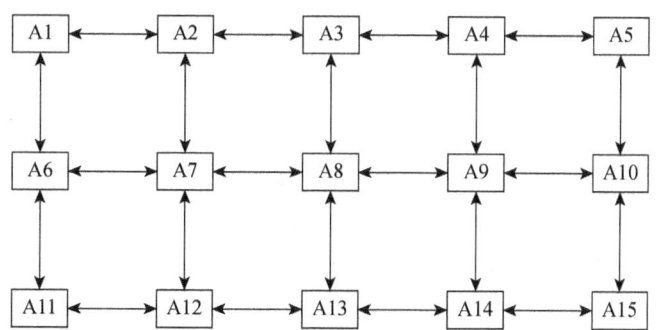

图 7-12　由 15 个机场组成的均匀航空网络模型

标度航空网络，是指网络中的所有机场、航线按不规则分布，并且形成若干个枢纽机场为中心的航空网络。我国的航空网络基本就是这种结构。为了便于与均匀网络结构的航空网络相比较，建立的标度航空网络也由 15 个机场组成。为了建立一个复杂的由若干枢纽机场为中心的标度航空网络模型，本文将使用 Pajek（蜘蛛）这种大型复杂网络分析软件。由 Pajek 生成的航空网络模型如图 7-13 所示。在该模型中 $Vi=Ai$（i=1、2、3…）。

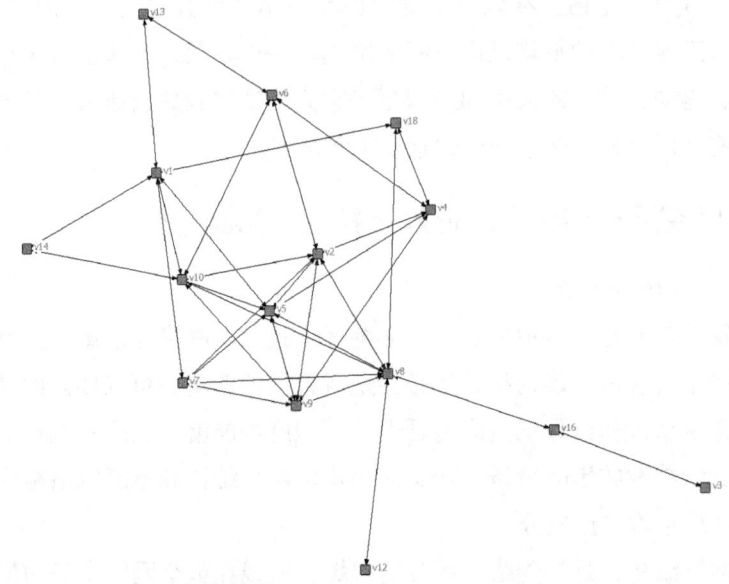

图 7-13　由 Pajek 生成的由 15 个机场组成的标度航空网络模型

2. 仿真结果计算

根据以上两个不同的航空网络模型，假设在此航空网络中，有一个航班在机场 Ai（i=1、2、3…）发生到达延误，且到达延误时间为 T（T>15 分钟），机场 Ai 出现初始延误。为了控制变量，在这里统一假设所有的机场 λ=0.5（如上文分析结果，只有 λ 在 0.5 到 0.7 时，才不会使延误扩散出现极端情况），以此分别推演两个航空网络模型的延误扩散情况。

（1）均匀航空网络模型的延误扩散情况

即使是在均匀航空网络模型发生延误的扩散，如果发生初始延误的机场不同，延误的扩散情况也不一定相同。下面就对不同的初始延误航班发生点作扩散分析。对于本文建立的均匀航空网络模型，可以选择具有代表性的外围机场 A1、A2、A3 和内部机场 A7、A8 作比较分析。

① 初始延误发生在机场 A1 时

整个航空网络的延误扩散情况如图 7-14 所示（浅色代表延误，黑色代表发生初始延误）。可以看出，初始延误并没有在机场 A1 发生延误的扩散。

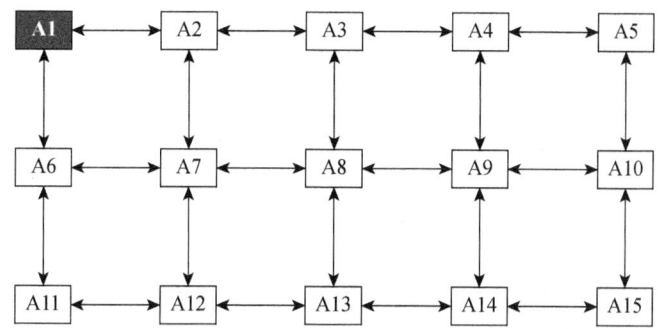

图 7-14　初始延误发生在机场 A1 时，延误的扩散情况

② 初始延误发生在机场 A2 时

整个航空网络的延误扩散情况如图 7-15 所示。有 3 个机场、2 条航线受到了延误扩散的影响而发生延误。可以看出，当初始延误发生在机场 A2 时，整个航空网络仅出现了有限的延误扩散现象。

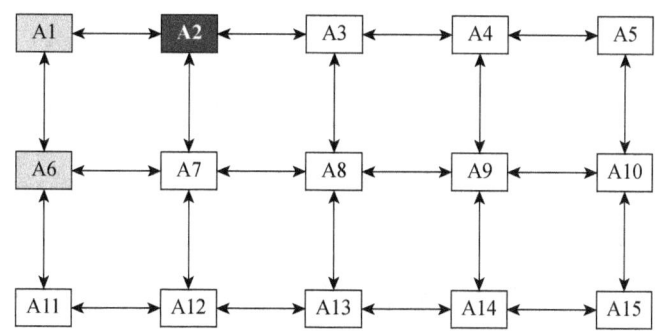

图 7-15　初始延误发生在机场 A2 时，延误的扩散情况

③ 初始延误发生在机场 A3 时

整个航空网络的延误扩散情况如图 7-16 所示。有 8 个机场、8 条航线受到了延误扩散的影响而发生延误。可以看出，当初始延误发生在机场 A3 时，整

个航空网络仅出现了严重的局域性延误扩散现象。

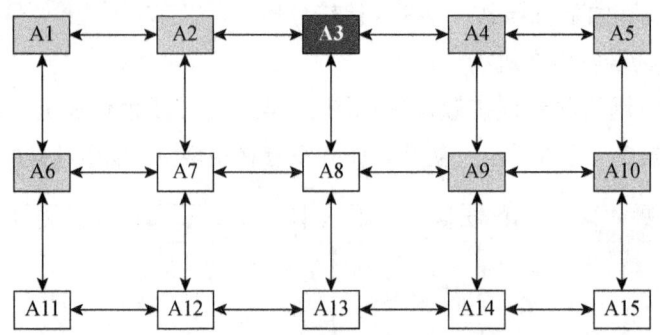

图 7-16 初始延误发生在机场 A3 时，延误的扩散情况

④ 初始延误发生在机场 A7 时

整个航空网络的延误扩散情况如图 7-17 所示。有 8 个机场、7 条航线受到了延误扩散的影响而发生延误。可以看出，当初始延误发生在机场 A7 时，整个航空网络出现了大面积的延误扩散现象。

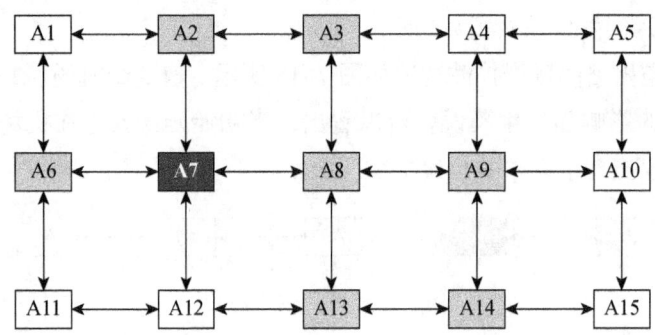

图 7-17 初始延误发生在机场 A7 时，延误的扩散情况

⑤ 初始延误发生在机场 A8 时

整个航空网络的延误扩散情况如图 7-18 所示。有 14 个机场、14 条航线受到了延误扩散的影响而发生延误。可以看出，当初始延误发生在机场 A8 时，整个航空网络出现了严重的大面积延误扩散现象。

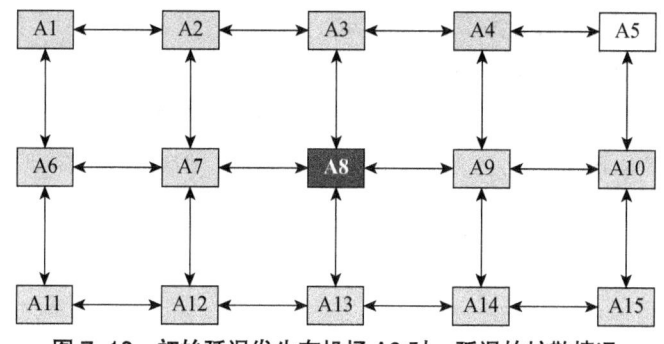

图 7-18 初始延误发生在机场 A8 时，延误的扩散情况

（2）标度航空网络模型的延误扩散情况

在标度航空网络中，航班延误的扩散必然会因为发生初始延误机场的不同而导致延误扩散范围的巨大差异。本文对于标度航空网络模型的延误扩散情况的仿真，将选择具有代表性的枢纽机场 A5、干线机场 A18 和支线机场 A16 作延误扩散的比较分析。

① 初始延误发生在支线机场 A16 时

整个航空网络的延误扩散情况如图 7-19 所示。有 2 个机场、1 条航线受到了延误扩散的影响而发生延误。可以看出，当初始延误发生在支线机场时，初始延误很可能无法通过支线机场的有限扩散通道将延误扩散出去，从而未发生延误的扩散情况。

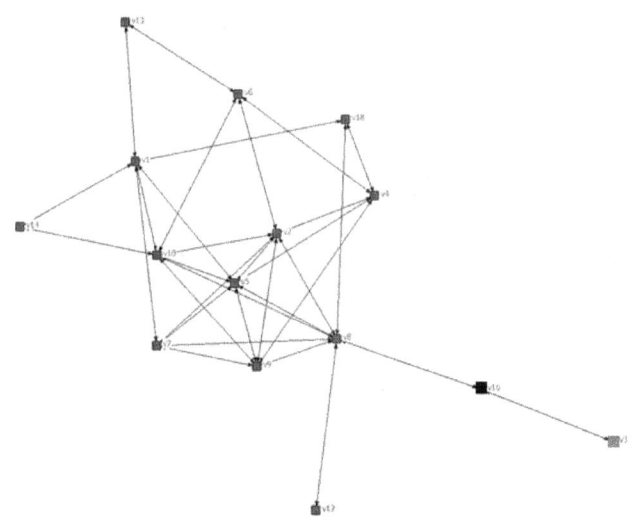

图 7-19 初始延误发生在机场 A16 时，延误的扩散情况

② 初始延误发生在干线机场 A18 时

整个航空网络的延误扩散情况如图 7-20 所示。有 12 个机场、27 条航线受到了延误扩散的影响而发生延误。可以看出，当初始延误发生在干线机场时，初始延误很可能通过干线机场的航线将延误扩散到枢纽机场，从而发生大面积延误的扩散情况；而支线机场却不受这种大规模放射式的延误扩散的影响。

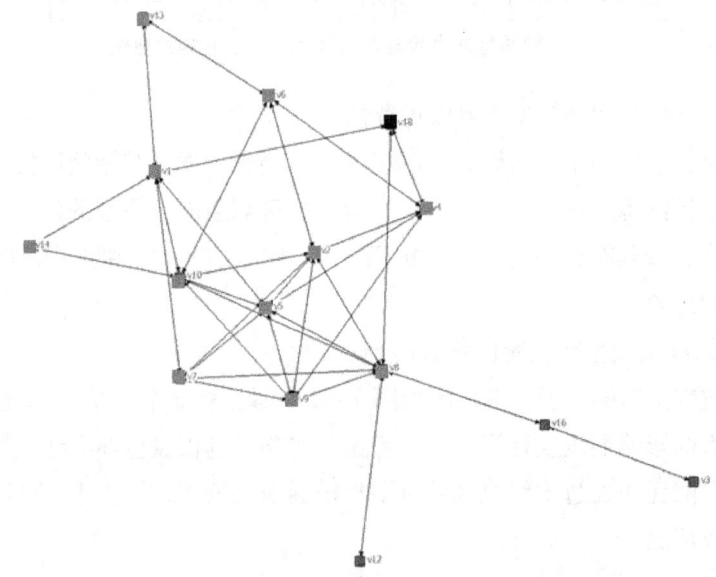

图 7-20 初始延误发生在机场 A18 时，延误的扩散情况

③ 初始延误发生在干线机场 A5 时

整个航空网络的延误扩散情况如图 7-21 所示。有 13 个机场、30 条航线受到了延误扩散的影响而发生延误。可以看出，当初始延误发生在枢纽机场时，初始延误很容易通过枢纽机场众多的航线将延误扩散到其他枢纽机场和干线机场，从而发生大面积延误的扩散情况；而支线机场却不受这种大规模放射式的延误扩散的影响。

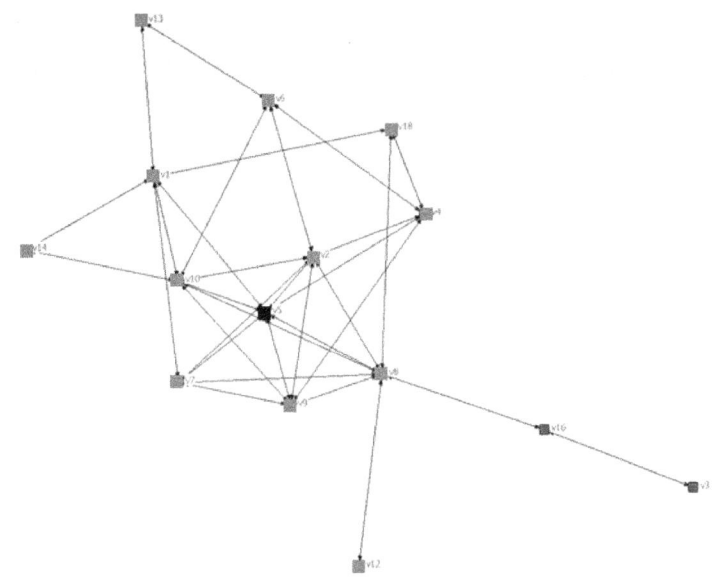

图 7-21　初始延误发生在机场 A15 时，延误的扩散情况

3. 仿真结果分析

（1）均匀网络结构的航空网络中的扩散形式

通过对模型中不同机场的延误扩散仿真结果的比较分析可以看出，初始延误的发生点对于延误在航空网络中的扩散具有很大的影响。当初始延误发生在边缘机场时，延误的扩散将是轻微的、局部的，但随着初始延误的发生机场的位置越来越靠近网络中心时，延误扩散的范围也就随之而扩大；但是无论初始延误的发生点在哪儿，都很难在整个航空网络中发生全面的延误扩散。

（2）标度网络结构的航空网络的扩散形式

通过对模型中不同机场的延误扩散仿真结果的比较分析可以看出，在标度网络结构的航空网络中，延误的扩散情况和预想的一样。当初始延误发生在枢纽机场或者干线机场时，延误可能会经过机场众多的航线扩散到整个航空网络，从而出现严重的大面积航班延误。支线机场由于其航线太少，受到延误扩散的可能性较小；当初始延误发生在支线机场时，这种初始延误通过支线机场的航线扩散到枢纽机场和干线机场，从而引发严重的大面积延误扩散的可能性很小。也就是说，延误很难在支线机场发生扩散。

（3）均匀网络结构和标度网络结构的航空网络中延误扩散的比较分析

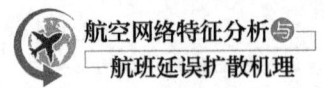

通过对两种航空网络的比较可以看出，航空网络的复杂程度，对整个航空网络内的初始延误的扩散有很强的影响作用。航空网络越复杂，延误的扩散范围越广泛。

两者的不同之处：标度航空网络结构中，延误的扩散止于某个支线机场，仅发生轻微的延误扩散情况，甚至是不扩散（初始延误发生在支线机场）；当初始延误发生在枢纽机场或干线机场时，就会发生严重的大面积延误扩散。均匀航空网络中，延误的扩散范围，会随着延误发生点的内移而增加；但是这种增加是梯形增加，不会出现爆炸式的猛增。

两者的相同之处：初始延误的发生点对延误的扩散有很大影响；但是无论延误的发生点在哪儿，都不太可能造成整个航空网络里的所有机场、航线都发生延误。

第四节 各种关键飞行资源对航班延误扩散的影响的总结

通过以上的仿真分析，我们可以得出延误扩散有两种扩散模式——链式航班延误扩散和网状航班延误扩散。

一、关键飞行资源对链式航班延误扩散的影响

在链式航班延误扩散中，飞行要素、初始延误时间、松弛时间都会对延误扩散产生影响。

1. 飞行要素

由于所有航班需要运用某一特定飞行资源，比如飞机、驾驶员、机组甚至特定的空域等，所以当其中某个航班出现延误后，后续航班将无法按飞行计划上的时间来使用延误航班正在占用的特定的飞行要素，则必然造成后续航班相继出现延误，于是发生了航班延误的扩散。在不考虑其他关键飞行资源对延误扩散影响的情况下，只要航班发生了延误，并且后续航班要使用的飞行要素与之有关联，这种延误扩散的影响就会一直通过飞行要素传递下去，直到某个航

班受到延误扩散影响后并不与后续其他航班有关联为止。

2. 初始延误时间

在不考虑其他飞行资源对航班延误扩散的影响情况下，初始延误时间就决定了后续受到延误扩散影响的航班的延误时间。就算考虑松弛时间对延误的削弱作用，如果松弛时间在第一次扩散发生时小于初始延误时间，那么延误扩散可能会继续在后续航班中发生。也就是说，当初始延误时间与松弛时间相比足够大时，初始延误时间与延误扩散程度之间存在着正相关关系，初始延误时间越长，延误扩散的范围就越广；反之亦然。

3. 松弛时间

当初始延误发生后，后续航班的松弛时间是遏制延误扩散的重要资源。松弛时间与延误扩散的范围之间存在负相关关系。当松弛时间大于初始延误时间与延误的认定时间之和时，初始延误的扩散效应在发生第一次扩散时就被抵消掉了，因此延误未发生扩散。即使松弛时间远小于初始延误时间，在后续的延误扩散过程中，各个航班的松弛时间也会逐渐地削弱延误扩散的效果，直到所有受到延误扩散影响的航班的松弛时间之和大于初始延误时间，初始延误造成的扩散被整个航空网络消化掉。由此可见，松弛时间对控制链式航班延误扩散的重要性。

二、关键飞行资源对网状航班延误扩散的影响

从以上的仿真分析中可以看出，链式航班延误扩散中的关键飞行资源如初始延误时间、松弛时间，同样会影响网状航班延误扩散，而且与链式航班延误扩散的影响原理相同。这里主要说明机场的 λ 值、航空网络、初始延误点对网状航班延误扩散的影响。

1. 机场的 λ 值

λ 值的大小取决于机场的硬件设备和管理水平，这也就决定了一个机场对于延误的应对能力。λ 值的大小与延误扩散范围有一定的正相关关系。λ 值越大，在机场出现延误扩散的可能性就越大，延误在机场所有航班中扩散的比例也就越大。从上述对 λ 值的仿真分析中可以得出，当 λ 值大于 0.7 时，延误扩散的范围趋近整个航空网络。可见，机场的 λ 值对延误扩散的影响之大。

2. 航空网络

通过对均匀航空网络和标度航空网络中的航班延误扩散的仿真分析发现，两者的延误扩散程度有很大的差异，简单的均匀航空网络在发生延误扩散时较复杂的标度航空网络稳定。由此可见，航空网络的类型，对整个航空网络内的初始延误的扩散有很强的影响作用。航空网络越复杂，发生大面积延误的可能性就越大。

3. 初始延误点

不管是均匀还是标度航空网络，发生初始延误的机场在整个航空网络中的地位不同，也会直接影响延误扩散的范围。通常情况下，初始延误发生的机场在整个航空网络中的地位越重要、机场的航线越多（比如枢纽机场），就越可能因此引发大面积的延误扩散情况。

第八章 航线网络结构对航班延误扩散影响的仿真研究

第一节 航空网络中航班延误扩散仿真系统的建立

我国目前有通航城市节点 200 多个，直达航线近 4000 条，对应航班数据更为庞大。故基于工作条件上的限制，我们必须缩小航空网络结构，建立仿真系统，通过对仿真系统运行结果的分析进而得出我国航空网络结构对航班延误扩散的影响情况。

一、模拟航空网络的生成

运用复杂网络生成软件，生成模拟的航空网络是进行航班延误扩散研究的基础。

利用 Pajek 软件生成模拟的航空网络，需要确定的数据分别有：节点的总数目、连边的总数目、节点的平均度值、初始随机网络的节点总数目、任意两个节点连接的概率及无标度的程度。网络参数确定窗口如图 8-1 所示。

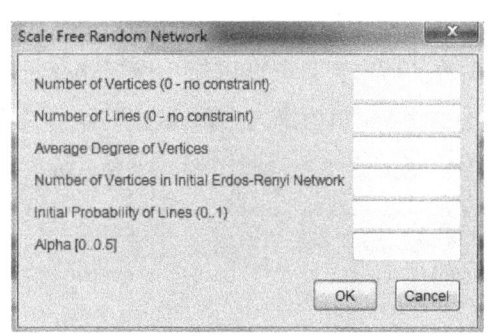

图 8-1　网络参数确定窗口

为了使仿真网络的结构最大限度地接近中国航空网络，保障结果的科学性，需要对其参数进行合理设定。

1. 模拟网络节点的总数目的确定

模拟网络节点的总数目，即模拟生成的随机网络中应具有的节点总量。对于航空网络而言，节点总数就是机场总数。中国航空网络共有节点 204 个。通过对中国航空网络的实证研究分析得出，网络中高度值节点数为 8，占节点总数的 3.9%。为了使模拟网络在高度值区间内至少有一个节点，可计算得出模拟网络应具有 26 个节点数目。

2. 节点的平均度

节点的平均度值，即模拟生成的随机网络中两节点连接的边的数量均值。对于航空网络而言，平均度值就是机场对外连接其他机场直达航线的数量均值。根据中国航空网络实证研究中网络参数相关数据可知，我国航空网络的平均度值为 22.84，节点总数是平均度值的 8.92 倍；据此推算出，模拟航空网络中的平均度为 2.91。

3. 航线数量的确定

航线的总数目，即模拟生成的仿真航空网络中边的数目。模拟网络的边的数量可以通过节点数乘以平均度值获得。模拟网络的节点数目为 26，其对应的节点平均度值为 2.91，据此可计算得出模拟航空网络航线数目约为 38。

4. 其他参数的确定

其他参数包括任意两个节点间连接的概率，对于航空网络而言，即任意两个机场开通的直达航线的概率。由上文中国航空网络的实证研究中不同中转次数的城市数量分布可知，最短路径长度为 1，无须中转即可到达的城市对有 3860 对，占中国航空网络城市对组合总数 20 706 的 18.64%，故模拟网络中该参数应为 18.64%。

Alpha 值表示无标度的程度，区间在 [0, 0.5]。通过改变 Alpha 值可以改变网络的无标度程度，本文根据经验确定为 0.25。

根据上述结构，确定模拟网络参数如图 8-2 所示，运行 Pajek 软件生成模拟航空网络模型如图 8-3 所示。

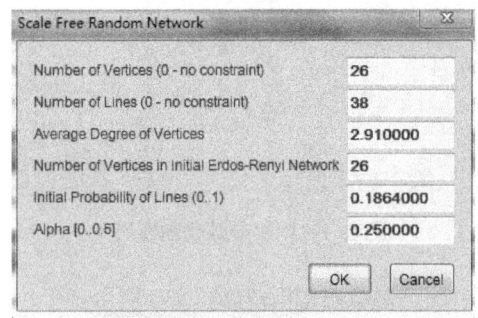

图 8-2 节点为 26 的网络参数数据

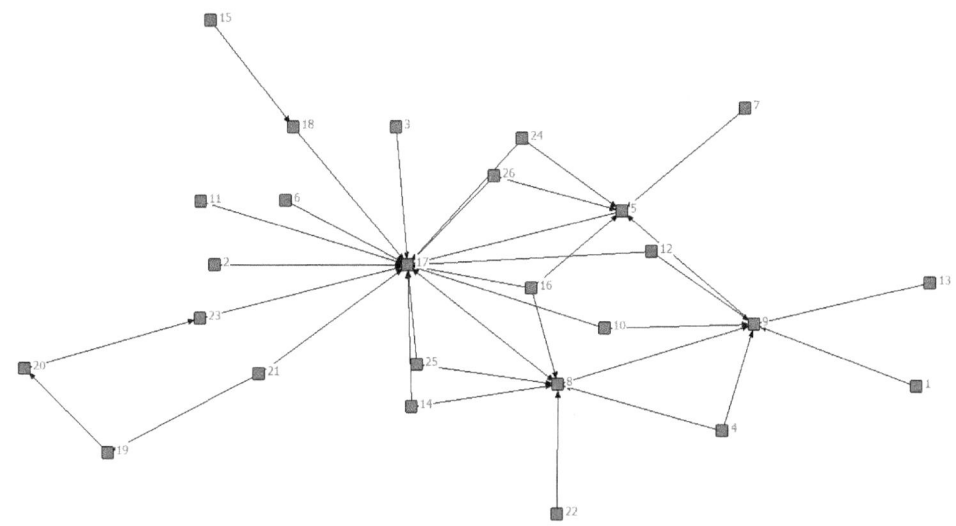

图 8-3 节点为 26 的模拟航空网络模型图

二、模拟航空网络与中国航空网络特征一致性分析

1. 模拟航空网络的参数计算

（1）度值测算

利用 Ucinet 软件计算模拟航空网络的特征参数。运算获得模拟航空网络的节点数为 26，航线数为 36，平均度值为 2.769，度值总和为 72。其中，最大度值为 16，最小度值为 1。度值分布情况如表 8-1 所示。

表 8-1 模拟航空网络机场的度值

节点	度值	排序	节点	度值	排序	节点	度值	排序
17	16	1	10	2	10	3	1	19
8	7	2	4	2	11	1	1	20
8	7	3	12	2	12	15	1	21
5	6	4	26	2	13	22	1	22
16	3	5	23	2	14	7	1	23
14	2	6	21	2	15	11	1	24

续表

节点	度值	排序	节点	度值	排序	节点	度值	排序
20	2	7	25	2	16	5	1	25
24	2	8	18	2	17	13	1	26
19	2	9	2	1	18			

（2）度分布的情况

分析表 8-1 中数据分布的规律，并绘制模拟航空网络度分布表，如表 8-2 所示。模拟航空网络度分布图如图 8-4 所示。

表 8-2 模拟航空网络度分布表

度值	1	2	3	6	7	16
节点数	9	12	1	1	2	1
P（k）	0.35	0.46	0.04	0.04	0.08	0.04
累积度分布	0.35	0.81	0.85	0.88	0.96	1.00

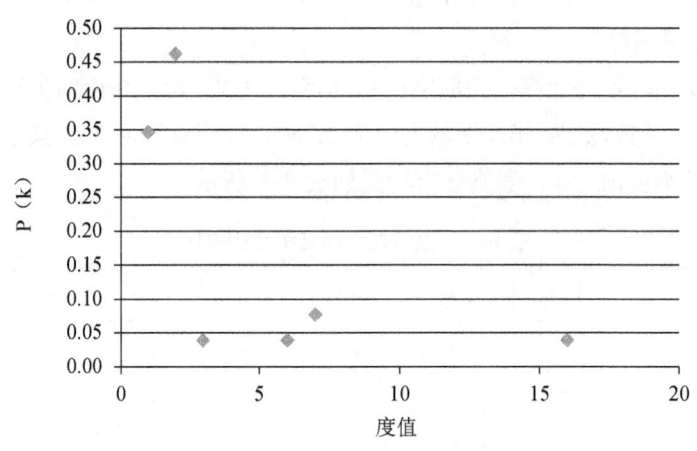

图 8-4 模拟航空网络度分布图

（3）平均最短路径长度的测算

运算获得模拟网络的平均路径长度为 2.224，平均只需要 1.224 次中转就可以将网络中任意两个节点连接起来。模拟网络的最短路径长度分布表如表 8-3

所示。

表 8-3 模拟网络最短路径长度分布表

最短路径长度	中转次数	城市对数量	占城市对总数比例（%）
1	0	37	34.6
2	1	31	29.0
3	2	22	20.6
4	3	13	12.1
5	4	3	2.8
6	5	1	0.9

2. 模拟网络与实际航空网络一致性分析

对中国航空网络特征参数的实证研究发现，平均度值为22.87，是网络节点总数的0.112倍；而模拟网络的平均度值为2.769，是其节点总数的0.107倍，二者相对吻合。同时，中国航空网络中小度值节点数量为174，占全部节点的85.3%；中等度值节点数为22，占比10.8%；而高度值节点数仅为8，占比3.9%。同理，我们将模拟航空网络的节点按其度值大小分类，视度值为1、2、3的节点为小度值节点，将节点度值为6、7的节点作为中等度值节点，将节点度值为16的节点作为高度值节点。模拟航空网络中小度值节点数有22个，占比84.6%；中等度值节点数为3，占比11.5%；而高度值节点数仅为1，占比3.8%；比较中国航空网络中、高、低度值的占比情况，基本吻合。此外，对比两个网络的最大度值发现，中国航空网络的最大度值为163，占节点总数的79.9%。也就是说，我国航空网络中最为繁忙的那个机场连接了全国79.9%的机场。同样在模拟网络中，最大度值为16，是节点总数的61.5%，亦连接了网络中过半的其他机场，符合现实网络的结构特征。

对比中国航空网络度分布图与模拟航空网络度分布图，可见二者分布趋势基本一致，同样呈现少数机场连接较多航线，大多数机场连接较少航线的典型无标度性。

测算获得模拟航空网络的平均路径长度为2.224，与中国航空网络的平均路径长度2.111基本相符。

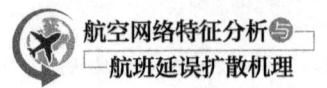

故模拟网络与中国实际航空网络具有一致性,可用于仿真分析。

三、仿真系统中航班延误扩散系统初始信息的确定

在航空网络中,航班的初始延误通过各类介质包括自身机场在内的节点中发生横向、纵向扩散。在关于航空网络结构对延误扩散造成怎样的影响的研究中,我们必须通过延误扩散的机场总数、扩散涉及的航班数量及扩散造成的延误总时长来衡量其影响程度。因此首先我们要确定各机场的航班时刻信息、初始延误时刻信息以及机场服务能力信息。

1. 航班时刻表

航班时刻表中包括序号、航班代码、始发机场、始发时间、目的机场、降落时间、飞行时间等信息。其中,始发机场、始发时间是对起飞是否受其他延误航班影响作出判断的关键因素,若二者同时在延误航班的影响范围内,则航班很有可能受到影响,使延误扩散。同理,目的机场与降落时间则是判断航班是否在降落时受延误影响的重要条件,若航班无法在原定时刻降落于目的机场,则必须通过推迟起飞等方式处理,延误便扩散。因此,航班时刻表是进行延误影响研究的基础信息,其形式如表8-4所示。

表8-4 航班时刻表

	序 号	航班代码	始发机场	始发时间	目的机场	降落时间	飞行时间
说明	阿拉伯数字表示的航班排列顺序	航空公司二字代码及航班四字代码	航班起飞机场,以网络节点V_i表示	航班起飞时间,形式如:8:00:00	航班降落机场,以网络节点V_i表示	航班降落时间,形式如:12:00:00	航班飞行时间,单位:分钟

2. 初始延误时刻表

初始延误时刻表中包含序号、航班代码、始发机场、始发时间、目的机场、降落时间、飞行时间、延误时间、影响时间始和影响时间末等信息。其中,初始延误航班的影响时间始末是表中的关键信息。通过影响区间判断航班时刻表中是否有航班会受到初始延误影响。初始延误时刻表形式如表8-5所示。

表 8-5　初始延误时刻表

序号	航班代码	始发机场	始发时间	目的机场	降落时间	飞行时间	延误时间	影响时间始	影响时间末
说明	阿拉伯数字表示的航班排列顺序	航空公司二字代码及航班四字代码	航班起飞机场，以网络节点V表示	航班起飞时间，形式如：8:00:00	航班降落机场，以网络节点V表示	航班降落时间，形式如：12:00:00	航班飞行时间，单位：分钟	航班延误总时间，单位：分钟	航班实际降落时间	航班实际降落时间与最小周转时间之和

3. 机场服务能力表

机场服务能力表中包含机场的起飞能力和降落能力，即该时间段内机场资源能确保航班正常起飞、降落的最大值。如表 8-6 所示。

表 8-6　机场服务能力表

	机场名称	起飞能力	降落能力
说明	以网络节点V表示	机场该时刻允许起飞的最大航班数量	机场该时刻允许降落的最大航班数量

在已知上述三个表信息的情况下，通过延误表的初始延误确定航班的影响机场及影响时间区间，再在航班时刻表中查找可能受影响的航班，并根据受影响机场的服务能力，确定延误扩散的航班，最终输出延误航班数量、受影响机场数量及延误总时长三个衡量数据。

四、仿真系统中航班延误扩散仿真算法的确定

1. 仿真系统的前提假设

①假设延误表中的初始延误属于相对独立的过程，是由不可抗力因素造成的，而不是由于航班的延误扩散造成的。

②假设航班延误不通过飞机的空中飞行加速而得到补偿，目的地机场的延误时间与初始航班的起飞延误时间相同。

③假设航班起飞影响时间为 15 分钟，即若某航班的起飞时间为 9:00，则其对机场其他航班的起飞影响时间为 [9:00，9:15]。

2. 仿真算法框架

算法框架图如图 8-5 所示。

初始条件T1=0，H1=0，J1=0，N=0
延误表
取第一个延误航班信息,延误时间T0，求出该航班影响的影响时间范围[降落时间+延误时间，降落时间+延误时间+最小周转时间Tt]；确定延误机场
航班时刻表
查找航班时刻表，判断起飞延误
起飞机场=延误机场
且起飞时间∈[Tqf ,Tqf+15min]
YES
输出航班数量N
机场服务能力表
N>该机场的起飞能力Q
NO
不受影响
YES
受影响航班数=N–Q,随机确定受影响航班
将受影响航班信息存入延误表，更新航班信息
判断降落延误
目的机场=延误机场
且降落时间∈[Tsj ,Tyx]
YES
输出航班数量N
N>机场的降落能力L
NO
不受影响
YES
受影响航班数=N–L,随机确定受影响航班
将受影响航班信息存入延误表，删除已处理航班；更新航班信息，输出T1=T1+T0，H1=H1+1，J1=J1+1
进行下一个航班的判断，直至延误表为空，输出T1、H1、J1
结束

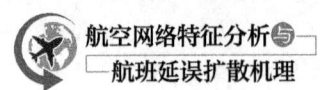

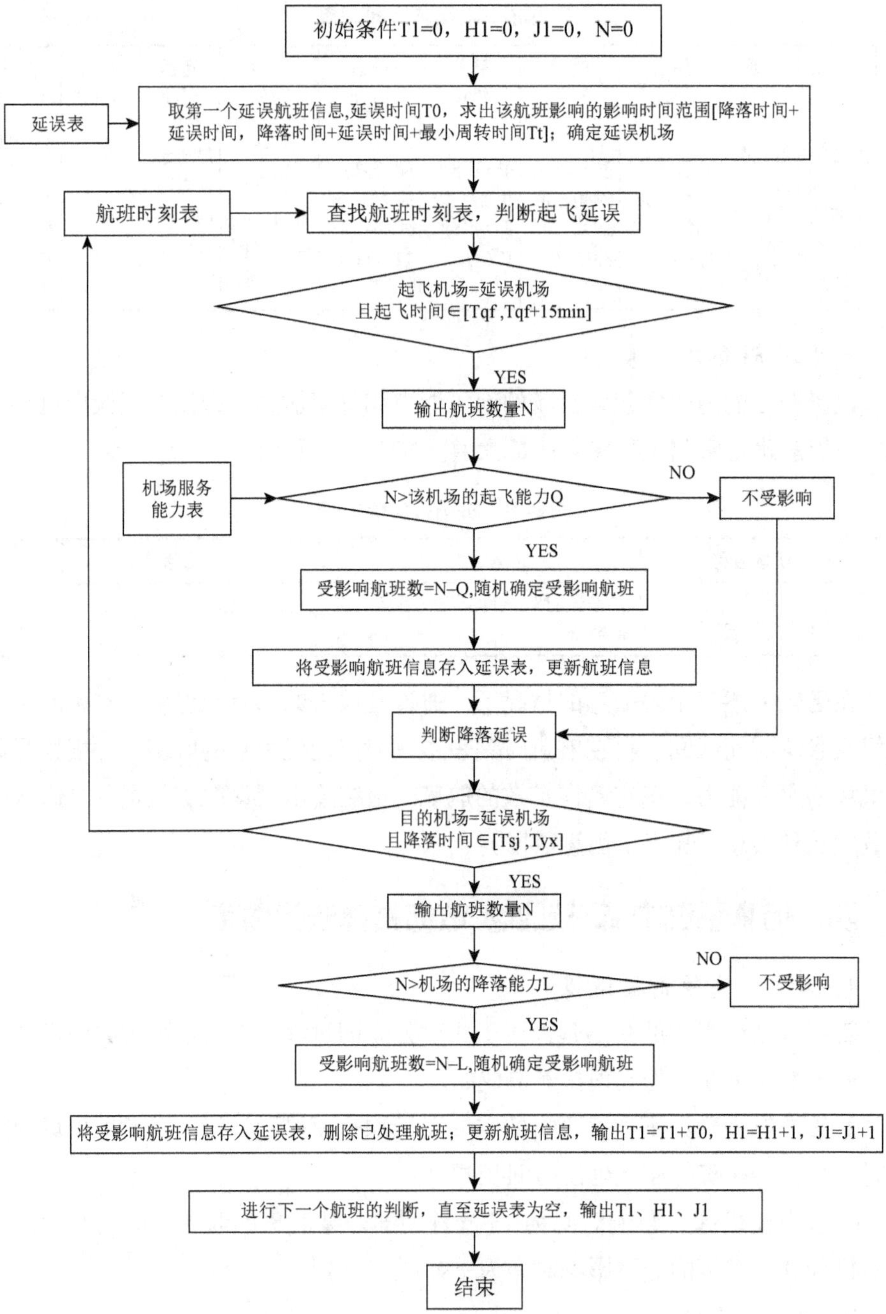

图 8–5 算法框架

3. 各参数之间关系分析

（1）延误扩散总时长

T1=T1+ 延误时间，即：延误扩散总时长 = 前 N 个航班的延误总时间 + 第（N+1）个航班延误时间

（2）影响航班数

H1=H1+1，即：受影响航班总数 = 前 N 个航班数 +1

（3）影响机场数

J1=J1+1，即：受影响机场总数 = 前 N 个机场数 +1

（4）初始延误航班实际起飞时间

实际起飞时间 = 计划起飞时间 + 初始延误时间

（5）航班受影响时间范围 [T_{sj}, T_{yx}]

T_{sj}= 降落时间，即：降落时间 = 航班的计划降落时间 + 延误时间

T_{yx}= 降落时间 + 最小周转时间 T_t

（6）受影响航班实际起飞时间

实际起飞时间 =T_{yx}– 飞行时间

（7）受影响航班延误时间

受影响航班延误时间 =T_{yx}– 航班的降落时间

（8）机场航班延误扩散状态的评价

当 N 小于等于机场服务能力时，机场其他航班不受影响；当 N 大于机场服务能力时，机场其他航班受影响，此时，受影响的航班数量 =N– 机场服务能力。

4. 算法描述

① 对"延误表"中各航班按"始发时间"排序，获取初始延误信息。此时，累计延误时间 T1=0，航班数 H1=0，机场数 J1=0。

② 判断航班起飞影响（此处初始延误航班视为可正常起飞）：确定延误航班的起飞影响时间 [T_{qf}, T_{qf}+15]；判断在该时间范围内航班时刻表中是否存在起飞机场为延误机场的航班，并输出符合条件的航班数量值为 N；再查找机场服务能力表，比较并确定受影响的其他航班：当 N 小于等于机场起飞能力时，机场其他航班不受影响；当 N 大于机场起飞能力时，机场其他航班受影响，此时，受影响的航班数量 =N– 机场起飞能力。获得受影响航班数量后再

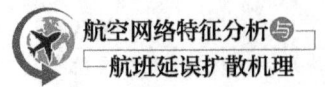

由随机函数确定符合条件的 N 中哪些航班受延误扩散，然后更新航班时刻表信息，使受影响航班的实际起飞时间 = 影响时间末，降落时间 = 实际起飞时间 + 飞行时间，延误时间 = 实际降落时间 – 降落时间，影响时间区间范围为 [降落时间，降落时间 +Tt]。

③ 判断航班降落影响：确定延误航班的降落影响时间 [Tsj, Tyx]；判断在该时间范围内航班时刻表中是否存在目的机场为延误机场的航班，并输出符合条件的航班数量值为 N；再查找机场服务能力表，比较并确定受影响的其他航班：当 N 小于等于机场降落能力时，机场其他航班不受影响；当 N 大于机场降落能力时，机场其他航班受影响，此时，受影响的航班数量 =N– 机场降落能力。获得受影响航班数量后再由随机函数确定符合条件的 N 中哪些航班受延误扩散，然后更新航班时刻表信息，使受影响航班的实际降落时间 = 影响时间末，起飞时间 = 实际降落时间 – 飞行时间，延误时间 = 实际降落时间 – 降落时间，影响时间区间范围为 [降落时间，降落时间 +Tt]。

④ 删除延误表中已处理过的延误航班并输出：T1=T1+ 延误时间，H1=H1+1，J1=J1+1。

⑤ 重复②③④步骤，直到延误表为空。

第二节　航空网络中初始延误机场对航班延误扩散的影响分析

一、仿真系统的初始信息设定

根据前文提出的仿真算法，以图 8-3 中的 26 个机场、36 条航线的仿真网络为对象，在此基础上严格按照图 8-3 模拟网络图中各机场的连接形式，为每条航线生成一个航班。为使研究方便且结果趋势更为明显，此处缩小航班时刻范围，令其分布于 8:00~13:00 这样一个时间段内，最终形成共计 72 个航班的模拟航班时刻表，如表 8-7 所示（局部，详见附录一）。为研究方便，各机场起飞、降落的最大服务能力均设定为 1，即同一时刻最多允许 1 个航班在机场进行起飞和降落。

表 8-7　机场航班时刻表（局部）

单位：分钟

序号	航班代码	始发机场	始发时间	目的机场	降落时间	飞行时间
1	MU5404	v1	8:00	v17	10:40	160
2	3U3077	v2	8:00	v17	10:25	145
3	MU3254	v3	8:00	v17	10:25	145
4	CZ6321	v4	8:00	v8	11:35	215
5	MF1098	v5	8:00	v7	10:45	165
				……		
				……		

二、初始延误机场的变化情况

为研究方便，每次仿真均设定 1 个初始延误，并令其延误时间均为 50 分钟，选定的初始延误航班信息如表 8-8 所示。

表 8-8　初始延误航班汇总表

单位：分钟

仿真步骤	航班代码	始发机场	始发时间	实际起飞时间	目的机场	降落时间	实际降落时间	飞行时间	延误时间	影响时间始	影响时间末
1	MF1098	v5	8:00	8:50	v7	10:45	11:30	165	50	11:35	12:30
2	GS6439	v5	8:15	9:05	v26	9:15	10:05	60	50	10:05	11:00
3	CZ9352	v8	9:30	10:20	v16	10:30	11:20	60	50	11:20	12:15
4	HU7142	v17	8:15	9:05	v5	10:15	11:05	120	50	11:05	12:00
5	MU5404	v1	8:00	8:50	v9	10:10	11:00	130	50	11:00	11:55

三、不同初始延误机场造成的航班延误扩散结果

根据上述已知条件，运用航班延误扩散算法，计算出在不同的初始延误机场情况下造成的航班延误扩散情况，如表 8-9 所示。

表 8-9　仿真结果统计表

初始延误机场	机场度值	扩散延误总时长（分钟）	受影响航班数量（班）	受影响机场数量（个）
v26	2	0	0	0
v16	3	235	2	4
v5	6	585	4	7
v9	7	945	5	9
v17	16	1015	7	12

四、仿真结果分析

1. 初始延误机场与延误总时长的关系

根据表 8-9 可以得出初始延误机场与扩散延误航班的总时间（不计初始延误的航班）之间的对应关系，如图 8-6 所示。

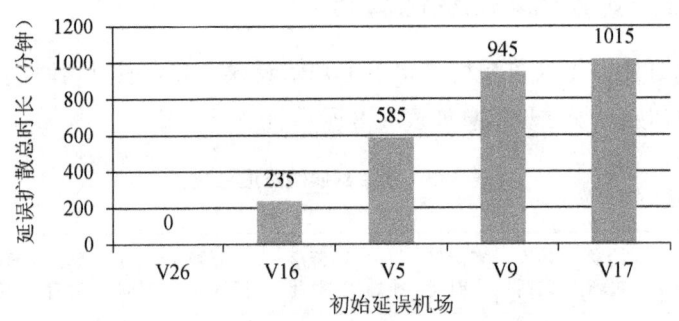

图 8-6　初始延误机场与延误总时长关系图

根据图 8-6 中的 5 组仿真数据可以看出，初始延误机场不同造成延误航班的总时间（不计初始延误的航班）也不相同。初始延误机场的规模与延误扩散的总时长之间成正相关，也就是说，初始延误机场的度值越大，即机场对外的连通程度以及机场运营的航班数量越多，则延误航班的总时间就越长；反之亦然。

2. 初始延误机场与受影响航班数量的关系

根据表 8-9 可以得出初始延误机场与受影响航班数量（不计初始延误的航班）之间的对应关系，如图 8-7 所示。

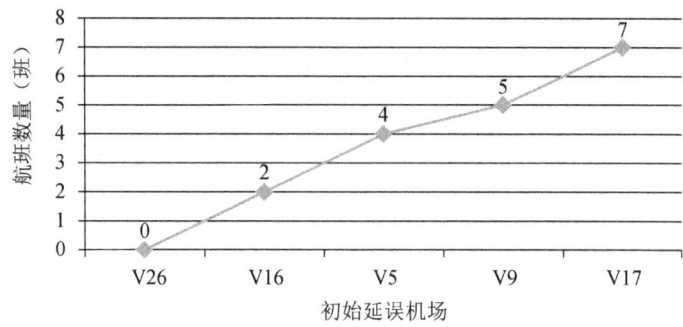

图 8-7　初始延误机场与受影响航班数量关系图

根据图 8-7 中的 5 组仿真数据可以看出，初始延误机场不同造成延误航班的数量（不计初始延误的航班）也不相同。初始延误机场的规模与受影响航班数量之间成正相关，也就是说，初始延误机场的度值越大，即机场对外的连通程度以及机场运营的航班数量越多，则受初始延误影响的航班的数量就越多；反之亦然。

3. 初始延误机场与受影响机场数量的关系

根据表 8-9 可以得出，初始延误机场与受影响机场数量（不计初始延误的航班）之间的对应关系，如图 8-8 所示。

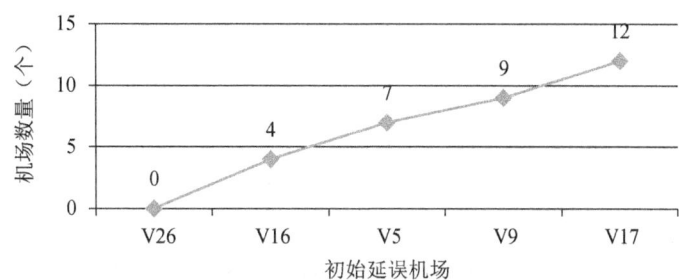

图 8-8　初始延误机场与受影响机场数量关系图

根据图 8-8 中的 5 组仿真数据可以看出，初始延误机场不同造成延误机场的数量（不计初始延误的航班）也不相同。初始延误机场的规模与受影响机场数量之间成正相关，也就是说，初始延误机场的度值越大，即机场对外的连通程度以及机场运营的航班数量越多，初始延误扩散到的机场数量就越多；反之亦然。

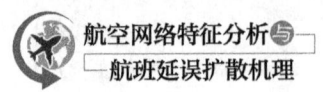

第三节 航空网络中机场服务能力对航班延误扩散的影响分析

一、仿真系统的初始信息设定

根据前文提出的仿真算法,以图 8-3 中的 26 个机场、36 条航线的仿真网络为对象,最终形成共计 72 个航班的模拟航班时刻表,如表 8-10 所示(局部,详见附录一)。为研究方便,在该仿真系统中均设定 3 个相同的初始延误航班,其基本信息如表 8-10 所示。

表 8-10 初始延误航班信息表

单位:分钟

仿真步骤	航班代码	始发机场	始发时间	起飞时间	目的机场	降落时间	降落时间	飞行时间	延误时间	时间始	时间末
1	MU521	v5	8:00	8:50	v17	9:20	10:10	80	50	10:10	11:05
2	HO1007	v12	8:35	9:00	v17	11:20	11:45	165	25	11:45	12:40
3	CA3981	v8	10:45	11:25	v17	13:30	15:10	165	40	15:10	16:05

二、机场服务能力的变化情况

设定 3 个初始延误航班均在机场 v17 处发生延误。在上述已知条件均一致的情况下,改变初始延误机场即 v17 的机场服务能力,分别使 v17 的起飞降落能力依次为 1、2、3、4、5,其余机场的起飞、降落服务能力均为 1 不变,机场 v17 服务能力变化情况如表 8-11 所示。

表 8-11 机场服务能力变化情况汇总表

机场	第1次仿真		第2次仿真		第3次仿真		第4次仿真		第5次仿真	
	起飞	降落	起飞	降落	起飞	降落	起飞	降落	起飞	降落
v1	1	1	1	1	1	1	1	1	1	1

续表

机场	第1次仿真		第2次仿真		第3次仿真		第4次仿真		第5次仿真	
	起飞	降落	起飞	降落	起飞	降落	起飞	降落	起飞	降落
v2	1	1	1	1	1	1	1	1	1	1
v3	1	1	1	1	1	1	1	1	1	1
v4	1	1	1	1	1	1	1	1	1	1
v5	1	1	1	1	1	1	1	1	1	1
v6	1	1	1	1	1	1	1	1	1	1
v7	1	1	1	1	1	1	1	1	1	1
v8	1	1	1	1	1	1	1	1	1	1
v9	1	1	1	1	1	1	1	1	1	1
v10	1	1	1	1	1	1	1	1	1	1
v11	1	1	1	1	1	1	1	1	1	1
v12	1	1	1	1	1	1	1	1	1	1
v13	1	1	1	1	1	1	1	1	1	1
v14	1	1	1	1	1	1	1	1	1	1
v15	1	1	1	1	1	1	1	1	1	1
v16	1	1	1	1	1	1	1	1	1	1
v17	1	1	2	2	3	3	4	4	5	5
v18	1	1	1	1	1	1	1	1	1	1
v19	1	1	1	1	1	1	1	1	1	1
v20	1	1	1	1	1	1	1	1	1	1
v21	1	1	1	1	1	1	1	1	1	1
v22	1	1	1	1	1	1	1	1	1	1
v23	1	1	1	1	1	1	1	1	1	1
v24	1	1	1	1	1	1	1	1	1	1
v25	1	1	1	1	1	1	1	1	1	1
v26	1	1	1	1	1	1	1	1	1	1

三、不同的机场服务能力造成的航班延误扩散的仿真结果

根据上述已知条件，运用航班延误扩散算法，计算出在不同的机场服务能

力情况下造成的航班延误扩散情况,如表 8-12 所示。

表 8-12 仿真结果统计表

机场服务能力	延误总时长(分钟)	扩散延误总时长(分钟)	受影响航班数量(班)	受影响机场数量(个)
1	1725	1610	10	6
2	1020	905	14	7
3	460	345	9	5
4	220	103	6	3
5	115	0	0	0

四、仿真结果分析

1. 机场服务能力与延误总时长的关系

根据表 8-12 可以得出机场服务能力与扩散延误航班的总时间(不计初始延误的航班)之间的对应关系,如图 8-9 所示。

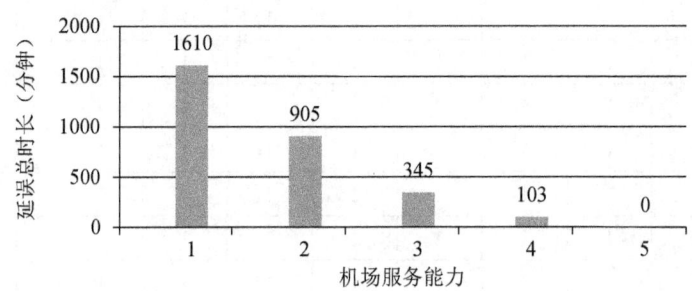

图 8-9 机场服务能力与延误总时长关系图

根据图 8-9 中的 5 组仿真数据可以看出,机场服务能力与延误航班的总时间(不计初始延误的航班)之间成负相关,也就是说,机场服务能力越强,延误航班的总时间就越低;反之亦然。

2. 机场服务能力与受影响航班数量的关系

根据表 8-12 可以得出机场服务能力与受影响航班数量(不计初始延误的航班)之间的对应关系,如图 8-10 所示。

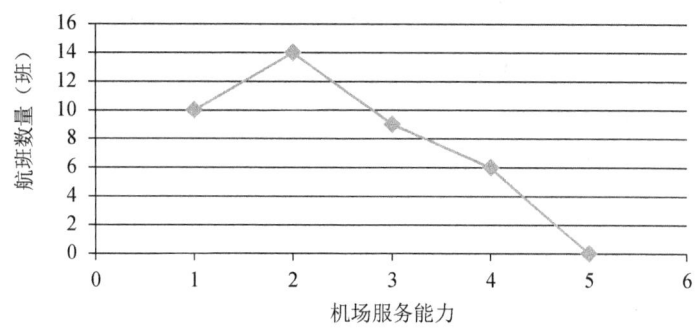

图 8-10　机场服务能力与受影响航班数量关系图

根据图 8-10 中的 5 组仿真数据可以看出，机场服务能力与受影响航班数量（不计初始延误的航班）之间大致成负相关，也就是说，机场服务能力越强，受初始延误影响产生延误的航班数量越少；反之亦然。当然，此关系并非绝对，如图 8-10 中机场服务能力为 1 时，其受影响航班数量小于机场服务能力为 2 时的数量，导致该现象的可能原因是同一个航班受到多次延误波及，统计时只计入一次。此外，延误扩散具有一定的随机性，同一个受影响时间段内的航班可能由于调度等各种原因，致使部分航班正常执飞，部分航班则受到影响，而恰是这样的不确定，会导致后续多样的延误扩散形式。

3. 机场服务能力与受影响机场数量的关系

根据表 8-12 可以得出机场服务能力与受影响机场数量（不计初始延误的航班）之间的对应关系，如图 8-11 所示。

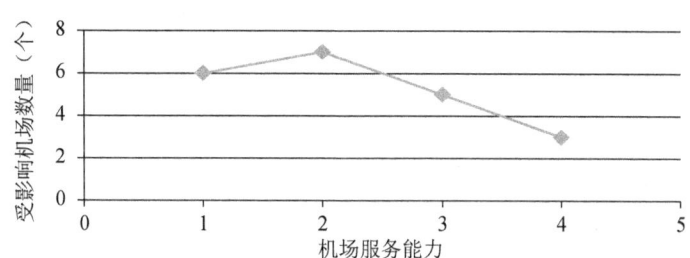

图 8-11　机场服务能力与受影响机场数量关系图

根据图 8-11 中的 5 组仿真数据可以看出，机场服务能力与受影响机场数量（不计初始延误的航班）之间大致成负相关，也就是说，机场服务能力越低，受到影响的机场数量越多；反之亦然。当然，此关系并非绝对。从本次仿真可以看到存在机场服务能力更强但受影响机场数量却更多的现象，如图8-11中机场服务能力为2时，受影响机场数量大于机场服务能力为1时的数量，出现这一现象的可能原因仍然是延误扩散的不确定性，因此致使受影响航班的起飞、降落机场的随机性不时发生。

第四节　航空网络规模对航班延误扩散影响的仿真分析

一、不同规模网络模型的建立

根据模拟航空网络的生成方法，可以进一步生成节点数为13、39、52、26的航线网络。网络生成参数如图8-12至8-15所示。

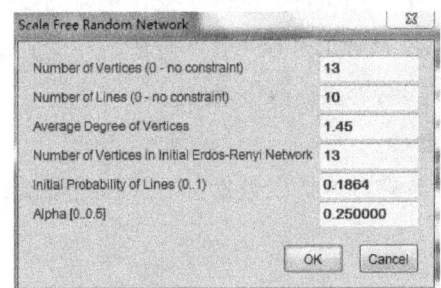

图8-12　节点数为13的仿真网络生成参数

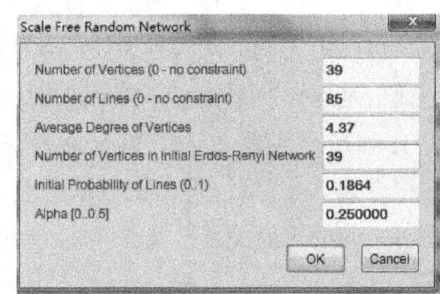

图8-13　节点数为39的仿真网络生成参数

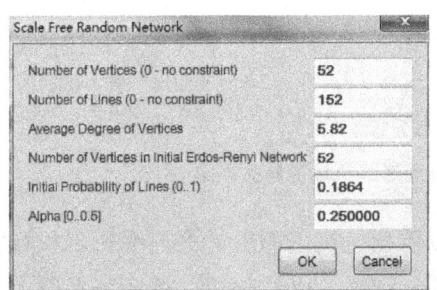

图8-14　节点数为52的仿真网络生成参数

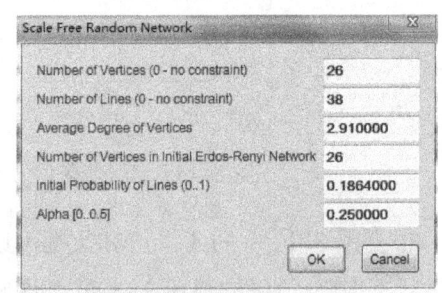

图8-15　节点数为26的仿真网络生成参数

运行 Pajek 软件生成的不同节点及航线数的模拟航空网络模型如图 8-16 至图 8-19 所示。

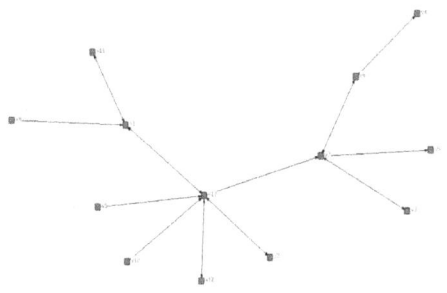

图 8-16　节点数为 13 的仿真网络结构图　　图 8-17　节点数为 39 的仿真网络结构图

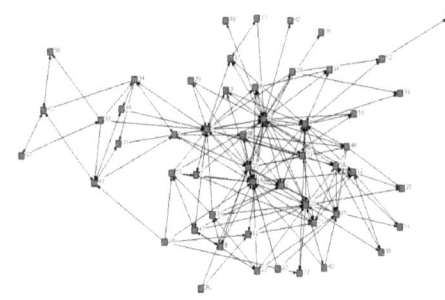
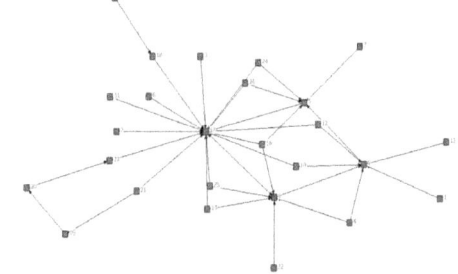

图 8-18　节点数为 52 的仿真网络结构图　　图 8-19　节点数为 26 的仿真网络结构图

利用 Ucinet 软件分别计算 4 个模拟航空网络的度分布情况，如表 8-13 至表 8-15 所示。

表 8-13　节点为 13 的模拟航空网络度分布表

度　值	1	2	3	4	6
节点数	9	1	1	1	1
P（k）	0.69	0.08	0.08	0.08	0.08
累积度分布	0.69	0.77	0.85	0.92	1.00

表 8-14　节点为 39 的模拟航空网络度分布表

度　值	1	2	3	4	5	6	7	12	13	14
节点数	7	8	4	7	3	5	1	2	1	1
P（k）	0.18	0.21	0.10	0.18	0.08	0.13	0.03	0.05	0.03	0.03
累积度分布	0.18	0.38	0.49	0.67	0.74	0.87	0.90	0.95	0.97	1.00

表 8-15　节点为 52 的模拟航空网络度分布表

度　值	节点数	P（k）	累积度分布
1	4	0.08	0.08
2	5	0.10	0.17
3	12	0.23	0.40
4	4	0.08	0.48
5	7	0.13	0.62
6	5	0.10	0.71
7	6	0.12	0.83
8	2	0.04	0.87
9	1	0.02	0.88
15	2	0.04	0.92
16	1	0.02	0.94
19	1	0.02	0.96
20	1	0.02	0.98
27	1	0.02	1.00

根据上述表结果绘制出不同规模的网络度分布图，如图 8-20 至图 8-23 所示。

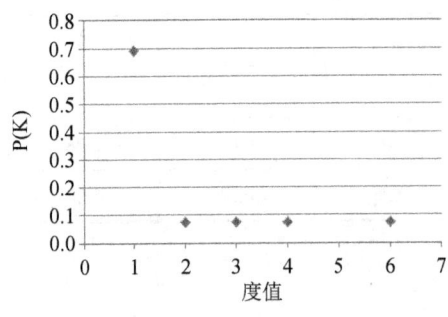

图 8-20　节点数为 13 的仿真网络度分布

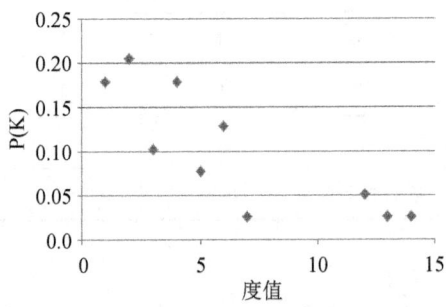

图 8-21　节点数为 39 的仿真网络度分布

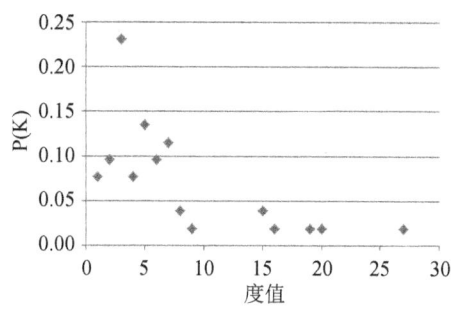

图 8-22 节点数为 52 的仿真网络度分布

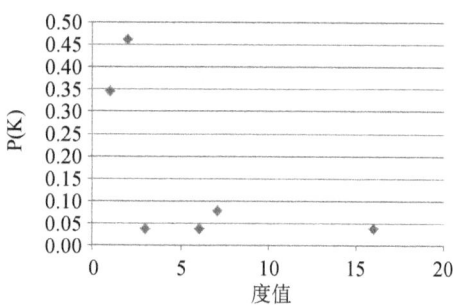

图 8-23 节点数为 26 的仿真网络度分布

观察图 8-20 至图 8-23 可见，其分布趋势与中国航空网络节点度分布图一致。在对中国航空网络特征参数的实证研究中我们发现，平均度值为 22.87，是网络节点总数的 0.112 倍，而模拟的不同网络的平均度值分别为 1.846、4.256、5.962，是其节点总数的 0.142、0.109、0.114 倍，相对吻合。同时模拟网络的平均路径为 2.521、2.800、2.598，与中国航空网络相似，平均只需通过不到 2 次的中转即可与任意一个城市连接。故模拟网络与中国航空网络具有相对一致的网络结构。

二、不同规模的网络模型的初始航班信息的确定

1. 航班时刻表的确定

分别为 4 个不同规模的网络模型设定航班时刻表及初始延误情况表。严格按照模拟网络图中各机场的连接形式，为每条航线生成一个航班。为使研究方便且结果趋势更为明显，此处缩小航班时刻范围，令其分布于 8:00~13:00 这样一个时间段内，最终形成 4 组模拟航班时刻表，见附录一。

2. 机场服务能力的确定

规定所有机场的起飞、降落能力均为 1 不变，形成机场服务能力表。

3. 初始延误航班的确定

为确保唯一变量，在生成初始延误航班信息时，统一初始延误机场。在不同规模网络中，选择具有相同度值的机场作为初始延误机场。由于降落延误影响时间范围远远大于起飞带来的影响区间，所以此处将初始延误的降落机场视为初始延误机场。最终确定度值均为 6 的 v13、v5、v33、v6 分别是网络规模

为13节点、26节点、39节点、52节点的初始延误机场,并统一初始延误时间为50分钟。初始延误航班信息汇总如表8-16所示。

表8-16 初始延误航班信息汇总表

单位:分钟

仿真步骤	航班代码	始发机场	始发时间	实际起飞时间	目的机场	降落时间	实际降落时间	飞行时间	延误时间	影响时间始	影响时间末
1	MF1432	v5	8:10	9:00	v13	10:10	11:00	120	50	11:00	11:55
2	HU7142	v17	8:35	9:25	v5	10:35	11:25	120	50	11:25	12:20
3	MF1198	v1	9:05	9:55	v33	10:35	11:25	90	50	11:25	12:20
4	3U3077	v1	8:00	8:50	v6	10:25	11:15	145	50	11:15	12:10

三、不同的网络规模造成的航班延误扩散的仿真结果

根据上述已知条件,运用航班延误扩散算法,计算出初始延误发生在不同网络规模情况下造成的航班延误扩散情况,如表8-17所示。

表8-17 仿真结果统计表

网络规模（节点数）	扩散延误总时长（分钟）	受影响航班数量（班）	受影响机场数量（个）	平均延误时长（分钟）
13	215	3	6	72
26	415	4	6	103
39	715	4	7	179
52	825	3	6	275

四、仿真结果分析

1. 网络规模与延误总时长的关系

根据表8-17可以得出网络规模与扩散延误航班的总时间(不计初始延误的航班)之间的对应关系,如图8-24所示。

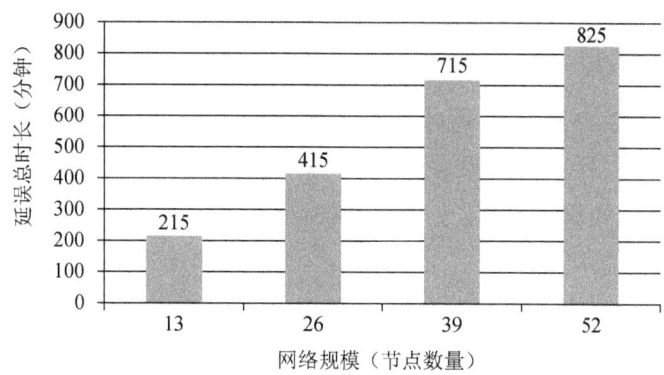

图 8-24　网络规模与延误总时长关系图

根据图 8-24 中的 4 组仿真数据可以看出，网络规模与延误航班的总时间（不计初始延误的航班）之间成正相关，也就是说，网络规模越大，延误扩散的总时间就越长；反之亦然。

2. 网络规模与受影响航班数量及机场数量的关系

根据表 8-17 可以得出网络规模与受影响航班数量、机场数量（不计初始延误的航班）之间的对应关系，如图 8-25 所示。

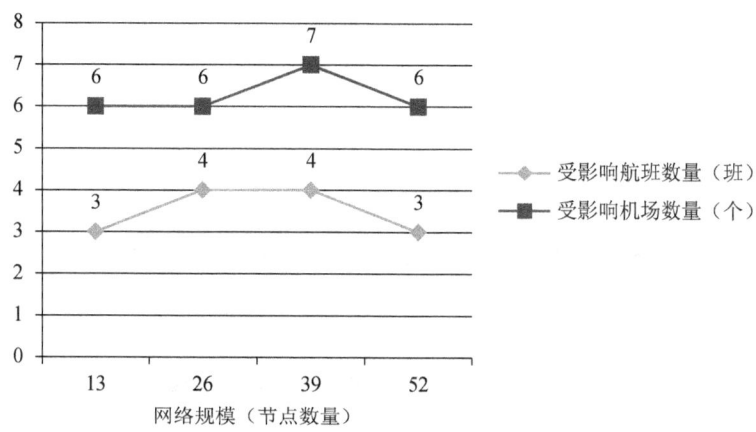

图 8-25　网络规模与受影响航班数量、机场数量关系图

根据图 8-25 中的仿真数据可以看出，网络规模与受影响航班数量及机场数量（不计初始延误的航班）之间无明显相关数量关系。可能由于单一初始延误航班严格控制为相同度值的机场，即初始延误机场规模一致，而单一的初始

延误扩散影响范围及深度均有限,故无法明显体现整体网络规模大小带来的影响。

3. 网络规模与延误平均时长的关系

根据表 8-17 可以得出网络规模与受影响航班平均延误时间（不计初始延误的航班）之间的对应关系,如图 8-26 所示。

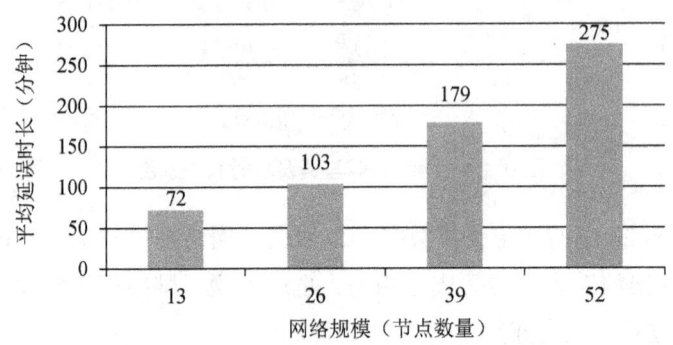

图 8-26　网络规模与延误平均时长关系图

根据图 8-26 中的仿真数据可以看出,网络规模与受影响航班平均延误时间之间成正相关,即网络规模越大,受影响航班平均延误时间越长。同样的初始延误时间,网络规模越大,涉及机场、航线、航班越多,初始延误发生后越难以及时调整,可能导致受影响航班发生再次延误,从而累积延误时间,使得平均延误时间变长。

第五节　网络标度对航班延误扩散的影响分析

一、相同节点数的不同标度航空网络模型的建立

以图 8-3 的模拟航空网络,即机场数为 26、航线数量为 36、网络的平均度值为 2.791、平均路径长度为 2.224 的网络为基础,在确保网络节点、航线数量以及网络各特征参数不变的情况下,调整节点连边的形式及数量,使各节点度值逐步趋向均衡,从而达到改变网络标度的目的,得到如图 8-27 中（a）、(b)、(c)、(d) 4 个模拟网络,由 (a) 至 (d) 网络趋向均匀。

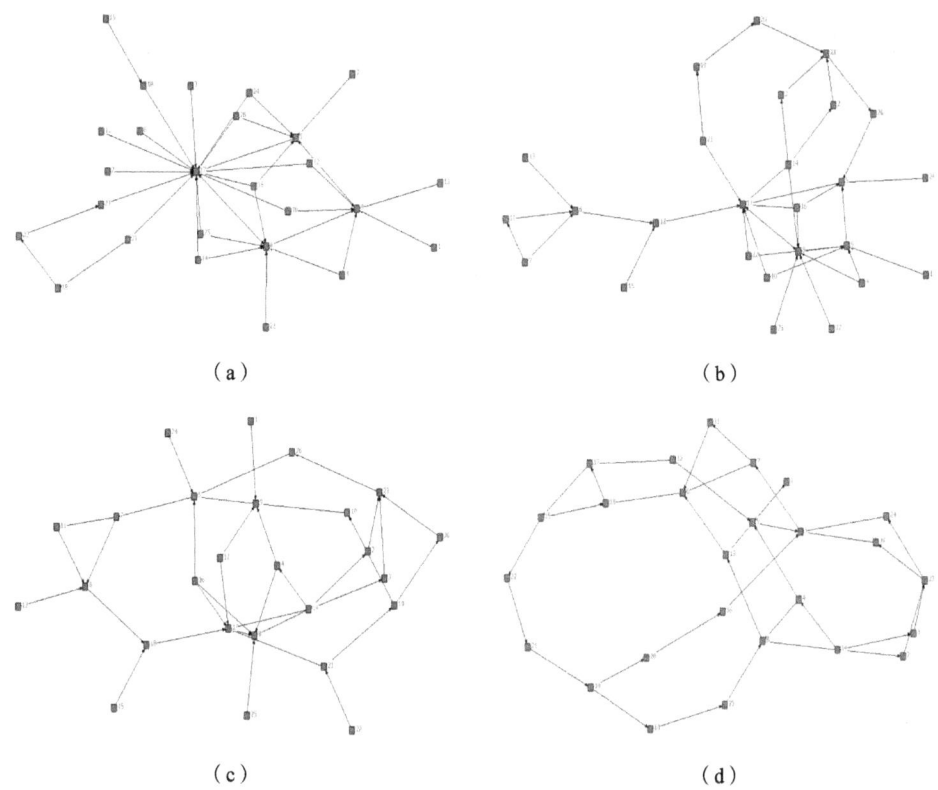

图 8-27　不同网络标度的模拟网络

归纳这 4 个模拟网络度分布情况如表 8-18 所示。

表 8-18　度分布情况对比表

模拟网络	度值分布区间	最大最小度值之差
图a	[1, 16]	15
图b	[1, 8]	7
图c	[1, 6]	5
图d	[2, 5]	3

根据不同网络标度的模拟网络的度分布数据绘制出不同规模的网络的度分布图，如图 8-28 至图 8-31 所示。

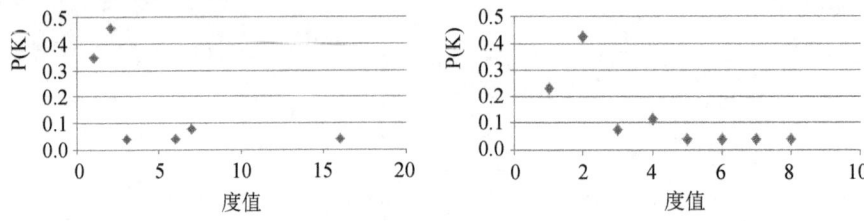

图8-28　不同网络标度的模拟网络度分布（a）　图8-29　不同网络标度的模拟网络度分布（b）

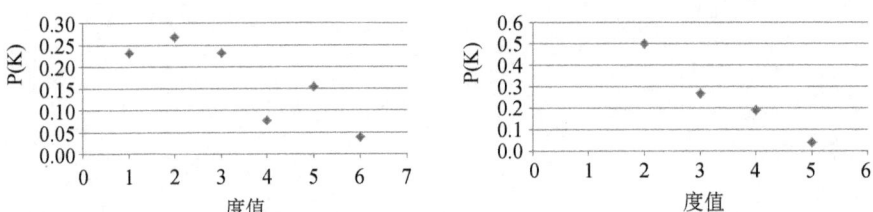

图8-30　不同网络标度的模拟网络度分布（c）　图8-31　不同网络标度的模拟网络度分布（d）

根据表8-18及图8-28至图8-31各标度网络的度分布情况可以看出,当网络越趋向均匀时,其度分布范围越小、越集中,最大度值与最小度值之间的差值也越低。

二、不同标度的网络模型的初始航班信息的确定

严格按照各模拟网络图中机场的连接形式,为每条航线生成一个航班。为使研究方便且结果趋势更为明显,此处缩小航班时刻范围,令其分布于8:00~13:00这样一个时间段内,最终形成共计72个航班的模拟航班时刻表,见附录一。此外,规定所有机场的起飞、降落能力均为1不变,形成机场服务能力表。

在4种不同航线网络中,设定相同的初始延误航班信息,规定4个网络的初始延误航班具有相同的延误机场及延误时间,形成初始延误时刻表,分别含初始延误航班信息1条,如表8-19所示。

表 8-19 初始延误航班表

单位：分钟

仿真步骤	航班代码	始发机场	始发时间	实际起飞时间	目的机场	降落时间	实际降落时间	飞行时间	延误时间	影响时间始	影响时间末
1	HO1007	v12	8:35	9:25	v17	11:20	12:10	165	50	12:10	13:05
2	HO1007	V8	8:35	9:25	v17	11:20	12:10	165	50	12:10	13:05
3	HO1007	v14	8:35	9:25	v17	11:20	12:10	165	50	12:10	13:05
4	HO1007	v15	8:35	9:25	v17	11:20	12:10	165	50	12:10	13:05

三、不同的网络标度造成的航班延误扩散的仿真结果

根据上述已知条件，运用航班延误扩散算法，计算出不同标度网络下同一机场发生初始延误时造成的航班延误扩散情况，如表 8-20 所示。

表 8-20 仿真结果统计表

网络	扩散延误总时长（分钟）	受影响航班数量（班）	受影响机场数量（个）
（a）	1015	7	12
（b）	465	3	6
（c）	320	2	4
（d）	0	0	0

四、仿真结果分析

1. 不同的网络标度与延误总时长的关系

根据表 8-20 可以得出不同的网络标度与扩散延误航班的总时间（不计初始延误的航班）之间的对应关系，如图 8-32 所示。

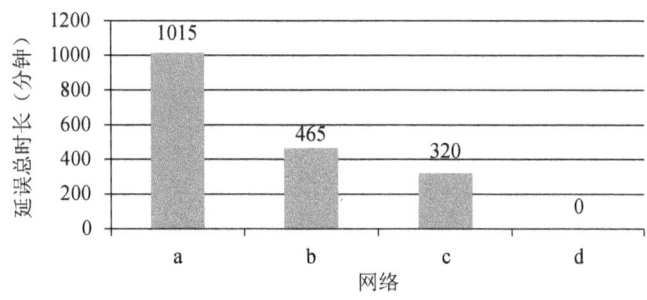

图 8-32 不同的网络标度与延误总时长关系图

根据图 8-32 中的 4 组仿真数据可以看出，不同标度网络下同一机场发生初始延误时造成延误航班的总时间（不计初始延误的航班）也不相同。网络标度与延误扩散的总时长之间成正相关，也就是说，网络越趋向无标度，即机场度值分布越不均匀，则延误航班的总时间就越长；反之亦然。

2. 不同的网络标度与受影响航班数量的关系

根据表 8-20 可以得出不同的网络标度与受影响航班数量（不计初始延误的航班）之间的对应关系，如图 8-33 所示。

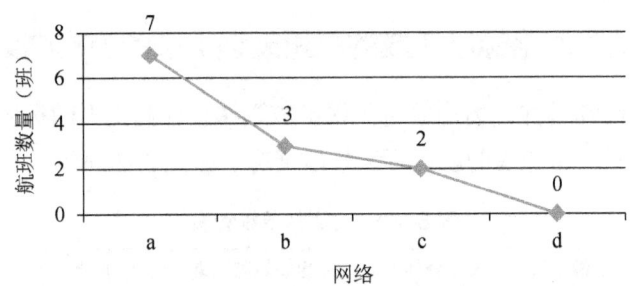

图 8-33 不同的网络标度与受影响航班数量关系图

根据图 8-33 中的 4 组仿真数据可以看出，不同标度网络下同一机场发生初始延误时造成延误航班的数量（不计初始延误的航班）也不相同。网络标度与延误扩散的航班数量之间成正相关，也就是说，网络越趋向无标度，即机场度值分布越不均匀，则延误航班的数量就越多；反之亦然。

3. 不同的网络标度与受影响机场数量的关系

根据表 8-20 可以得出不同的网络标度和度与受影响机场数量（不计初始延误的航班）之间的对应关系，如图 8-34 所示。

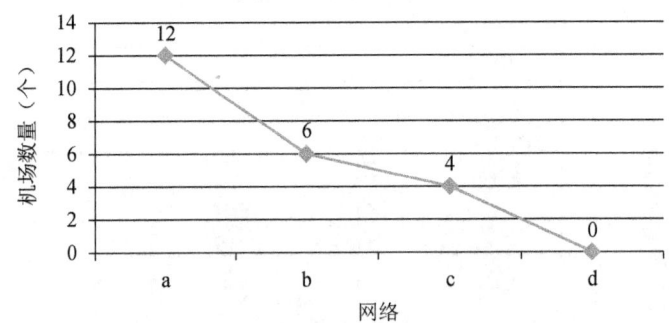

图 8-34 不同的网络标度与受影响机场数量关系图

根据图 8-34 中的 4 组仿真数据可以看出，网络标度不同造成延误机场的数量（不计初始延误的航班）也不相同。网络标度与受影响机场数量之间成正相关，也就是说，网络越趋向无标度，即机场度值分布越不均匀，则受影响的机场数量就越多；反之亦然。

参考文献

[1] 陈春霞. 基于复杂网络的应急物流网络抗毁性研究[J]. 计算机应用研究, 2012(4): 1261-1262.

[2] 陈端兵, 黄晟, 尚明生. 复杂网络模型及其在疫情传播和控制中的应用研究[J]. 计算机科学, 2011(06): 118-121.

[3] 邓亚娟, 杨云峰, 马荣国. 基于复杂网络理论的公路网结构特征[J]. 中国公路学报, 2010(01): 98-104.

[4] 何伟强. 航班延误中的空管原因及对策探讨[J]. 中国民航飞行学院学报, 2013, 24(3): 35-37.

[5] 李靖, 张永安. 复杂网络理论在物流网络研究中的应用[J]. 中国流通经济, 2011(5): 38-42.

[6] 李俊生, 丁建立. 基于贝叶斯网络的航班延误传播分析[J]. 航空学报, 2009, 29(6): 1598-1604.

[7] 李利华, 胡列格, 符卓. 复杂物流网络区间规划模型及算法[J]. 系统工程, 2012(4): 117-122.

[8] 刘宏鲲. 中国航空网络的结构及其影响因素分析[D]. 西南交通大学, 2007.

[9] 刘玉洁, 何丕廉, 刘春波, 曹卫东. 基于贝叶斯网络的航班延误波及研究[J]. 计算机工程与应用, 2008, 44(17): 242-245.

[10] 栾学晨, 杨必胜, 张云菲. 城市道路复杂网络结构化等级分析[J]. 武汉大学学报: 信息科学版, 2012, 37(6): 728-732.

[11] 马宇. 航班延误原因及其对策分析[J]. 商场现代化, 2010(9): 217-218.

[12] 马正平, 崔德光. 机场航班延误优化模型[J]. 清华大学学报: 自然科学版, 2004, 44(4): 74-477.

[13] 任宏, 王春杨. 城市道路交通拥挤问题的经济学分析和对策[J]. 经济地理,

2007, 27(4): 649-652.

[14] 荣耀, 王建东. 基于关键飞行资源的航班延误波及DAG模型的研究[J]. 小型微型计算机系统, 2009(11): 2243-2247.

[15] 邵荃, 罗雄, 吴抗抗, 韩松臣. 基于贝叶斯网络的机场航班延误因素分析[J]. 科学技术与工程, 2012, 12(30): 8120-8124.

[16] 田炜, 邓贵仕, 武佩剑等.世界航运网络复杂性分析[J].大连理工大学学报, 2007, 47(4): 605-609.

[17] 王珊珊, 王建东, 丁建立. 航班延误波及链的有色出现网模型[J]. 计算机科学, 2009, 36(2): 241-244.

[18] 王巡, 段云飞. 航班延误波及效应研究[J]. 经济问题探索, 2013(5): 59-65.

[19] 王亚奇, 蒋国平. 基于元胞自动机考虑传播延迟的复杂网络病毒传播研究[J]. 物理学报, 2011(08).

[20] 翁文国, 倪顺江, 申世飞等. 复杂网络上灾害蔓延动力学研究[J]. 物理学报, 2007, 4(56): 1938-1943.

[21] 许丹, 李翔, 汪小帆. 复杂网络病毒传播的局域控制研究[J]. 物理学报, 2007(03): 1313-1317. 0.

[22] 姚红光, 李智忠. 中国航空网络鲁棒性的牵制控制研究[J]. 武汉理工大学学报: 交通运输与工程版, 2012, 36(5): 907-910.

[23] 姚红光, 朱丽萍. 基于仿真分析的中国航空网络鲁棒性研究[J]. 武汉理工大学学报: 交通运输与工程版, 2012, 36(1): 42-46.

[24] 张起淮. 航班延误问题[J]. 综合运输, 2013(8): 90-91.

[25] 张毅娟, 晏克非. 城市交通拥挤机理的经济解析[J]. 同济大学学报, 2006, 34(3): 359-362.

[26] 郑晓洋. 航班延误波及问题中的航班取消策略探讨[D]. 山东大学, 2011.

[27] 邹建军.再谈航班延误的治理[J]. 中国民用航空, 2013, 149(3): 36-37.

[28] BEATTY R, HSU R, BERRY L, et al. Preliminary evaluation of flight delay propagation through an airline schedule[C]// 2nd USA/Europe Air Traffic Management R&D Seminar. Orlando, USA: FAA C DM Analysis Working Group, 1998, 1-9.

[29] CHOWELL G, HYMAN J M, EUBANK S. Scaling laws for the movement of

people between locations in a large city[J]. Physical Review E, 2003, 68: 066102.

[30] COLIZZA V, BARRAT A, BARTHELEMY M. The role of the airline transportation networks in the prediction and predictability of global epidemics [C]. Proceedings of the National Academy of Sciences USA, 2006a, 102: 2015–2020.

[31] HAU CHAUGING, HSU CHECHANG, LI HUICHIEH. Flight-delay propagation, allowing for behavioural response[J]. Int. J. Critical Infrastructures, 2007, 3(3/4): 301–326.

[32] KHALED F A, SHARMILA S S, SIDHARTHA R, et al. A model for projecting flight delays during irregular operation conditions[J]. Journal of Air Transport Management, 2004, 10(6): 385–394.

[33] LONG JIANCHENG, GAO ZIYOU, REN HUALING, et al. Urban traffic congestion propagation and bottleneck identification[J]. Science in China Series F-Information Sciences, 2008, 51(7): 948–964.

[34] LUBOS B, KARSTEN P, DIRK H. Modeling the dynamics of disaster spreading in networks [J]. Physics A, 2006, 363: 132–140.

[35] MORENO Y, GOMEZ J B, PACHECO A F. Instability of scale-free networks under node-breaking avalanches [J]. arXiv: cond-.mat/0106136 v2, 27 Feb 2002.

[36] PAUL T R W, LISA A S, LEONARD A W. Flight connections and their impacts on delay propagation[J]. Digital Avionics Systems Conference, 2003, 1(5.B.4): 1–9.

[37] RHONDA A S, CHENG V H L. Sensitive of en-route scheduling to variable separation in the terminal area[J]. AIAA–97–3736, 1997.

[38] SUN HUIJUN, WU JIANJUN. Urban traffic congestion spreading in small world networks[J]. International Journal of Modern Physics Letters B, 2005, 19(28), 4239–4246.

[39] VRANAS P, BERTSIMAS D, ODONI A. The multi-airport ground-holding problem in air traffic control[J]. Operations Research, 1992, 42(2): 249–261.

[40] WU JIANJUN, SUN HUIJUN, GAO ZIYOU. Cascading failures on weighted urban traffic equilibrium networks[J]. Physic A, 2007, 386: 407–413.

[41] WU JIANJUN, GAO ZIYOU, SUN HUIJUN, et al. Congestion in different topologies of traffic networks [J]. Europhys Letters, 2006, 74: 560-566

[42] WU JIANJUN, GAO ZIYOU, SUN HUIJUN. Simulation of traffic congestion with SIR model [J]. Modern Physics Letters B, 2004, 18(30), 1537-1542.

[43] WU JIANJUN, GAO ZIYOU, SUN HUIJUN. Simulation of traffic congestion with SIR model [J]. Modern Physics Letters B, 2004a, 8: 1043-1049.

[44] XU NING, KATHRYN B L, CHEN CHUNHUNG, SHANNON C W, LANCE S. Bayesian network analysis of flight delays [J]. TRB 2007 Annual Meeting, 2007.

[45] YAMIR M, ROMUALDO P S, ALEXEI V, et, al. Critical load and congestion instabilities in scale-free networks [J]. arXiv: cond-mat/0209474 v1, 19 Sep 2002.

[46] YAO HONGGUANG, ZHAO JIANI. The research on delay diffusion critical value and mode in logistics network [J]. 12th COTA International Conference of Transportation Professionals, 2012, (6): 1975-1980.

[47] YAO HONGGUANG, ZHAO JIANI. The research on delay mechanism and diffusion critical in logistics network [J]. 2011 International Conference on Computer Science and Logistics Engineering(ICCSLE2011), 2011, (10): 1156-1161.

[48] ZHENG JIANFENG, GAO ZIYOU, ZHAO XIAOMEI. Modeling cascading failures in congested complex networks [J]. Physic A, 2007, 385: 700-706.

附录一

航空网络仿真数据

1. 节点为 26 的模拟航空网络的航班时刻表

序号	航班代码	始发机场	始发时间	目的机场	降落时间	飞行时间（分钟）
1	MU5404	v1	8:00:00	v17	10:40:00	160
2	3U3077	v2	8:00:00	v17	10:25:00	145
3	MU3254	v3	8:00:00	v17	10:25:00	145
4	CZ6321	v4	8:00:00	v8	11:35:00	215
5	MF1098	v5	8:00:00	v7	10:45:00	165
6	MU3342	v9	8:05:00	v13	10:35:00	150
7	MU2152	v19	8:10:00	v20	10:55:00	165
8	MF1432	v6	8:10:00	v24	11:40:00	210
9	HU7142	v17	8:15:00	v5	10:45:00	150
10	GS6439	v5	8:15:00	v26	10:50:00	155
11	GS6439	v23	8:15:00	v17	10:50:00	155
12	FM9303	v8	8:30:00	v14	10:55:00	145
13	ZH1216	v9	8:30:00	v12	11:15:00	165
14	CZ9499	v9	8:30:00	v1	10:35:00	125
15	CZ9354	v5	8:30:00	v24	10:55:00	145
16	CA4439	v17	8:35:00	v3	9:50:00	75

续表

序号	航班代码	始发机场	始发时间	目的机场	降落时间	飞行时间（分钟）
17	CA4310	v8	8:35:00	v25	11:05:00	150
18	9C8843	v23	8:40:00	v20	10:40:00	120
19	8L9645	v6	8:40:00	v17	11:20:00	160
20	MF1242	v17	8:45:00	v2	11:10:00	145
21	CZ6965	v23	8:45:00	v17	11:35:00	170
22	MU5037	v22	8:50:00	v8	11:45:00	175
23	MU5010	v17	8:50:00	v23	10:55:00	125
24	MU4715	v24	9:00:00	v5	11:25:00	145
25	JD5639	v10	9:05:00	v9	10:55:00	110
26	JD5639	v25	9:05:00	v17	10:55:00	110
27	FM9201	v17	9:20:00	v5	11:55:00	155
28	ZH9719	v9	9:20:00	v10	14:00:00	280
29	CZ9352	v8	9:30:00	v16	11:55:00	145
30	CZ9356	v17	9:30:00	v21	11:55:00	145
31	MU5406	v8	9:35:00	v4	12:20:00	165
32	SC1198	v26	9:40:00	v17	11:30:00	110
33	SC1198	v12	9:40:00	v9	11:30:00	110
34	MF1380	v13	9:45:00	v12	12:10:00	145
35	MU5009	v17	9:55:00	v6	12:25:00	150
36	SC4963	v7	9:55:00	v5	11:55:00	120
37	MU3272	v17	10:00:00	v25	12:25:00	145
38	MF4139	v17	10:15:00	v12	12:10:00	115
39	ZH4513	v8	10:25:00	v9	13:25:00	180
40	3U8738	v24	10:25:00	v17	12:55:00	150
41	CZ9355	v9	10:30:00	v4	12:55:00	145
42	9C8836	v17	10:40:00	v26	13:05:00	145
43	CZ6433	v14	10:45:00	v17	12:25:00	100
44	GS7929	v16	10:50:00	v5	12:45:00	115
45	MF1369	v17	11:00:00	v24	13:25:00	145

续表

序号	航班代码	始发机场	始发时间	目的机场	降落时间	飞行时间（分钟）
46	MU4680	v18	11:00:00	v17	13:35:00	155
47	MU292	v8	11:05:00	v22	13:55:00	170
48	MU2295	v10	11:05:00	v17	12:40:00	95
49	HO1209	v4	11:15:00	v9	14:05:00	170
50	HU7122	v17	11:20:00	v16	13:40:00	140
51	MF4208	v14	11:25:00	v8	14:10:00	165
52	MU5624	v20	11:25:00	v19	13:20:00	115
53	CZ9357	v13	11:30:00	v9	13:55:00	145
54	CA4306	v17	11:30:00	v18	14:00:00	150
55	9C8844	v9	11:30:00	v5	13:30:00	120
56	CZ3652	v17	11:40:00	v14	14:30:00	170
57	MF1358	v5	11:45:00	v16	14:10:00	145
58	MU3195	v25	11:50:00	v8	14:15:00	145
59	EU2724	v11	11:55:00	v17	17:40:00	345
60	MU4018	v15	12:15:00	v18	16:40:00	265
61	ZH1948	v20	12:20:00	v23	15:20:00	180
62	MF4131	v26	12:20:00	v5	14:10:00	110
63	MU5307	v19	12:30:00	v21	15:00:00	150
64	FM9310	v16	12:30:00	v8	14:55:00	145
65	9C8977	v17	12:55:00	v10	15:10:00	135
66	ZH1943	v5	12:55:00	v9	18:25:00	330
67	CZ3768	v18	13:00:00	v15	14:15:00	75
68	MU3266	v9	13:00:00	v8	15:25:00	145
69	CZ3204	v21	13:00:00	v19	15:40:00	160
70	MU521	v5	8:00:00	v17	9:20:00	80
71	HO1007	v12	8:35:00	v17	11:20:00	165
72	CA3981	v8	10:45:00	v17	13:30:00	165

2. 节点为 13 的模拟航空网络的航班时刻表

序号	航班代码	始发机场	始发时间	目的机场	降落时间	飞行时间（分钟）
1	MU5404	v1	8:00:00	v8	10:40:00	160
2	MU3254	v3	8:00:00	v7	10:25:00	145
3	CZ6321	v4	8:00:00	v6	11:35:00	215
4	3U3077	v7	8:00:00	v13	10:25:00	145
5	MU3342	v7	8:05:00	v9	10:35:00	150
6	MU2152	v8	8:10:00	v1	10:55:00	165
7	MF1432	v5	8:10:00	v13	10:10:00	120
8	CZ9499	v1	8:30:00	v11	10:35:00	125
9	CA4310	v6	8:35:00	v4	11:05:00	150
10	CZ6965	v13	8:45:00	v10	11:35:00	170
11	JD5639	v11	9:05:00	v1	10:55:00	110
12	ZH9719	v12	9:20:00	v13	11:30:00	130
13	MU5406	v1	9:35:00	v13	11:40:00	125
14	SC1198	v9	9:40:00	v7	11:30:00	110
15	MF1380	v13	9:45:00	v2	12:10:00	145
16	SC4963	v7	9:55:00	v3	11:55:00	120
17	9C8844	v10	9:55:00	v13	11:30:00	95
18	MF4139	v13	10:15:00	v1	12:10:00	115
19	3U8738	v7	10:25:00	v6	12:55:00	150
20	9C8836	v13	10:40:00	v12	13:05:00	145
21	GS7929	v2	10:50:00	v13	12:00:00	70
22	HU7122	v13	11:20:00	v5	13:40:00	140
23	EU2724	v6	11:55:00	v7	13:40:00	105
24	9C8977	v13	12:55:00	v7	15:10:00	135

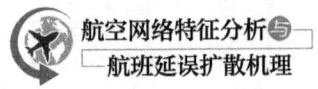

3. 节点为39的模拟航空网络的航班时刻表

序号	航班代码	始发机场	始发时间	目的机场	降落时间	飞行时间（分钟）
1	MU5404	v1	8:00:00	v17	10:40:00	160
2	3U3077	v2	8:00:00	v17	10:25:00	145
3	MU3254	v3	8:00:00	v17	10:25:00	145
4	CZ6321	v4	8:00:00	v8	11:35:00	215
5	MF1098	v5	8:00:00	v7	10:45:00	165
6	MU3342	v9	8:05:00	v13	10:35:00	150
7	MU2152	v19	8:10:00	v20	10:55:00	165
8	MF1432	v6	8:10:00	v24	11:40:00	210
9	HU7142	v17	8:15:00	v5	10:45:00	150
10	GS6439	v5	8:15:00	v26	10:50:00	155
11	GS6439	v23	8:15:00	v17	10:50:00	155
12	FM9303	v8	8:30:00	v14	10:55:00	145
13	ZH1216	v9	8:30:00	v12	11:15:00	165
14	CZ9499	v9	8:30:00	v1	10:35:00	125
15	CZ9354	v5	8:30:00	v24	10:55:00	145
16	CA4439	v17	8:35:00	v3	9:50:00	75
17	CA4310	v8	8:35:00	v25	11:05:00	150
18	9C8843	v23	8:40:00	v20	10:40:00	120
19	8L9645	v6	8:40:00	v17	11:20:00	160
20	MF1242	v17	8:45:00	v2	11:10:00	145
21	CZ6965	v23	8:45:00	v17	11:35:00	170
22	MU5037	v22	8:50:00	v8	11:45:00	175

续表

序号	航班代码	始发机场	始发时间	目的机场	降落时间	飞行时间（分钟）
23	MU5010	v17	8:50:00	v23	10:55:00	125
24	MU4715	v24	9:00:00	v5	11:25:00	145
25	JD5639	v10	9:05:00	v9	10:55:00	110
26	JD5639	v25	9:05:00	v17	10:55:00	110
27	FM9201	v17	9:20:00	v5	11:55:00	155
28	ZH9719	v9	9:20:00	v10	14:00:00	280
29	CZ9352	v8	9:30:00	v16	11:55:00	145
30	CZ9356	v17	9:30:00	v21	11:55:00	145
31	MU5406	v8	9:35:00	v4	12:20:00	165
32	SC1198	v26	9:40:00	v17	11:30:00	110
33	SC1198	v12	9:40:00	v9	11:30:00	110
34	MF1380	v13	9:45:00	v12	12:10:00	145
35	MU5009	v17	9:55:00	v6	12:25:00	150
36	SC4963	v7	9:55:00	v5	11:55:00	120
37	MU3272	v17	10:00:00	v25	12:25:00	145
38	MF4139	v17	10:15:00	v12	12:10:00	115
39	ZH4513	v8	10:25:00	v9	13:25:00	180
40	3U8738	v24	10:25:00	v17	12:55:00	150
41	CZ9355	v9	10:30:00	v4	12:55:00	145
42	9C8836	v17	10:40:00	v26	13:05:00	145
43	CZ6433	v14	10:45:00	v17	12:25:00	100
44	GS7929	v16	10:50:00	v5	12:45:00	115
45	MF1369	v17	11:00:00	v24	13:25:00	145
46	MU4680	v18	11:00:00	v17	13:35:00	155
47	MU292	v8	11:05:00	v22	13:55:00	170
48	MU2295	v10	11:05:00	v17	12:40:00	95

续表

序号	航班代码	始发机场	始发时间	目的机场	降落时间	飞行时间（分钟）
49	HO1209	v4	11:15:00	v9	14:05:00	170
50	HU7122	v17	11:20:00	v16	13:40:00	140
51	MF4208	v14	11:25:00	v8	14:10:00	165
52	MU5624	v20	11:25:00	v19	13:20:00	115
53	CZ9357	v13	11:30:00	v9	13:55:00	145
54	CA4306	v17	11:30:00	v18	14:00:00	150
55	9C8844	v9	11:30:00	v5	13:30:00	120
56	CZ3652	v17	11:40:00	v14	14:30:00	170
57	MF1358	v5	11:45:00	v16	14:10:00	145
58	MU3195	v25	11:50:00	v8	14:15:00	145
59	EU2724	v11	11:55:00	v17	17:40:00	345
60	MU4018	v15	12:15:00	v18	16:40:00	265
61	ZH1948	v20	12:20:00	v23	15:20:00	180
62	MF4131	v26	12:20:00	v5	14:10:00	110
63	MU5307	v19	12:30:00	v21	15:00:00	150
64	FM9310	v16	12:30:00	v8	14:55:00	145
65	9C8977	v17	12:55:00	v10	15:10:00	135
66	ZH1943	v5	12:55:00	v9	18:25:00	330
67	CZ3768	v18	13:00:00	v15	14:15:00	75
68	MU3266	v9	13:00:00	v8	15:25:00	145
69	CZ3204	v21	13:00:00	v19	15:40:00	160
70	MU521	v5	8:00:00	v17	9:20:00	80
71	HO1007	v12	8:35:00	v17	11:20:00	165
72	CA3981	v8	10:45:00	v17	13:30:00	165

4. 节点为52的模拟航空网络的航班时刻表

序号	航班代码	始发机场	始发时间	目的机场	降落时间	飞行时间（分钟）
1	MU5404	v1	8:00:00	v2	10:40:00	160
2	MU3254	v6	8:00:00	v14	11:00:00	180
3	CZ6321	v12	8:00:00	v21	11:35:00	215
4	MU521	v5	8:00:00	v15	10:00:00	120
5	MF1098	v14	8:00:00	v15	10:45:00	165
6	MU5401	v2	8:00:00	v1	10:40:00	160
7	3U3071	v14	8:00:00	v1	11:25:00	205
8	MU3251	v14	8:00:00	v6	10:25:00	145
9	CZ6322	v21	8:00:00	v12	11:35:00	215
10	MU522	v15	8:00:00	v5	10:00:00	120
11	MF1091	v15	8:00:00	v14	10:45:00	165
12	3U3077	v1	8:00:00	v6	10:25:00	145
13	MU3342	v2	8:05:00	v4	10:35:00	150
14	CZ3651	v14	8:05:00	v21	10:35:00	150
15	MU3341	v19	8:05:00	v27	10:15:00	130
16	MU3341	v4	8:05:00	v2	10:35:00	150
17	CZ3652	v21	8:05:00	v14	10:35:00	150
18	HO1767	v29	8:10:00	v35	10:55:00	165
19	MU2152	v6	8:10:00	v34	11:25:00	195
20	MF1432	v1	8:10:00	v3	11:40:00	210
21	CZ6615	v31	8:10:00	v34	10:20:00	130
22	MU2151	v14	8:10:00	v5	10:55:00	165
23	HO1763	v35	8:10:00	v29	10:55:00	165
24	MU2153	v34	8:10:00	v6	10:55:00	165
25	MF1433	v3	8:10:00	v1	11:40:00	210

续表

序号	航班代码	始发机场	始发时间	目的机场	降落时间	飞行时间（分钟）
26	CZ6613	v34	8:10:00	v31	10:20:00	130
27	HU7142	v12	8:15:00	v14	11:20:00	185
28	SC4515	v5	8:15:00	v9	11:20:00	185
29	MF1230	v14	8:15:00	v22	10:40:00	145
30	GS6439	v22	8:15:00	v30	10:50:00	155
31	HU7143	v14	8:15:00	v12	10:45:00	150
32	SC4513	v9	8:15:00	v5	10:50:00	155
33	MF1230	v22	8:15:00	v14	10:40:00	145
34	GS6433	v30	8:15:00	v22	10:50:00	155
35	FM9304	v32	8:20:00	v37	10:00:00	100
36	ZH1217	v2	8:20:00	v14	10:25:00	125
37	ZH1211	v4	8:20:00	v12	10:10:00	110
38	FM9303	v37	8:20:00	v32	10:00:00	100
39	ZH1213	v14	8:20:00	v2	10:25:00	125
40	CZ9490	v6	8:25:00	v35	9:55:00	90
41	ZH1218	v5	8:25:00	v7	11:15:00	170
42	CZ9493	v35	8:25:00	v6	11:25:00	180
43	ZH1213	v7	8:25:00	v5	11:15:00	170
44	CZ9494	v14	8:30:00	v24	10:35:00	125
45	ZH1218	v1	8:30:00	v4	11:15:00	165
46	CZ9354	v12	8:30:00	v25	10:55:00	145
47	CZ9493	v24	8:30:00	v14	10:35:00	125
48	ZH1213	v4	8:30:00	v1	11:15:00	165
49	CZ9353	v25	8:30:00	v12	10:55:00	145
50	HO1009	v4	8:35:00	v51	11:20:00	165
51	HO1007	v5	8:35:00	v16	11:20:00	165
52	CA4439	v35	8:35:00	v46	9:50:00	75
53	CA4310	v14	8:35:00	25	11:05:00	150
54	HO1005	v51	8:35:00	v4	11:20:00	165

续表

序号	航班代码	始发机场	始发时间	目的机场	降落时间	飞行时间（分钟）
55	HO1005	v16	8:35:00	v5	11:20:00	165
56	CA4435	v46	8:35:00	v35	9:50:00	75
57	CA4315	25	8:35:00	v14	11:05:00	150
58	9C8843	v1	8:40:00	v5	10:40:00	120
59	8L9645	v31	8:40:00	v47	11:20:00	160
60	8L9641	v25	8:40:00	v38	11:10:00	150
61	8L9642	v47	8:40:00	v31	11:20:00	160
62	MF1242	v6	8:45:00	47	11:10:00	145
63	CZ3596	v2	8:45:00	v19	11:10:00	145
64	CZ6965	v12	8:45:00	v25	11:35:00	170
65	CZ6965	v21	8:45:00	v47	11:35:00	170
66	MF1242	47	8:45:00	v6	11:30:00	165
67	CZ3593	v19	8:45:00	v2	11:10:00	145
68	CZ6963	v25	8:45:00	v12	11:35:00	170
69	CZ6963	v47	8:45:00	v21	11:35:00	170
70	MU5037	v1	8:50:00	v14	11:45:00	175
71	MU5010	v5	8:50:00	v17	10:55:00	125
72	9C8842	v5	8:50:00	v1	11:40:00	170
73	MU5037	v6	8:50:00	v1	11:45:00	175
74	MU5010	v17	8:50:00	v5	10:55:00	125
75	FM9305	v14	9:00:00	v27	11:25:00	145
76	MU4715	v4	9:00:00	v46	11:25:00	145
77	MU2151	v35	9:00:00	v48	11:15:00	135
78	FM9304	v27	9:00:00	v14	11:25:00	145
79	MU4714	v46	9:00:00	v4	11:25:00	145
80	MU2156	v48	9:00:00	v35	11:15:00	135
81	CA1838	v6	9:05:00	v48	11:30:00	145
82	JD5639	v22	9:05:00	v25	10:55:00	110
83	MU5674	v12	9:05:00	v38	11:00:00	115

续表

序号	航班代码	始发机场	始发时间	目的机场	降落时间	飞行时间（分钟）
84	JD5639	v1	9:05:00	v7	10:55:00	110
85	CA1836	v48	9:05:00	v6	11:30:00	145
86	JD5637	v25	9:05:00	v22	10:55:00	110
87	MU5673	v38	9:05:00	v12	11:00:00	115
88	JD5636	v7	9:05:00	v1	11:35:00	150
89	MU2152	v5	9:10:00	v14	11:45:00	155
90	ZH9719	v14	9:10:00	v35	12:00:00	170
91	ZH9717	v12	9:10:00	v51	11:00:00	110
92	ZH9719	v35	9:10:00	v14	12:00:00	170
93	ZH9717	v51	9:10:00	v12	11:00:00	110
94	MU5634	v7	9:15:00	v14	11:20:00	125
95	JD5623	v14	9:15:00	v35	10:15:00	60
96	JD5621	v11	9:15:00	v25	10:15:00	60
97	MU5633	v14	9:15:00	v7	11:00:00	105
98	JD5626	v35	9:15:00	v14	10:15:00	60
99	MU9201	v5	9:20:00	v28	11:15:00	115
100	FM9201	v4	9:20:00	v39	11:35:00	135
101	MU9207	v28	9:20:00	v5	11:15:00	115
102	FM9209	v39	9:20:00	v4	11:35:00	135
103	MU9256	v2	9:25:00	v30	11:25:00	120
104	FM9298	v21	9:25:00	v34	11:55:00	150
105	SC4307	v5	9:25:00	v29	11:45:00	140
106	MU9256	v30	9:25:00	v2	11:25:00	120
107	FM9298	v34	9:25:00	v21	11:55:00	150
108	SC4307	v29	9:25:00	v5	11:45:00	140
109	CZ9352	v20	9:30:00	v46	11:55:00	145
110	CZ9356	v1	9:30:00	v8	11:55:00	145
111	CA4306	v9	9:30:00	v14	11:40:00	130
112	CZ9352	v46	9:30:00	v20	11:55:00	145

续表

序号	航班代码	始发机场	始发时间	目的机场	降落时间	飞行时间（分钟）
113	CZ9356	v8	9:30:00	v1	11:55:00	145
114	MU5406	v37	9:35:00	v45	12:20:00	165
115	MU5406	v45	9:35:00	v37	12:20:00	165
116	MU5321	v13	9:40:00	v17	12:05:00	145
117	SC1198	v7	9:40:00	v15	11:30:00	110
118	SC1198	v4	9:40:00	v33	11:30:00	110
119	CZ3081	v5	9:40:00	v30	11:20:00	100
120	MU5321	v17	9:40:00	v13	12:05:00	145
121	SC1198	v15	9:40:00	v7	11:30:00	110
122	SC1198	v33	9:40:00	v4	11:30:00	110
123	CZ3081	v30	9:40:00	v5	11:20:00	100
124	MF1380	v2	9:45:00	v35	12:10:00	145
125	FM9125	v1	9:45:00	v14	11:45:00	120
126	MF1380	v35	9:45:00	v2	12:10:00	145
127	MU2301	v14	9:50:00	v40	12:25:00	155
128	MU2301	v40	9:50:00	v14	12:25:00	155
129	MU5009	v20	9:55:00	v33	12:25:00	150
130	MU9302	v41	9:55:00	v53	12:25:00	150
131	SC4963	v5	9:55:00	v31	11:55:00	120
132	SC4963	v44	9:55:00	v47	11:55:00	120
133	MU5009	v33	9:55:00	v20	12:25:00	150
134	MU9302	v53	9:55:00	v41	12:25:00	150
135	SC4963	v31	9:55:00	v5	11:55:00	120
136	SC4963	v47	9:55:00	v44	11:55:00	120
137	MU3272	v1	10:00:00	v9	12:25:00	145
138	HO1770	v7	10:00:00	21	12:10:00	130
139	MU3272	v9	10:00:00	v1	12:25:00	145
140	HO1770	21	10:00:00	v7	12:10:00	130
141	MF4139	v14	10:15:00	v48	12:10:00	115

续表

序号	航班代码	始发机场	始发时间	目的机场	降落时间	飞行时间（分钟）
142	MF4139	v48	10:15:00	v14	12:10:00	115
143	MU3218	v4	10:20:00	v25	12:50:00	150
144	ZH1948	v3	10:20:00	v14	14:20:00	240
145	MU3218	v25	10:20:00	v4	12:50:00	150
146	FM9191	v25	10:25:00	v51	12:35:00	130
147	ZH4513	v45	10:25:00	v48	13:25:00	180
148	3U8738	v2	10:25:00	v43	12:55:00	150
149	ZH5010	v5	10:25:00	v32	12:20:00	115
150	MU5624	v4	10:25:00	v18	11:55:00	90
151	FM9191	v51	10:25:00	v25	12:35:00	130
152	ZH4513	v48	10:25:00	v45	13:25:00	180
153	3U8738	v43	10:25:00	v2	12:55:00	150
154	ZH5010	v32	10:25:00	v5	12:20:00	115
155	MU5624	v25	10:25:00	v16	11:55:00	90
156	CZ9355	v20	10:30:00	v25	12:55:00	145
157	MU5306	v22	10:30:00	v44	12:50:00	140
158	CZ9355	v25	10:30:00	v20	12:55:00	145
159	MU5306	v44	10:30:00	v22	12:50:00	140
160	9C8836	v15	10:40:00	v24	13:05:00	145
161	9C8836	v24	10:40:00	v15	13:05:00	145
162	MF4130	v1	10:45:00	v10	12:45:00	120
163	CA3981	v45	10:45:00	v51	13:30:00	165
164	HU7144	v8	10:45:00	v14	12:05:00	80
165	MF1870	v5	10:45:00	v33	14:20:00	215
166	CZ6433	v4	10:45:00	v19	12:25:00	100
167	MF4130	v10	10:45:00	v1	12:45:00	120
168	CA3981	v51	10:45:00	v45	13:30:00	165
169	HU7144	v14	10:45:00	v8	13:20:00	155
170	EU2236	v33	10:45:00	v5	13:15:00	150

续表

序号	航班代码	始发机场	始发时间	目的机场	降落时间	飞行时间（分钟）
171	MF1870	v19	10:45:00	v4	14:20:00	215
172	CZ6433	v11	10:45:00	v1	12:25:00	100
173	MF1254	v1	10:50:00	v11	13:15:00	145
174	GS7929	v20	10:50:00	v25	12:45:00	115
175	GS7929	v15	10:50:00	v30	12:45:00	115
176	MF1254	v25	10:50:00	v20	13:15:00	145
177	GS7929	v30	10:50:00	v15	12:45:00	115
178	GS7929	v30	10:50:00	v8	12:45:00	115
179	MF1369	v8	11:00:00	v30	13:25:00	145
180	MU4680	v25	11:00:00	v43	13:35:00	155
181	MF1369	v43	11:00:00	v25	13:25:00	145
182	MU4680	v42	11:00:00	v1	13:35:00	155
183	MU292	v1	11:05:00	v42	13:55:00	170
184	MU5641	v5	11:05:00	v34	13:20:00	135
185	MU2295	v23	11:05:00	v24	12:40:00	95
186	MF1198	v1	11:05:00	v12	12:15:00	70
187	MF1191	v1	11:05:00	v33	12:35:00	90
188	MU292	v34	11:05:00	v5	13:55:00	170
189	MU5641	v24	11:05:00	v23	13:20:00	135
190	MU292	v12	11:05:00	v1	13:55:00	170
191	MU2295	v43	11:05:00	v8	12:40:00	95
192	MF1198	v35	11:05:00	v5	12:15:00	70
193	3U8963	v43	11:10:00	v15	14:05:00	175
194	HO1209	v8	11:15:00	v43	14:05:00	170
195	ZH9674	v5	11:15:00	v35	13:40:00	145
196	HO1209	v48	11:15:00	v2	14:05:00	170
197	ZH9674	v18	11:15:00	v4	13:40:00	145
198	HU7122	v15	11:20:00	v43	13:40:00	140
199	HU7127	v1	11:20:00	v35	13:20:00	120

续表

序号	航班代码	始发机场	始发时间	目的机场	降落时间	飞行时间（分钟）
200	HU7122	v46	11:20:00	v19	13:40:00	140
201	MF4208	v2	11:25:00	v48	14:10:00	165
202	MF4208	v13	11:25:00	v1	14:10:00	165
203	MF4208	v14	11:25:00	v9	14:10:00	165
204	MU5305	v19	11:30:00	v46	13:55:00	145
205	CZ9357	v1	11:30:00	v13	13:55:00	145
206	FM9306	v16	11:30:00	v25	14:05:00	155
207	9C8844	v3	11:30:00	v4	13:30:00	120
208	FM9301	v25	11:30:00	v40	13:05:00	95
209	MU5305	v4	11:30:00	v3	13:55:00	145
210	CZ9357	v36	11:30:00	v1	13:55:00	145
211	CA4306	v25	11:30:00	v23	14:00:00	150
212	FM9306	v43	11:30:00	v5	14:05:00	155
213	9C8844	v18	11:30:00	v9	13:30:00	120
214	ZH5052	v14	11:30:00	v1	13:40:00	130
215	ZH5011	v1	11:35:00	v36	13:40:00	125
216	ZH5011	v38	11:35:00	v16	13:40:00	125
217	CZ3652	v23	11:40:00	v25	14:30:00	170
218	MF1474	v5	11:40:00	v43	14:30:00	170
219	CZ3652	v17	11:40:00	v4	14:30:00	170
220	MF1474	v40	11:40:00	v19	14:30:00	170
221	MF1358	v9	11:45:00	v18	14:10:00	145
222	HU7141	v16	11:45:00	v38	14:10:00	145
223	MF1358	v5	11:45:00	v3	14:10:00	145
224	FM9125	v15	11:45:00	v1	15:05:00	200
225	HU7141	v21	11:45:00	v9	14:10:00	145
226	MU3195	v4	11:50:00	v17	14:15:00	145
227	MU3195	v44	11:50:00	v5	14:15:00	145
228	EU2724	v19	11:55:00	v40	17:40:00	345

续表

序号	航班代码	始发机场	始发时间	目的机场	降落时间	飞行时间（分钟）
229	CA4317	v51	11:55:00	v16	14:20:00	145
230	EU2724	v17	11:55:00	v4	17:40:00	345
231	CZ3235	v3	12:00:00	v5	14:20:00	140
232	CZ3235	v14	12:00:00	v3	14:20:00	140
233	MU2157	v30	12:00:00	v25	14:15:00	135
234	MU2153	v1	12:05:00	v15	14:55:00	170
235	MU4016	v9	12:05:00	v21	14:40:00	155
236	MU2153	v16	12:05:00	v1	14:55:00	170
237	MU4016	v14	12:05:00	v10	14:40:00	155
238	MU3221	v5	12:10:00	v44	14:00:00	110
239	MU3221	v22	12:10:00	v19	14:00:00	110
240	MU2154	v35	12:10:00	v25	14:15:00	125
241	MU4018	v16	12:15:00	v51	13:40:00	85
242	MU3222	v4	12:15:00	v17	14:45:00	150
243	MU4018	v5	12:15:00	v4	13:40:00	85
244	MU3222	v21	12:15:00	v11	14:45:00	150
245	MF4131	v25	12:20:00	v30	14:10:00	110
246	ZH1948	v17	12:20:00	v1	14:20:00	120
247	MF4131	v22	12:20:00	v19	14:10:00	110
248	ZH1215	v35	12:20:00	v25	14:35:00	135
249	MF8071	v1	12:25:00	v16	14:35:00	130
250	MF8073	v19	12:25:00	v33	13:45:00	80
251	MF8071	v10	12:25:00	v4	14:35:00	130
252	CZ6323	v18	12:25:00	v1	16:00:00	215
253	MU5307	v10	12:30:00	v14	15:00:00	150
254	MU5483	v11	12:30:00	v26	15:15:00	165
255	MU5307	v24	12:30:00	v11	15:00:00	150
256	MU5480	v29	12:30:00	v1	15:15:00	165
257	ZH1837	v19	12:35:00	v22	14:55:00	140

续表

序号	航班代码	始发机场	始发时间	目的机场	降落时间	飞行时间（分钟）
258	MU9308	v25	12:35:00	v35	15:00:00	145
259	ZH1837	v27	12:35:00	v19	14:55:00	140
260	MU9308	v12	12:35:00	v4	15:00:00	145
261	TV9865	v4	12:40:00	v5	15:20:00	160
262	TV9865	v38	12:40:00	v25	15:20:00	160
263	MF1479	v25	12:40:00	v11	15:15:00	155
264	9C8855	v11	12:45:00	v21	15:05:00	140
265	MU2254	v1	12:45:00	v17	15:25:00	160
266	CZ381	v4	12:45:00	v14	15:25:00	160
267	9C8855	v33	12:45:00	v1	15:05:00	140
268	CZ380	v40	12:45:00	v25	15:15:00	150
269	MU2254	v33	12:45:00	v19	15:25:00	160
270	9C8977	v19	12:55:00	v22	15:10:00	135
271	CA8925	v25	12:55:00	v35	15:40:00	165
272	CA8925	v4	12:55:00	v10	15:40:00	165
273	MF1511	v1	12:55:00	v18	14:40:00	105
274	9C8977	v14	12:55:00	v4	15:10:00	135
275	CZ6322	v35	12:55:00	v1	16:20:00	205
276	CA8925	v26	12:55:00	v11	15:40:00	165
277	MU3266	v11	13:00:00	v24	15:25:00	145
278	CZ3204	v1	13:00:00	v29	15:40:00	160

附录二 航班延误扩散算法程序源代码

```cpp
// PlaneDlg.h : 头文件
//
#pragma once
#include "afxcmn.h"
// CPlaneDlg 对话框
class CPlaneDlg : public CDialog
{
// 构造
public:
    CString path;
    CPlaneDlg(CWnd* pParent = NULL);    // 标准构造函数
// 对话框数据
    enum { IDD = IDD_PLANE_DIALOG };
    protected:
    virtual void DoDataExchange(CDataExchange* pDX);    // DDX/DDV 支持
// 实现
protected:
    HICON m_hIcon;
    // 生成的消息映射函数
    virtual BOOL OnInitDialog();
```

```cpp
afx_msg void OnPaint();
afx_msg HCURSOR OnQueryDragIcon();
DECLARE_MESSAGE_MAP()
public:
    afx_msg void OnBnClickedOk();
    CListCtrl mList1;
    afx_msg void OnExit();
    CListCtrl mList2;
    CListCtrl mList3;
    CListCtrl mList4;
    CListCtrl mList5;
    void UpdateList1(void);
    void ReadSet(void);
    void SaveSet(void);
    afx_msg void OnSaveInfo();
    CString info[9];
    COleDateTime mT1;
    COleDateTime mT2;
    afx_msg void OnNMClickList1(NMHDR *pNMHDR, LRESULT *pResult);
    afx_msg void OnBnClickedButton2();
    UINT Tt;
    UINT derT;
    UINT TpB;
    UINT TpC;
    UINT TpD;
    UINT Tid;
    afx_msg void OnMenuExit();
    afx_msg void OnReadInfo();
    afx_msg void OnCal();
    int ReadTimeTable(void);
```

```cpp
    int ReadDelayTable(void);
    void Read3Table(void);
};
// PlaneDlg.cpp : 实现文件
//
#include "stdafx.h"
#include "Plane.h"
#include "PlaneDlg.h"
#ifdef _DEBUG
#define new DEBUG_NEW
#endif
// CPlaneDlg 对话框
int ID[9]={IDC_EDIT1,IDC_EDIT2,IDC_EDIT3,IDC_EDIT4,IDC_EDIT5
,IDC_EDIT6,IDC_EDIT7,IDC_EDIT8,IDC_EDIT15};
CArray<CPlaneInfo*,CPlaneInfo*>pInfoArray;
CArray<CTimeTable*,CTimeTable*>pTTArray;
CArray<CTimeDelay*,CTimeDelay*>pTDArray;
typedef struct FWDATA{
    CString name;
    int v[2];
}FWDATA;
CArray<FWDATA*,FWDATA*>pFWdatas;


CPlaneDlg::CPlaneDlg(CWnd* pParent /*=NULL*/)
    : CDialog(CPlaneDlg::IDD, pParent)
    , mT1(COleDateTime::GetCurrentTime())
    , mT2(COleDateTime::GetCurrentTime())
    , Tt(55)
    , derT(15)
    , TpB(110)
```

, TpC(90)

, TpD(110)

, Tid(180)

```
{
    m_hIcon = AfxGetApp()->LoadIcon(IDR_MAINFRAME);
    /*FWDATA* pFWD=new FWDATA[4];
    pFWD[0].name="SHA";
    pFWD[0].v[0]=3;
    pFWD[0].v[1]=2;
    pFWD[1].name="CAN";
    pFWD[1].v[0]=3;
    pFWD[1].v[1]=2;
    pFWD[2].name="SIA";
    pFWD[2].v[0]=2;
    pFWD[2].v[1]=1;
    pFWD[3].name="CTU";
    pFWD[3].v[0]=2;
    pFWD[3].v[1]=2;
    for(int i=0;i<4;i++)
        pFWdatas.Add(&pFWD[i]);*/
}
void CPlaneDlg::DoDataExchange(CDataExchange* pDX)
{
    CDialog::DoDataExchange(pDX);
    DDX_Control(pDX, IDC_LIST1, mList1);
    DDX_Control(pDX, IDC_LIST2, mList2);
    DDX_Control(pDX, IDC_LIST3, mList3);
    DDX_Control(pDX, IDC_LIST4, mList4);
    DDX_Control(pDX, IDC_LIST5, mList5);
    for(int i=0;i<9;i++)
```

```cpp
        DDX_Text(pDX, ID[i], info[i]);
    DDX_DateTimeCtrl(pDX, IDC_DATETIMEPICKER1, mT1);
    DDX_DateTimeCtrl(pDX, IDC_DATETIMEPICKER2, mT2);
    DDX_Text(pDX, IDC_EDIT9, Tt);
    DDX_Text(pDX, IDC_EDIT13, derT);
    DDX_Text(pDX, IDC_EDIT10, TpB);
    DDX_Text(pDX, IDC_EDIT11, TpC);
    DDX_Text(pDX, IDC_EDIT12, TpD);
    DDX_Text(pDX, IDC_EDIT14, Tid);
}
BEGIN_MESSAGE_MAP(CPlaneDlg, CDialog)
    ON_WM_PAINT()
    ON_WM_QUERYDRAGICON()
    //}}AFX_MSG_MAP
    ON_BN_CLICKED(IDOK, &CPlaneDlg::OnBnClickedOk)
    ON_BN_CLICKED(IDC_BUTTON3, &CPlaneDlg::OnExit)
    ON_BN_CLICKED(IDC_BUTTON1, &CPlaneDlg::OnSaveInfo)
    ON_NOTIFY(NM_CLICK, IDC_LIST1, &CPlaneDlg::OnNMClickList1)
    ON_BN_CLICKED(IDC_BUTTON2, &CPlaneDlg::OnBnClickedButton2)
    ON_COMMAND(ID_32777, &CPlaneDlg::OnMenuExit)
    ON_BN_CLICKED(IDC_BUTTON4, &CPlaneDlg::OnReadInfo)
    ON_BN_CLICKED(IDC_BUTTON5, &CPlaneDlg::OnCal)
END_MESSAGE_MAP()
// CPlaneDlg 消息处理程序
BOOL CPlaneDlg::OnInitDialog()
{
    CDialog::OnInitDialog();
    // 设置此对话框的图标。当应用程序主窗口不是对话框时,框架将自动
    // 执行此操作
    SetIcon(m_hIcon, TRUE);            // 设置大图标
```

```cpp
SetIcon(m_hIcon, FALSE);            // 设置小图标
// TODO: 在此添加额外的初始化代码

if (!AfxOleInit())
{
    AfxMessageBox(_T("无法初始化COM的动态连接库"));
    return FALSE;
}
CStartDlg mdlg;
mdlg.DoModal();
DWORD dwStyle = mList1.GetExtendedStyle();
dwStyle |= LVS_EX_GRIDLINES;//网格线（只适用与report风格的listctrl）
dwStyle |= LVS_EX_DOUBLEBUFFER;//双缓冲
mList1.SetExtendedStyle(dwStyle); //设置扩展风格
    mList1.SetExtendedStyle(LVS_EX_GRIDLINES|LVS_EX_FULLROWSELECT);
CString info[11]={"航班代码","飞行员","副驾驶","乘务班组","飞机","起飞机场Adep","预计出发时间Tsdep"
    ,"预计到达时间Tsarr","准备时间Tt","飞行时间","目的机场Aarr"};
for(int i=0;i<11;i++)
{
    mList1.InsertColumn(i,info[i],LVCFMT_CENTER,info[i].GetLength()*9);
}
for(int i=0;i<4;i++)
{
    CPlaneInfo* pP=new CPlaneInfo;
    pInfoArray.Add(pP);
}
ReadSet();
```

        UpdateList1();
        return TRUE; // 除非将焦点设置到控件,否则返回TRUE
}
// 如果向对话框添加最小化按钮,则需要下面的代码
// 来绘制该图标。对于使用文档/视图模型的MFC应用程序,
// 这将由框架自动完成。
void CPlaneDlg::OnPaint()
{
    if (IsIconic())
    {
        CPaintDC dc(this); // 用于绘制的设备上下文
        SendMessage(WM_ICONERASEBKGND, reinterpret_cast<WPARAM>(dc.GetSafeHdc()), 0);
        // 使图标在工作区矩形中居中
        int cxIcon = GetSystemMetrics(SM_CXICON);
        int cyIcon = GetSystemMetrics(SM_CYICON);
        CRect rect;
        GetClientRect(&rect);
        int x = (rect.Width() – cxIcon + 1) / 2;
        int y = (rect.Height() – cyIcon + 1) / 2;
        // 绘制图标
        dc.DrawIcon(x, y, m_hIcon);
    }
    else
    {
        CDialog::OnPaint();
    }
}
//当用户拖动最小化窗口时系统调用此函数取得光标
//显示。

```
HCURSOR CPlaneDlg::OnQueryDragIcon()
{
    return static_cast<HCURSOR>(m_hIcon);
}
void CPlaneDlg::OnBnClickedOk()
{
    // TODO: 在此添加控件通知处理程序代码
    //OnOK();
}

void CPlaneDlg::OnExit()
{
    // TODO: 在此添加控件通知处理程序代码
    CDialog::OnOK();
}
void CPlaneDlg::UpdateList1(void)
{
    mList1.DeleteAllItems();
    for(int i=0;i<pInfoArray.GetSize();i++)
    {
        int index=mList1.InsertItem(i,pInfoArray[i]->info[0]);
        mList1.SetItemData(index,(DWORD_PTR)pInfoArray[i]);
        mList1.SetItemText(i,1,pInfoArray[i]->info[1]);
        mList1.SetItemText(i,2,pInfoArray[i]->info[2]);
        mList1.SetItemText(i,3,pInfoArray[i]->info[3]);
        mList1.SetItemText(i,4,pInfoArray[i]->info[4]);
        mList1.SetItemText(i,5,pInfoArray[i]->info[5]);
        mList1.SetItemText(i,6,pInfoArray[i]->mt[0].Format("%H:%M"));
        mList1.SetItemText(i,7,pInfoArray[i]->mt[1].Format("%H:%M"));
        mList1.SetItemText(i,8,pInfoArray[i]->info[6]);
```

```cpp
            mList1.SetItemText(i,9,pInfoArray[i]->info[7]);
            mList1.SetItemText(i,10,pInfoArray[i]->info[8]);
        }
    }
}
void CPlaneDlg::ReadSet(void)
{
    CFile mFile;
    if(mFile.Open("data",CFile::modeRead))
    {
        CArchive ar(&mFile,CArchive::load);
        int num(0);
        ar>>num;
        for(int i=0;i<num;i++)
        {
            //CPlaneInfo* pP=new CPlaneInfo;
            pInfoArray[i]->Serialize(ar);
            //pInfoArray.Add(pP);
        }
        ar.Close();
        mFile.Close();
    }
}
void CPlaneDlg::SaveSet(void)
{
    CFile mFile;
    if(mFile.Open("data",CFile::modeCreate|CFile::modeWrite))
    {
        CArchive ar(&mFile,CArchive::store);
        ar<<pInfoArray.GetSize();
        for(int i=0;i<pInfoArray.GetSize();i++)
```

```cpp
        {
            pInfoArray[i]->Serialize(ar);
        }
        ar.Close();
        mFile.Close();
    }
}
void CPlaneDlg::OnSaveInfo()
{
    // TODO: 在此添加控件通知处理程序代码
    UpdateData();
    POSITION pos = mList1.GetFirstSelectedItemPosition();
    if (pos == NULL)
    {
      TRACE(_T("No items were selected!\n"));
    }
    else
    {
        int nItem = mList1.GetNextSelectedItem(pos);
        CPlaneInfo* pP=(CPlaneInfo*)mList1.GetItemData(nItem);
        for(int i=0;i<9;i++)
        {
            pP->info[i]=info[i];
        }
        pP->mt[0]=mT1;
        pP->mt[1]=mT2;
    }
    SaveSet();
    UpdateList1();
}
```

```cpp
void CPlaneDlg::OnNMClickList1(NMHDR *pNMHDR, LRESULT *pResult)
{
    LPNMITEMACTIVATE pNMItemActivate = reinterpret_cast<NMITEMACTIVATE*>(pNMHDR);
    // TODO: 在此添加控件通知处理程序代码
    POSITION pos = mList1.GetFirstSelectedItemPosition();
    if (pos == NULL)
    {
      TRACE(_T("No items were selected!\n"));
    }
    else
    {
        int nItem = mList1.GetNextSelectedItem(pos);
        CPlaneInfo* pP=(CPlaneInfo*)mList1.GetItemData(nItem);
        for(int i=0;i<9;i++)
        {
            info[i]=pP->info[i];
        }
        mT1=pP->mt[0];
        mT2=pP->mt[1];
    }
    UpdateData(0);
    *pResult = 0;
}
void CPlaneDlg::OnBnClickedButton2()
{
    // TODO: 在此添加控件通知处理程序代码
    if(UpdateData()&&pInfoArray.GetSize()>0)
    {
        int num=pInfoArray.GetSize();
```

```cpp
BOOL* late=new BOOL[num];
memset(late,0,sizeof(BOOL)*num);
int* lateMinite=new int[num];
memset(lateMinite,0,sizeof(int)*num);
COleDateTimeSpan Tid_t(0,0,Tid,0);
if(Tid>0&&Tid<derT)
{
    late[0]=0;
    lateMinite[0]=Tid;
}
else
{
    late[0]=1;
    lateMinite[0]=Tid;
}
int Tp[3]={TpB,TpC,TpD};
for(int i=1;i<num;i++)
{
    COleDateTimeSpan lateT(0,0,lateMinite[i-1],0);
    COleDateTime arriveT=pInfoArray[i-1]->mt[1]+lateT;//实际到达时间=上一航班理论+延误
    int songc=Tp[i-1]-Tt;
    int ywt=lateMinite[i-1]-songc;
    if(ywt<0)
        ywt=0;
    if(ywt>=0&&ywt<=derT)
    {
        late[i]=0;
        lateMinite[i]=ywt;
    }
```

```cpp
            else
            {
                late[i]=1;
                lateMinite[i]=ywt;
            }
        }
        CString result;
        for(int i=0;i<num;i++)
        {
            if(late[i]==1)
            {
                CString str;
                str.Format("航班%s延误,时长%d分钟\n",pInfoArray[i]->info[0],lateMinite[i]);
                result+=str;
            }
            else
            {
                CString str;
                str.Format("航班%s正常,延误%d分钟\n",pInfoArray[i]->info[0],lateMinite[i]);
                result+=str;
            }
        }
        MessageBox(result);
    }
    else
        MessageBox("数据非法");
}
void CPlaneDlg::OnMenuExit()
```

```cpp
{
    // TODO: 在此添加命令处理程序代码
    CDialog::OnOK();
}
void CPlaneDlg::OnReadInfo()
{
    // TODO: 在此添加控件通知处理程序代码
    CString strExt(_T("xlsx"));
    CString strTitle = "打开";
    CString strFilter = "Excel表格(*.xlsx)|*.xlsx|Excel2003表格(*.xls)|*.xls|所有文件(*.*)|*.*||";
    CFileDialog dlg(TRUE, strExt, NULL, OFN_ENABLESIZING | OFN_HIDEREADONLY | OFN_NOCHANGEDIR, strFilter, NULL);
    dlg.m_ofn.lpstrTitle = strTitle;

    if (dlg.DoModal()==IDOK)
    {
        path = dlg.GetPathName();
        GetDlgItem(IDC_EDIT16)->SetWindowText(path);
        ReadTimeTable();
        ReadDelayTable();
        Read3Table();
        for(int i=0;i<pTDArray.GetSize();i++)
        {
            pTDArray[i]->InitTime();
        }
        for(int i=0;i<pTTArray.GetSize();i++)
        {
            pTTArray[i]->InitTime();
        }
```

```cpp
        }
}
void CPlaneDlg::OnCal()
{
    // TODO: 在此添加控件通知处理程序代码
    CString strExt(_T("csv"));
    CString strTitle = "保存";
    CString strFilter = "Excel表格(*.csv)|*.csv|所有文件(*.*)|*.*||";
    CFileDialog dlg(FALSE, strExt, NULL, OFN_ENABLESIZING | OFN_HIDEREADONLY | OFN_NOCHANGEDIR, strFilter, NULL);
    dlg.m_ofn.lpstrTitle = strTitle;
    CString path;
    if (dlg.DoModal()==IDOK)
    {
        path = dlg.GetPathName();
    }
    else
        return;
    if(pTDArray.GetSize()==0)
        return;
    srand(::GetTickCount());
    CStdioFile mF;
    if(mF.Open(path,CFile::modeCreate|CFile::modeWrite))
    {
        int T1(0);
        int H1(0);
        int J1(0);
        int step(0);
        COleDateTimeSpan tt_span(0,0,Tt,0);
        int times(0);
```

```
while(pTDArray.GetSize()>0)
{
    T1+=pTDArray[0]->t6_yw.GetTotalMinutes();
    H1+=1;
    if(times>0)
    {
        COleDateTimeSpan range[2];
        range[0]=pTDArray[0]->t1_sf;
        range[1]=pTDArray[0]->t1_sf+COleDateTimeSpan(0,0,15,0);
        int N=0;
        CArray<int,int>NArray;
        for(int j=0;j<pTTArray.GetSize();j++)
        {
            if(pTDArray[0]->info[2]==pTTArray[j]->info[2]&&
(pTTArray[j]->t1_sf>=range[0]&&pTTArray[j]->t1_sf<range[1]))
            {
                N++;
                NArray.Add(j);
            }
        }
        int L=0;
        for(int j=0;j<pFWdatas.GetSize();j++)
        {
            if(pFWdatas[j]->name==pTDArray[0]->info[2])
                L=pFWdatas[j]->v[0];
        }
        if(N>L)
        {
            int num=N-L;
            CArray<int,int>bingo;
```

```cpp
while(bingo.GetSize()<num)
{
    int v=rand()%N;
    BOOL flag(1);
    for(int j=0;j<bingo.GetSize();j++)
    {
        if(bingo[j]==v)
            flag=0;
    }
    if(flag)
        bingo.Add(v);
}
for(int j=0;j<bingo.GetSize();j++)
{
    bingo[j]==NArray[bingo[j]];
}
for(int j=0;j<bingo.GetSize();j++)
{
    pTTArray[bingo[j]]->UpdateData2(&range[1]);
    CTimeDelay* pTDelay=new CTimeDelay;
    pTTArray[bingo[j]]->CreateDeleyInfo(&range[1],
        pTDelay->info);
    pTDelay->info[10].Format("%d",Tt);
    pTDelay->info[13].Format("%d:%d:%d",int(pTTArray[bingo[j]]->t4_sjjlou.GetTotalMinutes())/60,
        int(pTTArray[bingo[j]]->t4_sjjlou.GetTotalMinutes())%60,0);
    COleDateTimeSpan span=pTTArray[bingo[j]]->t4_sjjlou+tt_span;
    pTDelay->info[14].Format("%d:%d:%d",int(span.GetTotalMinutes())/60,
        int(span.GetTotalMinutes())%60,0);
```

```
                pTDelay->InitTime();
                pTDArray.Add(pTDelay);

            }
        }
    }
    COleDateTimeSpan range[2];
    range[0]=pTDArray[0]->t3_jlou+pTDArray[0]->t6_yw;
    range[1]=pTDArray[0]->t3_jlou+pTDArray[0]->t6_yw+tt_span;
    int N=0;
    CArray<int,int>NArray;
    for(int j=0;j<pTTArray.GetSize();j++)
    {
        if(pTDArray[0]->info[5]==pTTArray[j]->info[5]&&
(pTTArray[j]->t3_jlou>=range[0]&&pTTArray[j]->t3_jlou<range[1]))
        {
            N++;
            NArray.Add(j);
        }
    }
    int L=0;
    for(int j=0;j<pFWdatas.GetSize();j++)
    {
        if(pFWdatas[j]->name==pTDArray[0]->info[5])
            L=pFWdatas[j]->v[1];
    }
    if(N>L)
    {
        int num=N-L;
        CArray<int,int>bingo;
```

```
while(bingo.GetSize()<num)
{
    int v=rand()%N;
    BOOL flag(1);
    for(int j=0;j<bingo.GetSize();j++)
    {
        if(bingo[j]==v)
            flag=0;
    }
    if(flag)
        bingo.Add(v);
}
for(int j=0;j<bingo.GetSize();j++)
{
    bingo[j]==NArray[bingo[j]];
}
for(int j=0;j<bingo.GetSize();j++)
{
    CTimeDelay* pTDelay=new CTimeDelay;
    pTTArray[bingo[j]]->UpdateData(&range[1]);

    pTTArray[bingo[j]]->CreateDeleyInfo(&range[1],
        pTDelay->info);
    pTDelay->info[10].Format("%d",Tt);
    pTDelay->info[13].Format("%d:%d:%d",int(pTTArray[bingo[j]]->t4_sjjlou.GetTotalMinutes())/60,
        int(pTTArray[bingo[j]]->t4_sjjlou.GetTotalMinutes())%60,0);
    COleDateTimeSpan span=pTTArray[bingo[j]]->t4_sjjlou+tt_span;
    pTDelay->info[14].Format("%d:%d:%d",int(span.GetTotalMinutes())/60,
```

```
                    int(span.GetTotalMinutes())%60,0);
                pTDelay->InitTime();
                pTDArray.Add(pTDelay);
            }
            pTDArray.RemoveAt(0);
        }
        else if(N==L)
        {
            pTDArray.RemoveAt(0);
        }
        else
        {
            pTDArray.RemoveAt(0);
        }
        //写这一步的延误信息
        step++;
        CString str;
        str.Format("第%d步\n",step);
        mF.WriteString(str);
        mF.WriteString("序号,航班代码,始发机场,始发时间,实际起飞时间,
目的机场,降落时间,实际降落时间,飞行时间,延误时间,Tt,Tp,△t,影响时间始,影
响时间末\n");
        for(int k=0;k<pTDArray.GetSize();k++)
        {
            str="";
            for(int j=0;j<15;j++)
            {
                str+=pTDArray[k]->info[j]+",";
            }
            str+="\n";
```

```cpp
                mF.WriteString(str);
            }
            str="\n";
            mF.WriteString(str);
            times++;
        }
        CString str;
        str="\n";
        mF.WriteString(str);
        str.Format("T1=%d\n",T1);
        mF.WriteString(str);
        mF.Close();
    }
    MessageBox("运算完成");
}
int CPlaneDlg::ReadTimeTable(void)
{
    pTTArray.RemoveAll();
    //CoInitialize(0);
    CApplication app;
    CWorkbooks books;
    CWorkbook book;
    CWorksheets sheets;
    CWorksheet sheet;
    CRange range;
    LPDISPATCH lpDisp;
    COleVariant vResult;
    COleVariant covOptional((long)DISP_E_PARAMNOTFOUND, VT_ERROR);
    if (!app.CreateDispatch(_T("Excel.Application")))
    {
```

```cpp
        MessageBox(_T("无法启动Excel服务器!"),0,0);
        return 0;
    }
    app.put_DisplayAlerts(0);
    books.AttachDispatch(app.get_Workbooks());
    lpDisp = books.Open(path, covOptional, covOptional, covOptional
        , covOptional, covOptional, covOptional, covOptional, covOptional,
covOptional, covOptional, covOptional, covOptional, covOptional, covOptional);
    //得到Workbook
    book.AttachDispatch(lpDisp);
    //得到Worksheets
    sheets.AttachDispatch(book.get_Worksheets());
    //得到当前活跃sheet
    //如果有单元格正处于编辑状态中,此操作不能返回,会一直等待
    lpDisp = sheets.get_Item(COleVariant("航班时刻表"));
    //lpDisp = book.get_ActiveSheet();
    sheet.AttachDispatch(lpDisp);
    range.AttachDispatch(sheet.get_Columns());
    range.AttachDispatch(range.get_CurrentRegion());
    int row = range.get_Row();
    int pos =3;
    while (1)
    {
        CString colstr[9] = { "A", "B", "C", "D", "E", "F", "G", "H", "I"};
        CString info[9];
        for (int k = 0; k<9; k++)
        {
            CString str[2];
            str[0].Format(_T("%s%d"), colstr[k], pos);
            str[1].Format(_T("%s%d"), colstr[k], pos);
```

```
            range.AttachDispatch(sheet.get_Range(COleVariant(str[0]),
COleVariant(str[0])));
            COleVariant vResult;
            vResult = range.get_Formula();
            COleVariant vt;
            vResult = range.get_Value(vt);
            vResult = range.get_Text();
            if (vResult.vt == VT_BSTR) //字符串
            {
                info[k] = vResult.bstrVal;
            }
            else if (vResult.vt == VT_R8) //8字节的数字
            {
                info[k].Format(_T("%f"), vResult.dblVal);
                int v = atoi(info[k]);
                info[k].Format("%d", v);
            }
            else if (vResult.vt == VT_DATE) //时间格式
            {
                SYSTEMTIME st;
                VariantTimeToSystemTime(vResult.date, &st);
                  info[k].Format("%d/%d/%d", st.wHour, st.wMinute,
st.wSecond);
            }
        }
        if (info[0] == "")
            break;
        CTimeTable* pTT=new CTimeTable;
        for(int k=0;k<9;k++)
        {
```

```
                pTT->info[k]=info[k];
            }
            pTTArray.Add(pTT);
            pos++;
        }
        book.Save();
        books.Close();
        app.Quit();                 // 退出
        //释放对象
        range.ReleaseDispatch();
        sheet.ReleaseDispatch();
        sheets.ReleaseDispatch();
        book.ReleaseDispatch();
        books.ReleaseDispatch();
        app.ReleaseDispatch();
        //CoUninitialize();
        return 0;
}
int CPlaneDlg::ReadDelayTable(void)
{
        pTDArray.RemoveAll();
        //CoInitialize(0);
        CApplication app;
        CWorkbooks books;
        CWorkbook book;
        CWorksheets sheets;
        CWorksheet sheet;
        CRange range;
        LPDISPATCH lpDisp;
        COleVariant vResult;
```

```cpp
COleVariant covOptional((long)DISP_E_PARAMNOTFOUND, VT_ERROR);
if (!app.CreateDispatch(_T("Excel.Application")))
{
    MessageBox(_T("无法启动Excel服务器!"),0,0);
    return 0;
}
app.put_DisplayAlerts(0);
books.AttachDispatch(app.get_Workbooks());
lpDisp = books.Open(path, covOptional, covOptional, covOptional
    , covOptional, covOptional, covOptional, covOptional, covOptional,
covOptional, covOptional, covOptional, covOptional, covOptional, covOptional);
//得到Workbook
book.AttachDispatch(lpDisp);
//得到Worksheets
sheets.AttachDispatch(book.get_Worksheets());
//得到当前活跃sheet
//如果有单元格正处于编辑状态中,此操作不能返回,会一直等待
lpDisp = sheets.get_Item(COleVariant("延误表"));
//lpDisp = book.get_ActiveSheet();
sheet.AttachDispatch(lpDisp);
range.AttachDispatch(sheet.get_Columns());
range.AttachDispatch(range.get_CurrentRegion());
int row = range.get_Row();
int pos =3;
while (1)
{
    CString colstr[15] = { "A", "B", "C", "D", "E", "F", "G", "H","I","J","K","L","M","N","O"};
    CString info[15];
    for (int k = 0; k<15; k++)
```

```
            {
                CString str[2];
                str[0].Format(_T("%s%d"), colstr[k], pos);
                str[1].Format(_T("%s%d"), colstr[k], pos);
                range.AttachDispatch(sheet.get_Range(COleVariant(str[0]),
COleVariant(str[0])));
                COleVariant vResult;
                vResult = range.get_Formula();
                COleVariant vt;
                vResult = range.get_Value(vt);
                vResult = range.get_Text();
                if (vResult.vt == VT_BSTR) //字符串
                {
                    info[k] = vResult.bstrVal;
                }
                else if (vResult.vt == VT_R8) //8字节的数字
                {
                    info[k].Format(_T("%f"), vResult.dblVal);
                    int v = atoi(info[k]);
                    info[k].Format("%d", v);
                }
                else if (vResult.vt == VT_DATE) //时间格式
                {
                    SYSTEMTIME st;
                    VariantTimeToSystemTime(vResult.date, &st);
                    info[k].Format("%d/%d/%d", st.wHour, st.wMinute,
st.wSecond);
                }
            }
            if (info[0] == "")
```

```
            break;
        CTimeDelay* pTD=new CTimeDelay;
        for(int k=0;k<15;k++)
        {
            pTD->info[k]=info[k];
        }
        pTDArray.Add(pTD);
        pos++;
    }
    book.Save();
    books.Close();
    app.Quit();                 // 退出
    //释放对象
    range.ReleaseDispatch();
    sheet.ReleaseDispatch();
    sheets.ReleaseDispatch();
    book.ReleaseDispatch();
    books.ReleaseDispatch();
    app.ReleaseDispatch();
    //CoUninitialize();
    return 0;
}
void CPlaneDlg::Read3Table(void)
{
    pFWdatas.RemoveAll();
    //CoInitialize(0);
    CApplication app;
    CWorkbooks books;
    CWorkbook book;
    CWorksheets sheets;
```

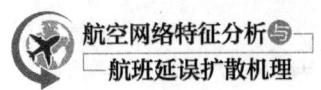

```
CWorksheet sheet;
CRange range;
LPDISPATCH lpDisp;
COleVariant vResult;
COleVariant covOptional((long)DISP_E_PARAMNOTFOUND, VT_ERROR);
if (!app.CreateDispatch(_T("Excel.Application")))
{
    MessageBox(_T("无法启动Excel服务器!"),0,0);
    return ;
}
app.put_DisplayAlerts(0);
books.AttachDispatch(app.get_Workbooks());
lpDisp = books.Open(path, covOptional, covOptional, covOptional
    , covOptional, covOptional, covOptional, covOptional, covOptional,
covOptional, covOptional, covOptional, covOptional, covOptional, covOptional);
//得到Workbook
book.AttachDispatch(lpDisp);
//得到Worksheets
sheets.AttachDispatch(book.get_Worksheets());
//得到当前活跃sheet
//如果有单元格正处于编辑状态中,此操作不能返回,会一直等待
lpDisp = sheets.get_Item(COleVariant("机场服务能力表"));
//lpDisp = book.get_ActiveSheet();
sheet.AttachDispatch(lpDisp);
range.AttachDispatch(sheet.get_Columns());
range.AttachDispatch(range.get_CurrentRegion());
int row = range.get_Row();
int pos =2;
while (1)
{
```

```cpp
CString colstr[9] = { "A", "B", "C"};
CString info[3];
for (int k = 0; k<3; k++)
{
    CString str[2];
    str[0].Format(_T("%s%d"), colstr[k], pos);
    str[1].Format(_T("%s%d"), colstr[k], pos);
    range.AttachDispatch(sheet.get_Range(COleVariant(str[0]), COleVariant(str[0])));
    COleVariant vResult;
    vResult = range.get_Formula();
    COleVariant vt;
    vResult = range.get_Value(vt);
    vResult = range.get_Text();
    if (vResult.vt == VT_BSTR) //字符串
    {
        info[k] = vResult.bstrVal;
    }
    else if (vResult.vt == VT_R8) //8字节的数字
    {
        info[k].Format(_T("%f"), vResult.dblVal);
        int v = atoi(info[k]);
        info[k].Format("%d", v);
    }
    else if (vResult.vt == VT_DATE) //时间格式
    {
        SYSTEMTIME st;
        VariantTimeToSystemTime(vResult.date, &st);
        info[k].Format("%d/%d/%d", st.wHour, st.wMinute, st.wSecond);
```

```cpp
                }
            }
            if (info[0] == "")
                break;
            FWDATA* pFWD=new FWDATA[4];
            pFWD[0].name=info[0];
            pFWD[0].v[0]=atoi(info[1]);
            pFWD[0].v[1]=atoi(info[2]);
            pFWdatas.Add(pFWD);
            pos++;
    }
    book.Save();
    books.Close();
    app.Quit();                    // 退出
    //释放对象
    range.ReleaseDispatch();
    sheet.ReleaseDispatch();
    sheets.ReleaseDispatch();
    book.ReleaseDispatch();
    books.ReleaseDispatch();
    app.ReleaseDispatch();
}
#pragma once
// CTimeDelay 命令目标
class CTimeDelay : public CObject
{
public:
    CTimeDelay();
    virtual ~CTimeDelay();
public:
```

```cpp
    CString info[15];
    void InitTime(void);
    void SetTimeSpan(COleDateTimeSpan* pSpan, CString src);
    COleDateTimeSpan t1_sf;
    COleDateTimeSpan t2_sjqf;
    COleDateTimeSpan t3_jlou;
    COleDateTimeSpan t4_sjjlou;
    COleDateTimeSpan t5_fxin;
    COleDateTimeSpan t6_yw;
};
// TimeDelay.cpp : 实现文件
//
#include "stdafx.h"
#include "Plane.h"
#include "TimeDelay.h"
// CTimeDelay
CTimeDelay::CTimeDelay()
{
}
CTimeDelay::~CTimeDelay()
{
}
// CTimeDelay 成员函数
void CTimeDelay::InitTime(void)
{
    SetTimeSpan(&t1_sf,info[3]);
    SetTimeSpan(&t2_sjqf,info[4]);
    SetTimeSpan(&t3_jlou,info[6]);
    SetTimeSpan(&t4_sjjlou,info[7]);
    SetTimeSpan(&t5_fxin,info[8]);
```

```
        t6_yw.SetDateTimeSpan(0,0,atoi(info[9]),0);
}
void CTimeDelay::SetTimeSpan(COleDateTimeSpan* pSpan, CString src)
{
    if(src.Replace(":",":")==2)
    {
        CStringArray strRow;
        int pos1(0),pos2(0);
        pos1=0;
        pos2=src.Find(":",pos1+1);
        while(pos2!=-1)
        {
            CString temp;
            temp=src.Mid(pos1,pos2-pos1);
            strRow.Add(temp);
            pos1=pos2+1;
            pos2=src.Find(":",pos1);;
        }
        CString temp;
        temp=src.Mid(pos1,src.GetLength()-pos1);
        strRow.Add(temp);
        if(strRow.GetSize()==3)
        {
pSpan->SetDateTimeSpan(0,atoi(strRow[0]),atoi(strRow[1]),atoi(strRow[2]));
        }
        else
            pSpan->SetDateTimeSpan(0,0,0,0);
    }
    else
        pSpan->SetDateTimeSpan(0,0,0,0);
```

```cpp
}
#pragma once
// CTimeTable 命令目标
class CTimeTable : public CObject
{
public:
    CTimeTable();
    virtual ~CTimeTable();
public:
    CString info[9];
    void CreateDeleyInfo(COleDateTimeSpan* delay,CString* pDelayInfo);
    void InitTime(void);
    COleDateTimeSpan t1_sf;
    COleDateTimeSpan t2_sjqf;
    COleDateTimeSpan t3_jlou;
    COleDateTimeSpan t4_sjjlou;
    COleDateTimeSpan t5_fxin;
    COleDateTimeSpan t6_yw;
    void SetTimeSpan(COleDateTimeSpan* pSpan, CString src);
    BOOL IsDeleted;
    void UpdateData(COleDateTimeSpan* pYXSJM);
    void UpdateData2(COleDateTimeSpan* pQiF);
};
// TimeTable.cpp : 实现文件
//
#include "stdafx.h"
#include "Plane.h"
#include "TimeTable.h"
// CTimeTable
CTimeTable::CTimeTable()
```

: IsDeleted(FALSE)
{
}
CTimeTable::~CTimeTable()
{
}
// CTimeTable 成员函数
void CTimeTable::CreateDeleyInfo(COleDateTimeSpan* delay,CString* pDelayInfo)
{
    //COleDateTimeSpan delay_span(0,0,delay,0);
    //t6_yw=*delay-t3_jlou;
    t2_sjqf=t1_sf;
    t4_sjjlou=t3_jlou;
    for(int i=0;i<9;i++)
        pDelayInfo[i]=info[i];
    pDelayInfo[4].Format("%d:%d:%d",int(t2_sjqf.GetTotalMinutes())/60
        ,int(t2_sjqf.GetTotalMinutes())%60,0);
    pDelayInfo[7].Format("%d:%d:%d",int(t4_sjjlou.GetTotalMinutes())/60
        ,int(t4_sjjlou.GetTotalMinutes())%60,0);
    pDelayInfo[9].Format("%d",int(t6_yw.GetTotalMinutes()));
}

void CTimeTable::InitTime(void)
{
    SetTimeSpan(&t1_sf,info[3]);
    SetTimeSpan(&t3_jlou,info[6]);
    SetTimeSpan(&t5_fxin,info[8]);
}
void CTimeTable::SetTimeSpan(COleDateTimeSpan* pSpan, CString src)

```
{
    if(src.Replace(":",":")==2)
    {
        CStringArray strRow;
        int pos1(0),pos2(0);
        pos1=0;
        pos2=src.Find(":",pos1+1);
        while(pos2!=-1)
        {
            CString temp;
            temp=src.Mid(pos1,pos2-pos1);
            strRow.Add(temp);
            pos1=pos2+1;
            pos2=src.Find(":",pos1);;
        }
        CString temp;
        temp=src.Mid(pos1,src.GetLength()-pos1);
        strRow.Add(temp);
        if(strRow.GetSize()==3)
        {
pSpan->SetDateTimeSpan(0,atoi(strRow[0]),atoi(strRow[1]),atoi(strRow[2]));
        }
        else
            pSpan->SetDateTimeSpan(0,0,0,0);
    }
    else
        pSpan->SetDateTimeSpan(0,0,0,0);
}
void CTimeTable::UpdateData(COleDateTimeSpan* pYXSJM)
{
```

```
    t6_yw=*pYXSJM-t3_jlou;
    t3_jlou=*pYXSJM;
    t1_sf=t3_jlou-t5_fxin;
    info[3].Format("%d:%d:%d",int(t1_sf.GetTotalMinutes())/60
        ,int(t1_sf.GetTotalMinutes())%60,0);
    info[6].Format("%d:%d:%d",int(t3_jlou.GetTotalMinutes())/60
        ,int(t3_jlou.GetTotalMinutes())%60,0);
}
void CTimeTable::UpdateData2(COleDateTimeSpan* pQiF)
{
    t6_yw=*pQiF-t1_sf;
    t1_sf=*pQiF;
    t3_jlou=t1_sf+t5_fxin;
    info[3].Format("%d:%d:%d",int(t1_sf.GetTotalMinutes())/60
        ,int(t1_sf.GetTotalMinutes())%60,0);
    info[6].Format("%d:%d:%d",int(t3_jlou.GetTotalMinutes())/60
        ,int(t3_jlou.GetTotalMinutes())%60,0);
}
#pragma once
// CStartDlg 对话框
class CStartDlg : public CDialog
{
    DECLARE_DYNAMIC(CStartDlg)
public:
    CStartDlg(CWnd* pParent = NULL);   // 标准构造函数
    virtual ~CStartDlg();
// 对话框数据
    enum { IDD = IDD_DIALOG1 };
protected:
    virtual void DoDataExchange(CDataExchange* pDX);    // DDX/DDV 支持
```

```cpp
    DECLARE_MESSAGE_MAP()
public:
    virtual BOOL OnInitDialog();
    afx_msg void OnTimer(UINT_PTR nIDEvent);
};
// StartDlg.cpp : 实现文件
//
#include "stdafx.h"
#include "Plane.h"
#include "StartDlg.h"
// CStartDlg 对话框
IMPLEMENT_DYNAMIC(CStartDlg, CDialog)
CStartDlg::CStartDlg(CWnd* pParent /*=NULL*/)
    : CDialog(CStartDlg::IDD, pParent)
{
}

CStartDlg::~CStartDlg()
{
}
void CStartDlg::DoDataExchange(CDataExchange* pDX)
{
    CDialog::DoDataExchange(pDX);
}
BEGIN_MESSAGE_MAP(CStartDlg, CDialog)
    ON_WM_TIMER()
END_MESSAGE_MAP()
// CStartDlg 消息处理程序
BOOL CStartDlg::OnInitDialog()
{
```

```
    CDialog::OnInitDialog();
    // TODO: 在此添加额外的初始化
    SetTimer(1,1000,NULL);
    return TRUE;  // return TRUE unless you set the focus to a control
    // 异常: OCX 属性页应返回FALSE
}
void CStartDlg::OnTimer(UINT_PTR nIDEvent)
{
    // TODO: 在此添加消息处理程序代码和/或调用默认值
    if(1==nIDEvent)
    {
        KillTimer(1);
        CDialog::OnOK();
    }
    CDialog::OnTimer(nIDEvent);
}
```

策　　划：李红丽
责任编辑：巨瑛梅

图书在版编目（CIP）数据

航空网络特征分析与航班延误扩散机理 / 姚红光著. -- 北京：旅游教育出版社，2018.5
（现代交通运输管理研究书系）
ISBN 978-7-5637-3726-0

Ⅰ. ①航… Ⅱ. ①姚… Ⅲ. ①航空网－航空运输－管理－研究 ②航班－延误－航空运输－管理－研究 Ⅳ. ①F561

中国版本图书馆CIP数据核字(2018)第087671号

现代交通运输管理研究书系
航空网络特征分析与航班延误扩散机理
姚红光　著

出版单位	旅游教育出版社
地　　址	北京市朝阳区定福庄南里1号
邮　　编	100024
发行电话	（010）65778403　65728372　65767462（传真）
本社网址	www.tepcb.com
E - mail	tepfx@163.com
排版单位	北京旅教文化传播有限公司
印刷单位	北京虎彩文化传播有限公司
经销单位	新华书店
开　　本	710毫米×1000毫米　1/16
印　　张	15.75
字　　数	204千字
版　　次	2018年5月第1版
印　　次	2018年5月第1次印刷
定　　价	39.80元

（图书如有装订差错请与发行部联系）